本成果获江西省高校高水平学科"教育学"建设经费资助

高等教育财政研究系列丛书
Higher Education Finance Series

沈 红/主编　Hong Shen Chief Editor

我国高等教育支出责任与财力保障的匹配研究

赵永辉　著

中国社会科学出版社

图书在版编目(CIP)数据

我国高等教育支出责任与财力保障的匹配研究/赵永辉著.—北京：中国社会科学出版社，2016.4

(高等教育财政研究系列丛书)

ISBN 978-7-5161-7857-7

Ⅰ.①我⋯ Ⅱ.①赵⋯ Ⅲ.①高等教育—教育经费—研究—中国 Ⅳ.①G647.5

中国版本图书馆 CIP 数据核字(2016)第 063190 号

出 版 人	赵剑英
责任编辑	赵 丽
责任校对	郝阳洋
责任印制	王 超

出 版	中国社会科学出版社
社 址	北京鼓楼西大街甲 158 号
邮 编	100720
网 址	http://www.csspw.cn
发 行 部	010-84083685
门 市 部	010-84029450
经 销	新华书店及其他书店

印 刷	北京明恒达印务有限公司
装 订	廊坊市广阳区广增装订厂
版 次	2016 年 4 月第 1 版
印 次	2016 年 4 月第 1 次印刷

开 本	710×1000 1/16
印 张	14
插 页	2
字 数	243 千字
定 价	49.00 元

凡购买中国社会科学出版社图书，如有质量问题请与本社营销中心联系调换

电话：010-84083683

版权所有 侵权必究

总　　序

几年前，华中科技大学出版社出版了一套我主编的《21世纪教育经济研究丛书·学生贷款专题》，包含六本书，都是关于高等教育学生财政的（学生资助与学生贷款），其中的五本为我指导的已经答辩通过的博士学位论文。现在呈现在读者面前的是由中国社会科学出版社出版的《高等教育财政研究系列丛书》，其中的三本也是由我指导的已经答辩通过的博士学位论文，主题已经超出了学生财政的范围，可扩展为高等教育财政。实际上这两套丛书是有密切关联的，也是我自1997年涉足高等教育财政研究的一个小结。

我2000年开始以博士生导师的身份独立招收博士生，至2013年已14年，共培养出了45名博士，其中专题研究高等教育财政问题的人和专题研究高等教育管理的人各占一半，分属于教育经济与管理专业和高等教育学专业，毕业时分别获得管理学博士学位和教育学博士学位。管理学博士学位获得者大多在高等学校的公共管理学院工作，也有少量的在教育学院工作。他（她）们毕业后的教学、研究重点与我的研究重点相近的管理学博士们的主要研究领域为高等教育经济与财政；与我的研究重点不相近的管理学博士们的教学与研究任务则呈多样化，如有人承担企事业会计课程的教学但研究课题主要是教育经济问题，有人承担社会福利与保障方面的教学但仍以教育财政为主要研究重点，还有人承担的是基础教育管理的教学但研究高等教育财政。作为他们读博时的导师，在毕业一段时间后再来回顾学生们的职业发展经历很有意思，有的"段子"可以称得上是朗朗上口的故事。

我本人具有跨学科的求学经历。本科专业是"77级"的机械制造与工程，获得工学学士；后获得教育学硕士、管理学博士（1997年的管理学尚没有从工学中分离出来）。我在华中科技大学两个二级学科博士点（管理学的教育经济与管理，教育学的高等教育学）招收博士生，多年承担的教学课程也跨两个专业："高等教育财政研究"和"国际高等教育发展"博士生课程，"高等教育财政专题"和"比较高等教育"硕士生课程，还参与了"高等教育管理"和"教育研究方法高级讲座"博士生课程的部分教学工作。当我指导的博士生毕业后到其他高校任教时，不少学校的学院领导都强调，"你的导师教什么课，你就应该能教什么课"。一个典型的例子是一个高等教育学专业的毕业生被她新任职的教育学院院长要求讲授《教育经济学》和《比较高等教育》两门课程，说实话，她教授《教育经济学》是有难度的。这是上面提及的"段子"之一。学术社会（指高校）对博士毕业生在"起跳平台"上的综合性乃至苛刻的跨学科性的要求，提醒了我在指导博士生的过程中既要注重其在某一领域的学问的深度，也要注意拓展他们的知识面使其求职及职业发展具有一定的广度。比如，有博士生将学生贷款研究作为博士学位论文的题目，那么我就要求他/她：学生指的是大学生，因此在研究学生贷款之前要研究大学生，也就需要研究大学生成长、成才的环境，如学生的消费习惯、家庭的经济条件、大学的财政能力等；想要研究学生贷款，就要首先知道与学生贷款相关的其他学生资助手段，如奖学金、助学金、学费减免、勤工助学的本身意义和政策含义，还要知道各种学生资助手段相互之间的关系，得到财政资助对学生当前的求学和将来的工作各有什么意义；若想深入研究学生贷款，那么政府财政、商业金融、担保保险等行业都是学生贷款研究者要"打交道"的地方，谁来提供本金？怎样确定利率标准？如何融资？如何担保？如何惩罚？还有，对学生贷款进行研究的角度也很多，可从主体与客体的角度：谁放贷、谁获贷、谁还贷？可从资金流动的角度：贷多少（涉及需求确定）？还多少（涉及收入能力）？如何还（涉及人性观照与技术服务）？还可从参与方的角度：学生贷款是学校的事务？还是银行的产品？还是政府的民生责任？还是家长和学生的个人行为？最后可从时间的角度：贷前如何申请？贷中如何管理？贷后如何催债？等等。可以说，就学生贷款这一貌似简单的事物就有如此多的、如此复杂的研究角度。正是这样的多样性与复杂性，催生了我们团队的以学生贷款为中心的一系列的学术研究、政策分析、实践讨论。

由本人定义的包含学费、学生财政资助、学生贷款还款在内的学生财政只是高等教育财政中的一个部分,尽管这个部分很重要。高等教育财政投入无非是两个重要部分的投入:公共投入和私人投入。我们团队进行了大量研究的是高等教育的私人投入。然而,全面意义上的高等教育财政必须研究公共投入,在中国,主要是各级政府的投入。

本团队从2007年开始逐步将集中于学生财政的研究扩展到高等教育财政的研究范畴。钟云华从资本转化(经济资本、社会资本、文化资本、人力资本本身及其相互关系)的角度来研究学生贷款带来的社会流动效应;王宁从教育政策主体性价值分析的角度来研究中国的学生贷款;赵永辉从高等教育支出责任与财力保障的匹配关系来分析政府特别是地方政府的高等教育投入(该论文获得中国高等教育学会第九届"高等教育学"优秀博士学位论文【2013年】)。本套丛书将在2013—2016年三年内出齐。

我们的某些"小"的高等教育财政研究还涉及大学评价的成本、政府生/年均拨款额度、大学教师工资,等等。当然,这些议题还处在博士学位论文的研究阶段,有的甚至处在"开题"阶段,还远没有到可以出版专著的时候。

本套由中国社会科学出版社出版的《高等教育财政研究系列丛书》是经我挑选的、作者们在其博士学位论文基础上精心改写并再次获得提高和更新的专著。作为这些作者的博士生指导教授,我对入选本套丛书的博士学位论文都十分熟悉,每篇论文都曾融进我的心血、智慧和劳作。今天,能将这些博士学位论文修改、深化、提升为学术专著,并由我作为丛书主编来结集出版,是我专心从事高等教育财政研究16年来的一大幸事,用心用情来撰写总序是幸福的。我想借此机会,列举一下我心爱的、得意的在高等教育财政研究领域作出成绩和贡献的已毕业的所有博士研究生,尽管他们中的大部分博士学位论文另行出版,没有收入到本套丛书之中。他们的名字和入学年级是:2000级的李红桃,2002级的沈华、黄维,2003级的李庆豪,2004级的刘丽芳,2005级的宋飞琼、梁爱华、廖茂忠,2006级的季俊杰、彭安臣、毕鹤霞、胡茂波,2007级的孙涛、钟云华、王宁,2008级的臧兴兵,2009级的赵永辉，2010级的王鹏、熊俊峰。还有在职攻读教育经济与管理专业获得管理学博士学位的李慧勤、肖华茵、夏中雷、江应中。作为导师，我感谢你们，正是你们的优秀和勤奋给了我学术研究的压力和动力，促使我永不停步！作为朋友，我感谢你们，正是你们时常的问候和关注、你们把"过去的"导师时时挂在心中的情感，给我的生活以丰富的意义！我虽然达不到"桃李满天下"的程度，但你们这些"桃子"、"李子"天天芬芳，时时在我心中！我真真切切地为你们的每一点进步而自豪、而骄傲！

我衷心感谢本丛书中每本著作的作者！感谢为我们的研究提供良好学术环境和工作条件的华中科技大学和本校教育科学研究院！感谢中国社会科学出版社给予的大力支持！最后要感谢阅读我们成果、理解我们追求的每一位读者！

2013年12月26日

目　　录

第一章　绪论 …………………………………………………… (1)
　第一节　研究背景及意义 ……………………………………… (1)
　第二节　概念界定 ……………………………………………… (6)
　第三节　文献综述 ……………………………………………… (7)
　第四节　研究目的 ……………………………………………… (20)
　第五节　研究思路与方法 ……………………………………… (21)

第二章　高等教育支出责任与财力保障的匹配关系
　　　　及测度体系 …………………………………………… (25)
　第一节　高等教育支出责任划分 ……………………………… (25)
　第二节　高等教育财力保障 …………………………………… (35)
　第三节　高等教育支出责任与财力保障的匹配关系 ………… (40)
　第四节　高等教育支出责任与财力保障匹配的测度体系 …… (43)
　本章小结 ………………………………………………………… (54)

第三章　纵向政府间高等教育支出责任与财力保障的
　　　　匹配测度 ……………………………………………… (55)
　第一节　政府间高等教育支出责任安排及负担比例 ………… (55)
　第二节　政府间财力大小 ……………………………………… (60)
　第三节　政府间高等教育支出责任与财力保障的
　　　　　匹配测度 …………………………………………… (61)
　本章小结 ………………………………………………………… (68)

第四章　横向政府间高等教育支出责任与财力保障的
　　　　匹配测度 ································ (70)
　　第一节　省级政府高等教育支出责任：地方化与
　　　　　　大众化后的变化 ························ (70)
　　第二节　省际财政能力 ·························· (78)
　　第三节　省际高等教育支出责任与财力保障的匹配测度 ······ (79)
　　本章小结 ······································ (94)

第五章　高等教育支出责任与财力保障匹配的国际经验及
　　　　中国借鉴 ···································· (96)
　　第一节　美国：三级政府负担州为主 ················ (96)
　　第二节　加拿大：联邦资助上升仍以省为主 ············ (108)
　　第三节　德国：联邦资助科研州为主 ················ (115)
　　第四节　瑞士：联邦为辅州为主 ···················· (122)
　　第五节　澳大利亚：联邦为主 ······················ (126)
　　第六节　五国经验总结及对中国的启示 ················ (132)
　　本章小结 ······································ (135)

第六章　高等教育支出责任与财力保障匹配的理论揭示 ······ (136)
　　第一节　理论揭示一：支出责任划分是二者匹配的基础 ··· (136)
　　第二节　理论揭示二：财政保障能力是二者匹配的关键 ··· (142)
　　第三节　理论揭示三：财力与责任反转是二者
　　　　　　不匹配的直接原因 ······················ (150)
　　第四节　理论揭示四：高教财政纵横向不平衡是二者
　　　　　　不匹配的结果 ·························· (154)
　　第五节　高等教育支出责任与财力保障匹配的关键突破 ··· (160)
　　本章小结 ······································ (166)

第七章　我国高等教育支出责任与财力保障匹配的实现路径 ··· (167)
　　第一节　完善支出责任安排 ························ (167)
　　第二节　增强财力保障 ···························· (171)

第三节 强化制度约束 …………………………………… (182)
第四节 几点具体建议 …………………………………… (186)
本章小结 ………………………………………………………… (197)

第八章 结语 …………………………………………………… (198)
第一节 研究总结 ………………………………………… (198)
第二节 创新与不足 ……………………………………… (202)

参考文献 ……………………………………………………… (204)

后　记 ………………………………………………………… (213)

第一章

绪 论

第一节 研究背景及意义

一 研究背景

（一）分税制改革后政府间高等教育支出责任安排待完善

1994年我国进行了一次重大的财政体制变革，即分税制改革。本次分税制改革以提高"两个比重"为重要目标，重点解决了中央与地方政府的财政收入划分问题，但是对政府间事权和财政支出责任没有作出比较清晰的界定，文教、卫生、科技等多项财政支出均是由中央和省、市等各级地方政府共同负责[①]。由于政府间的责任边界不够明晰，公共财政支出存在不同程度的"越位""缺位"或"错位"现象。同时，在分税制改革后我国财权和财力开始向上集中，中央政府的财力比以前明显增强，中央与地方出现较大的纵向财力差距[②]。随着事权和财政支出责任进一步下放，中央与地方间财力与事权不匹配的矛盾凸显。根据我国事权划分的框架，高等教育属于中央与地方共同的责任范围，中央与地方按照高校的行政隶属关系分级承担高等教育支出责任。虽然这一支出责任安排从整体上明确了中央与地方对高等教育的支出范围，但是仍带有以前财政包干体制的制度特征，在分税制以后未随政府间财力格局的调整而有相应的优化和改进。党的十八大报告提出，要加快改

[①] 陆文军：《高强：新税改应重点解决事权与财力相匹配问题》，《中国青年报》2013年10月18日第5版。

[②] 王国清、马骁、程谦主编：《财政学》，高等教育出版社2006年版，第301页。

革财税体制,健全中央和地方财力与事权相匹配的体制。针对高等教育,学者们也指出,明确各级政府在举办及投资高等教育中的责任和作用是高等教育投资体制改革的重要组成部分。[①] 因此,在当前大力推进公共财政体制改革的背景下,应根据公共财政理论进一步调整我国高等教育支出责任安排,对中央与地方政府应负责的高等教育支出范围作出清晰的界定,分清哪些高等教育支出项目适宜在政府间分级负担、哪些高等教育支出项目适宜在政府间共同负担,就政府间高等教育支出分担的比例和方式等问题作出明确的规定,从而促进公共资源在中央属高校与地方属高校之间合理分配,推动这两类高校和谐发展。

(二) 多年来高等教育财政体制的积弊问题待破解

改革开放三十多年来,我国高等教育取得了快速发展,在许多方面均取得了显著成就。可是,多年来一直困扰高等教育发展的政府投入不足的问题仍未得到有效解决,办学经费短缺几乎已成为众多高校面临的共性问题,"地方高等院校的财政困难问题更加凸显"[②]。另外,近年来,在分级负责的高等教育财政管理体制下,我国高等教育财政的分权化程度已经达到较高的水平,高等教育财政的供给与某级政府财力状况的关联更加紧密,但必要的高等教育财政平衡机制尚未健全,使得中央与地方对高等教育支出的努力程度、负担程度出现较大差异,中央部属高校和地方高校获得的财力支持差距逐渐拉大,省际地方高校生均支出水平有较大差距。反观这些问题的背后原因,有专家已经指出,"我国教育财政中的许多问题,都与教育财政体制的不完善密切相关[③]。"只有继续深化高等教育财政体制改革,消除以往的体制弊端和障碍,才能有效破解地方高校发展中遇到的财政困境,实现高等教育财政资源的优化配置,推动区域高等教育的协调发展,早日实现建设高等教育强国的

---

① 丁小浩、李锋亮、孙毓泽:《我国高等教育投资体制改革 30 年》,《北大教育经济研究(电子季刊)》2008 年第 1 期。

② 张少春、赵路、吴国生等:《我国地方高等教育财政体制研究》,载廖晓军主编《财税改革纵论:财税改革论文及调研报告文集 2010》,经济科学出版社 2010 年版,第 416 页。

③ 王善迈、袁连生、刘泽云:《重构我国公共教育财政体制》,《中国教育报》2003 年 2 月 22 日第 4 版。

目标。因此，需要研究采取什么样的措施来完善高等教育财政分级负担体制，怎样从体制上保证承担高等教育支出责任的政府都能获得相应的财力保障，如何建立起规范的支持地方高校发展的高等教育转移支付制度，从而解决一些省份高等教育财政支出责任与财力保障不匹配的问题，为推动各地高等教育内涵式发展、全面提高高等教育质量提供充足的经费支持。

（三）完善投入机制、提高保障水平的专项改革已启动

2010年7月，我国召开了第四次全国教育工作会议，正式颁布了《国家中长期教育改革和发展规划纲要（2010—2020年）》（以下简称《纲要》）。《纲要》提出，在2020年我国高等教育毛入学率要达到40%，今后高等教育的发展要定位在全面提高高等教育质量、注重内涵发展、着力培养高素质专门人才和拔尖创新人才、提升科学研究水平、建设一流大学和一流学科等方面。高等教育各项目标的实现和任务的完成，没有必要的经费支持和良好的制度安排是根本不行的。[①]为此，《纲要》提出了关于保障经费投入的三点要求，即加大教育投入、完善投入机制、加强经费管理，还明确了建立教育经费多渠道筹措长效机制、教育投入分项分担机制等保障地方教育投入的改革试点目标。根据《纲要》的要求，2010年年底我国全面启动了教育体制改革试点工作，"完善教育投入机制、提高教育保障水平"被列为十大专项改革试点之一，国家选择若干地区和学校探索政府收入统筹用于优先发展教育的办法，研究如何制定高校生均经费基本标准，探索高校多渠道筹资机制。为了在新形势下改善地方高校办学条件、化解地方高校债务，地方普通本科高校生均拨款标准在2012年提高到不低于12000元。因此，上述教育体制改革试点及配套改革措施为建立高等教育经费保障体系、促进高等教育又好又快发展提供了有力的体制机制保障，也为研究高等教育支出责任与财力保障匹配问题创设了有利的时代契机。

---

① 《国家中长期教育改革和发展规划纲要高等教育解读》（http：//www.gov.cn/xwfb/2010-03/02/content_1545475.htm）。

面对分税制改革后我国政府间财政能力出现的较大变化，高等教育支出责任安排需要优化调整，中央与地方政府的高等教育财政责任需要清晰界定。破解高等教育财政投入不足与失衡、缓解地方高校的财政困境，需要革除高等教育财政体制存在的弊端，促进高等教育支出责任与财力保障的匹配。教育规划纲要和教育体制改革专项试点都强调了要推进教育投入机制改革、提高教育经费保障水平，这些要求为我国高等教育财政体制改革指明了方向。本书的研究正是抓住高等教育投入机制改革这一时代契机，以高等教育财政待解决的上述问题为出发点，深入探讨高等教育支出责任与财力保障的匹配问题，为高等教育协调、可持续发展提供有力的保障和支撑。

二　研究意义

（一）理论意义

清晰地界定与划分政府间教育支出的责任，可以规范政府教育支出行为、保证教育财政有效供给。以往学界对教育支出责任的研究主要针对基础教育，比较关注的是义务教育的财政责任安排、财政投资体制、财政转移支付等问题，对政府间高等教育支出责任的研究还比较少，对政府间高等教育支出责任与财力保障匹配问题的研究则更少。本书在公共财政框架下，依据财政联邦主义理论和公共产品层次性理论阐释了高等教育支出责任归属问题、高等教育分项支出（如学生资助、科研）责任归属问题，做到了运用公共财政理论指导未来高等教育财政改革，体现了研究的前沿性基于OECD（经济合作与发展组织）等国外文献资料等特点。本书提出了高等教育支出集中度与政府收入集中度两个新概念，提出了根据这两个集中度的趋近性来判断政府间高等教育支出责任与财力保障匹配程度的测度方法，从理论上为学界测度支出责任与财力的匹配度提供了新思路，体现了研究的创新性。另外，本书提出了按受益原则完善"分级负责"的高等教育支出责任安排的构想，即中央政府多承担公益性强、受益范围广的高等教育支出项目，地方政府多承担受益范围小、地方性事务特征强的高等教育支出项目，为优化当前我国高等教育经费负担体制、解决高等教育财政不平衡等问题提供了有益的理论指导，为完善高等教育财政政策提供了理论支撑，同时也丰富和发展了公共支出责任划分理论和教育财政公平理论，拓展了公共财政学关于支出责任与财力水平相匹配的理论，研究的学术性和理论价值都得以凸显。

（二）实践意义

教育财政体制是教育财政学研究的一个重要课题，也是一个热点问题。尽管新中国成立后我国进行了3次高等教育财政体制改革，但是仍然有一些体制障碍没有得到解决，政府间高等教育支出责任与财力保障的不匹配即是其中之一，并且在分税制改革之后，这一问题愈加突出。高等教育的发展需要强有力的财政支持，但是有些省因自身财力不足导致对高等教育支出的保障能力不强，严重影响了高等教育事业的发展。高等教育财政体制的改革需要了解我国当前高等教育支出责任与财力保障的相匹配程度，以便针对性地制定政策。为此，本书提出了高等教育支出责任与财力保障的代表性指标，设计了通过定量比较判断和定性比较判断相结合的3种方法来测度政府间高等教育支出责任与财力保障的匹配性，破解了二者匹配测度的技术难题，并运用3种方法考察了西方5国高等教育支出责任与财力保障的匹配情况，考察了我国中央地方间、各省间高等教育支出责任与财力保障的匹配情况，把支出责任与财力保障相匹配的研究从理论层面推进到实践层面，解决了这二者匹配度不易测量的难题。另外，为了促进高等教育支出责任与财力保障可以更好地匹配，本书提出了一些政策建议，包括完善财政分配、扩大财政积累、拓宽经费来源、明确责任范围、健全转移支付、法制化建设等，对解决我国目前高等教育支出责任与财力保障不匹配、完善高等教育财政体制问题具有针对性，对解决我国高等教育发展不平衡、地区间生均支出差距大、地方高校财政困境、"以省为主"管理责任的落实等问题具有借鉴意义，对当前高等教育投入机制改革、提高公共财政对高等教育支出的保障能力、构建保障和改善高等教育支出的长效机制等问题具有参考意义，对促进我国高等教育又好又快发展、实现高等教育各项发展目标具有现实意义。

第二节 概念界定

一 高等教育支出责任

本书中高等教育支出均是指政府财政负担的高等教育支出，即政府用于维持和发展高等教育事业的财政性经费支出，不含其他私人来源的支出。国外习惯上把财政负担的高等教育支出称为高等教育公共支出，包括公共经常性支出和资本性支出。高等教育公共经常性支出是用于保障高校正常运行的财政支出，包括人员支出和公用支出。高等教育公共资本性支出是用于大型仪器设备购置、校舍建设与修缮等方面的支出。我国习惯上把财政负担的高等教育支出称高等教育财政性支出，包括财政事业费支出和财政基建费支出。我国的高等教育财政事业费支出相当于国外的高等教育公共经常性支出，我国的高等教育财政基建费支出相当于国外的高等教育公共资本性支出。

支出责任是指各级政府承担的组织落实财政支出的责任。[1] 支出责任反映了政府的事权范围。支出责任划分是确定哪些公共支出应该由哪一级政府来承担，即分析哪些支出责任宜集中于中央政府，哪些支出责任宜配置于各级地方政府，以便形成最佳程度的分权，确保政府作为一个整体能有效地履行国家所赋予的职责。

高等教育支出责任是指政府为高等教育提供财政资金支持的责任。中央与地方政府在高等教育发展中承担着不同的职责和任务，因此两级政府对高等教育有不同的事权范围。中央与地方政府承担的高等教育支出责任是其事权范围的反映。高等教育支出责任划分是区分中央与地方政府应该分别承担高等教育哪些方面的支出，区分它们应承担多大的与其财力相匹配的责任。我国高等学校分为两类，部委属高校隶属于中央政府，地方高校隶属于省（区、市）和中心城市政府，高等教育支出责任根据高校隶属关系分别由中央与地方政府相应承担。

---

[1] 张晋武：《中国政府间收支权责配置原则的再认识》，《财贸经济》2010年第6期。

二 财力保障

根据词典的解释，财力是指"拥有资财的实力；金钱的数量"。财政学理论认为，财力是指各级政府在一定时期内拥有的以货币表示的财政资源。[①] 财力有狭义与广义之分，狭义的财力是指政府的一般预算收入，即通常所说的政府本级财政收入，包括税收收入、非税收入等，以税收收入为主。广义的政府财力除了包括本级预算收入外，还包括上级政府的税收返还和转移支付、上年结余、预算外收入、政府性基金收入等。

财力保障是指政府为履行某项职能或开展某项活动，通过财政拨款、专项资金、基金收入或上级转移支付等形式储备足够的可用资金，以满足资金支出需要。教育作为为社会培养人才的重要实践活动，属于政府财力保障的范围。政府的财政状况和对教育的重视程度决定了教育支出所获公共财力保障水平的高低。

第三节 文献综述

一 财力与事权、财权、支出责任关系的研究

刘尚希认为，事权、财权、财力是财政体制的三要素，这三要素之间不同的组合形成各种不同类型的财政体制。一般来说，事权、财权与财力这三要素达到匹配，才能使一级政府正常运转。但是在不同的情况下，这三要素的匹配方式可以有所不同。[②]

事权是一级政府在公共事务和服务中应承担的任务和职责。[③]事权是政府职能的具体化，各级政府所承担的具体支出责任大致可以反映其事权的范围。[④] 政府间事权的划分是划分政府间财力、财权大小的根据。

[①] 倪红日：《应该更新"事权与财权统一"的理念》，《重庆工学院学报》2006年第12期。
[②] 刘尚希：《遵循一个原则 解决三个问题——完善现行财政体制的几点思考》，《中国财政》2008年第1期。
[③] 同上。
[④] 马静：《财政分权与中国财政体制改革》，上海三联书店2009年版，第119页。

若政府间事权界限不清，必然难以划清各自的支出范围，政府的职能也难以充分实现。① 财权是指在法律允许下各级政府负责筹集和支配收入的财政权力，主要包括税权（税收管理权）、费权（行政事业性收费权）以及债权（举借债务权）。② 学界中经常提到的"事权与财权相统一"意指政府所拥有的财政权力在质与量上要与其承担的社会经济事务方面的责任相一致，从而保证责任的履行。③ 在我国计划经济时期，事权划分给某级政府，财权也相应配置给那政府，地方财权的大小与中央划给地方的事权保持一致。④ 但是1994年分税制改革后，打破了原来体制下政府事权与财权的统一，中央政府拥有的财权变得更大，省以下地方政府拥有的财权与其支出（事权）相比则要小。⑤ 还有研究者提出了"事权与财权相结合"的观点，认为在划分财政收支权时必须以各级政府的事权为基础，根据事权的大小来划分财政收支权，即做到权力与义务相统一、权责相统一。⑥

贾康提出，只有财力与事权相匹配，才能使各级政府都能提供本层级应提供的公共产品和服务。⑦ 刘尚希认为，相对于事权而言，财权和财力都是手段，是为履行特定事权服务的。⑧ 在事权不变的情况下，对落后地区而言，"财力与事权的匹配"比"财权与事权的匹配"更具有实质性意义。⑨ 财力与财权的联系与区别是，拥有财权的政府，一般拥有相应的财力，但是拥有了财力的政府不一定就拥有财权。因为上级政府的财权往往大于最终支配的财力，通过转移支付，下级政府的财力可

---

① 王国清、马骁、程谦主编：《财政学》，高等教育出版社2006年版，第291页。
② 马静：《财政分权与中国财政体制改革》，上海三联书店2009年版，第142—143页。
③ 王佃利、张莉萍、高原主编：《现代市政学》，中国人民大学出版社2008年版，第200页。
④ 许毅、陈宝森主编：《财政学》，中国财政经济出版社1984年版，第587页。
⑤ 倪红日：《应该更新"事权与财权统一"的理念》，《重庆工学院学报》2006年第12期。
⑥ 刘积斌主编：《我国财政体制改革研究》，中国民主法制出版社2008年版，第192页。
⑦ 贾康：《关于财力与事权相匹配的思考》，《光明日报》2008年4月22日第10版。
⑧ 刘尚希：《遵循一个原则 解决三个问题——完善现行财政体制的几点思考》，《中国财政》2008年第1期。
⑨ 刘尚希：《"财力与事权匹配"同样重要》，《中国财经报》2005年12月27日第6版。

能往往大于其财权。① 财权与财力之间不一定保持匹配关系。② 还有研究者认为,事权与支出责任存在不一致性,支出责任是建立在事权划分的基础上的。③

二 高等教育事权归属及其与财力、财权不匹配的研究

研究者普遍认为,高等教育是中央与地方共有的事权。有学者指出,在以"省级政府为主"的管理体制下,高等教育主要是地方性事务,但是某些事务却又超出了地方性事务的范围,如协调地区间差异、保障高等教育公平等,应视作"全国性事务",由中央财政承担④。另有学者认为,国务院1993年年底颁布的《关于实行分税制财政管理体制的决定》已经确定教育属于中央与地方政府共同的事权,因此,高等教育既属于中央的事权范围,也属于地方的事权范围。⑤王志刚认为,中央与地方财政对本级应承担的高等教育事权划分不清晰,导致高校不能有效地统筹安排资金,影响了高等教育财政预算的完整性。⑥ 尹晓岚、刘惠林对教育事权与财权划分进行了国际比较研究,分析了美国、法国、德国、日本发达国家各级政府间的教育事权与财权划分。⑦

研究者对高等教育事权与政府财力、财权的匹配情况进行了研究,发现在我国院系调整之后,原来由中央部门主管的高校移交地方管理,高等教育的事权不断下移至地方政府,还由于地方高校大幅扩招,使地方政府对高等教育的投入和管理责任加大。然而,分税制改革以后,地

---

① 马静:《财政分权与中国财政体制改革》,上海三联书店2009年版,第14—144页。
② 刘尚希:《遵循一个原则 解决三个问题——完善现行财政体制的几点思考》,《中国财政》2008年第1期。
③ 于井远:《我国财力与事权匹配度的绩效评价》,《商场现代化》2010年第24期。
④ 吕炜等:《高等教育财政:国际经验与中国道路选择》,东北财经大学出版社2004年版,第191—192页。
⑤ 刘剑文主编:《高等教育体制改革中的法律问题研究》,北京大学出版社2005年版,第158页。
⑥ 王志刚:《未来高等教育财政改革:隐忧与出路》,《中国社会科学报》2009年第3期。
⑦ 尹晓岚、刘惠林主编:《2008年黑龙江省教育经济发展报告》,黑龙江人民出版社2008年版,第380—386页。

方政府的财力并未获得相应增加，导致了高等教育的事权和财权不匹配的现象，并且提出了高等教育财权与事权匹配指数的计算公式。① 还有研究者回顾了改革开放三十多年中国高等教育发展历程，认为国家虽然对中央与地方政府间高等教育的事权和支出范围直接或间接作了几次大的调整，但是调整到现在的结果是：在高等教育的事权和支出责任层层下移的同时，政府的财权财力却层层上移，这种变化加剧了高等教育财权与事权的分离。② 还有研究者指出，中央政府和地方政府在高等教育投资权责划分上，存在严重的事权与财权不对称的问题。③ 高等教育事权相同的地方政府，未必能获得相一致的财权，不同区域的政府对地方高校的财政供给及其供给能力已经出现相当大的差距。④

针对高等教育事权与财权的不匹配问题，学者建议有必要重新划分中央财政和地方财政应承担的高等教育事权范围，改变中央政府仅为少数高等学校提供财政拨款的状态，使中央政府能够真正面向全国的高校。⑤ 另有学者建议，从财权调整的角度看，应当把完善财政转移支付制度当作目前解决教育事权和财权不匹配问题的关键。⑥ 为了调整政府教育事权与财权划分格局，促进教育事权与财权的统一，栗玉香提出了调整政府间教育事权与财权的3种思路，即财权不变调整事权、事权不变调整财权、事权与财权同时调整。⑦ 还有研究者建议，由于事权与财权不相统一的情况大量存在，因此必须通过转移支付予以矫正。转移支付制度是事权、财权配置中的必须安排，也是对事权、财权不匹配状况

---

① 赵应生、洪煜、钟秉林：《我国高等教育大众化进程中地方高校经费保障问题及对策》，《教育研究》2010年第7期。

② 中国高等教育学会组编：《改革开放30年中国高等教育发展经验专题研究》，教育科学出版社2008年版，第254页。

③ 徐文、孔凡敏：《高等教育投资中的政府责任缺失分析》，《理工高教研究》2010年第4期。

④ 黄维：《论高等教育投资模式与管理的理论与实践》，《清华大学教育研究》2004年第1期。

⑤ 吕炜等：《高等教育财政：国际经验与中国道路选择》，东北财经大学出版社2004年版，第192页。

⑥ 卢中原主编：《财政转移支付和政府间事权财权关系研究》，中国财政经济出版社2007年版，第139页。

⑦ 栗玉香：《教育财政学》，经济科学出版社2009年版，第216页。

的矫正安排。①

三 政府间高等教育支出责任划分的研究

中国高等教育学会提出,明确各级政府在举办及投资高等教育中的责任和作用是高等教育投资体制的首要改革任务之一。② 研究者认为,把责权明确到具体某级政府可以有效避免不同层级政府之间对教育事务的过度干预和相互推诿③;政府教育投资职能范围的界定有助于更好地解决政府在教育领域的越位和缺位问题,最大限度地避免教育经费因错置、漏出而造成的效率损失④。在理论上明确政府所应负担的教育财政责任有利于解决我国教育财政体制面临的问题。⑤

关于政府间教育责任和权力的划分,刘泽云认为,这与本国的社会历史文化传统、地理环境、经济发展水平、行政体制、财政税收体制等许多方面密切相关。⑥ 曹淑江基于教育服务的区域外溢性,提出地方政府如果无力承担教育投资责任,上一级政府或者中央政府应采取措施帮助地方政府分担教育投资责任;在依靠地方财力发展教育、由地方分散提供教育服务时,要注意到地区间经济发展不平衡会引起地区间教育发展不均衡,造成教育机会不均等,改善这一状况也需要上级政府或者中央政府分担教育投资责任。⑦

一些研究者提出了政府间高等教育支出责任划分的依据和原则。童伟提出了公共财政框架下政府教育财政责任分担的依据,一是根据教育级次的高低,教育级次决定其公共性的高低,若教育级次越低,

---

① 刘文华、李妍:《也论事权与财权的统一》,《首都师范大学学报(社会科学版)》2008 年第 1 期。

② 中国高等教育学会组编:《改革开放 30 年中国高等教育发展经验专题研究》,教育科学出版社 2008 年版,第 230 页。

③ 栗玉香:《教育财政学》,经济科学出版社 2009 年版,第 204 页。

④ 眭国余、麻勇爱:《中国教育经费合理配置研究》,北京大学出版社 2009 年版,第 29 页。

⑤ 杨会良:《当代中国教育财政发展史论纲》,人民出版社 2006 年版,第 336 页。

⑥ 刘泽云:《我国教育财政体制中的问题与对策》,《中国教育学刊》2003 年第 7 期。

⑦ 曹淑江:《合理确定中央政府的教育职能 确保实现地区之间教育公平》,《社会科学战线》2006 年第 2 期。

其公共性则越强；二是根据各级政府的财政实力，拥有较强财政实力的政府级次应当担负更多的教育责任。[①] 柯佑祥认为，政府间教育财政划分应考虑该教育产品是具有全国性特征还是具有地方性特征。[②] 伍海泉、陈锋提出应根据高等教育收益的区域性和外溢性来划分政府间高等教育的投资责任。[③] 关于政府间高等教育投入分担的原则，范先佐教授提出了政府在教育投资中必须坚持的两条原则：利益获得原则和能力支付原则，政府承担责任的大小应与社会收入分配不公的程度成正比。[④] 另有研究者提出了以地方投入为主、中央引导带动、多方共同投入的原则，来合理确定中央与地方的负担比例，划分中央和地方财政的责任领域。[⑤] 沈荣华提出了各级政府公共服务职责划分的八条指导原则：受益原则、效率原则、公共服务均等化原则、溢出效应原则、分权原则、中央控制原则、职责与财力相一致原则、法制化原则。[⑥]

关于高等教育支出应该以中央政府为主还是以地方政府为主，学界大体上有3种观点：第一种观点认为，高等教育投入应以省级政府为主。如范先佐提出，高等教育财政责任应以省为主，省级政府应成为最主要的教育财政责任承担者，但中央政府也应承担相应的财政责任。[⑦] 柯佑祥把高等教育界定为一种受益覆盖范围比较广的地方性准公共产品，同样认为其主要财政责任应由省级政府负责。[⑧] 另有研究者从博弈论视角对由地方政府提供高等教育进行了分析，提出了第二种观点，认

---

① 童伟：《北京市财政支出分析与筹划》，经济科学出版社2009年版，第150页。
② 柯佑祥：《教育经济学》，华中科技大学出版社2009年版，第124页。
③ 伍海泉、陈锋：《政府间高等教育投资责任划分研究》，《财务与金融》2009年第1期。
④ 范先佐：《筹资兴教：教育投资体制改革的理论与实践问题研究》，华中师范大学出版社1999年版，第77—80页。
⑤ 朱鹏华，乔松：《我国财政支出在高职教育中的配置问题分析》，《吉林建筑工程学院学报》2009年第5期。
⑥ 沈荣华：《政府间公共服务职责分工》，国家行政学院出版社2007年版，第42—52页。
⑦ 范先佐：《教育资源配置：政府应起基础性作用》，《河北师范大学学报》（教育科学版）2006年第2期。
⑧ 柯佑祥：《教育经济学》，华中科技大学出版社2009年版，第124页。

为应该由中央和地方政府共同承担高等教育支出,并加强中央政府对贫困地区财政转移支付的能力。[①] 第三种观点认为,中央政府一般是高等教育经费的主要承担者,在西、北欧的高福利国家和俄罗斯、法国,中央政府承担了广泛的经费支出责任。[②]

我国目前高等教育财政支出是根据高校的隶属关系由中央与地方分级负担。研究者指出,依据高校的行政隶属关系划分投入责任,不利于划分中央与地方政府各自的支出责任,不利于政府的高教投入决策,不利于高校财务管理,使高校不能有效地统筹安排资金,影响了高教预算的完整性。[③] 还有研究者指出,这种分级投资的财政体制弱化了政府的投资能力,使中央政府对高等教育资源的整合能力受到削弱,使各地高等教育投资的资源拥有量不平衡[④],导致部属高校与地方高校差距越来越大,严重影响了高等教育的均衡发展[⑤]。另有研究者认为,这样的责任安排会使中央政府较多注重对中央部委高校投资,在一定程度上忽视了中央财政在高等教育投资体制中的转移支付机制。[⑥] 此外,由于地方城市办高校的兴起,考虑到高等教育投入的巨大和市(地、州)财政能力的不足与它们之间的差距,高等教育财政投入责任的划分应充分考虑各地区的财政能力,不宜简单根据高校的行政隶属关系。[⑦]

一些学者从理论上论证了地方政府负责地方高校有依据中央政府负责少数高校缺乏合理依据这一观点。吕炜认为,高等教育具有较强的地

[①] 李启平、晏小敏:《财政分权对高等教育支出的影响分析:博弈论视角》,《教育学术月刊》2008年第9期。
[②] 李文利:《政府对教育的财政责任:有关法律法规的国际比较》,2009年中国教育经济学学术年会论文,广州,2009年12月。
[③] 王志刚:《未来高等教育财政改革:隐忧与出路》,《中国社会科学报》2009年第3期。
[④] 梁芳:《对政府在高等教育投资中职能缺位的分析》,《教育探索》2009年第3期。
[⑤] 徐文、孔凡敏:《高等教育投资中的政府责任缺失分析》,《理工高教研究》2010年第4期。
[⑥] 姚建华:《我国高等教育投资体制改革研究》,硕士学位论文,郑州大学,2006年,第18页。
[⑦] 樊明成:《新时期实现我国教育投入目标的财政能力分析》,《国家教育行政学院学报》2008年第9期。

方性事务特征,其受益范围也主要覆盖在特定区域内,所以地方政府负担辖区内高校的财政责任具有相对合理性;中央政府只负担中央直属高校的财政责任则缺乏合理的依据,因为从理论上说,任何一所高校的具体发展均可以按所在地域划为"地方事务",高等学校并不能因归属于中央政府就成为超越"地方"的"国家事务",中央政府对这些高校直接提供财政支持的合理性与必要性并不充分。[1] 乔春华认为,中央财政应当是面向全国性公共物品的财政,而不是少数重点大学的"财务管家"。[2] 王红认为,由于历史的原因以及优势发展战略的需要,中央政府负担少数国家级高校的状况在一定时期内还会存在,然而从公共财政的规范要求来说这种状况必须转变。[3]

针对我国高等教育经费负担体制存在的问题,研究者给出了一些改进措施。陈国良提出了高等教育财政新体制的基本框架,建议为了与分级财政体制相适应,高等教育管理必须明确划分中央和地方的职权范围;根据职权范围确定财政支出及相应的收入来源,建立独立的分级预算;地方政府可根据地方经济发展水平和生活水平规定地方高教预算支出结构和支出标准,自求平衡,不受中央财政干预。[4] 艾洪德等提出了重塑我国中央财政与地方财政对高等教育分权模式的设想,认为中央与地方政府的高等教育财政责任不应根据高校行政隶属关系来划分,应根据具体的高等教育事务的特征来划分,属于地方性事务的由地方财政承担,属于全国性事务或地方不便履行的事务由中央财政承担。具体来说,地方财政负责提供高等学校的日常运行经费,中央政府负责对地方高等教育的转移支付以及对学生的资助。[5] 朱锡平、陈英对此持同样的观点。[6] 王蓉等提出要重新明确政府对高

---

[1] 吕炜等:《高等教育财政:国际经验与中国道路选择》,东北财经大学出版社2004年版,第192页。
[2] 乔春华:《高等教育投入体制研究》,南京大学出版社2006年版,第42页。
[3] 王红:《公共财政与教育财政制度的变革》,《教育与经济》2002年第4期。
[4] 陈国良:《中国高等教育财政体制改革研究》,《教育发展研究》1996年第4期。
[5] 艾洪德、张淑敏、吕炜等:《基于公共财政框架下大学教育公共财政制度变革研究》,《辽宁教育研究》2006年第8期。
[6] 朱锡平、陈英:《我国高等教育财政改革的基本思路》,《河北师范大学学报》(教育科学版)2006年第3期。

等教育投入的责任范围以及政府间的责任分工，认为中央政府的责任包括确保教育机会公平，承担高等教育学生资助资金，为高等教育知识创新活动提供资金支持；省级政府负有高等教育财政拨款的责任，向公众提供并保障高等教育入学机会，为高等教育发展营造有利的经济与法律环境。[1] 孙霄兵建议，我国应建立起合理的各级财政分级负担的教育经费投入机制，使各级政府承担与其财力相匹配的教育财政责任。[2] 刘天佐认为，重塑我国高等教育财政投资体制，需要中央与地方两级财政作出相应调整，一是明确中央财政对高等教育的宏观协调功能，中央财政投资的重点应以平衡差异、保障公平为主；二是进一步完善地方高等教育管理体制与财政拨款体制。[3] 经济合作与发展组织在《OECD 中国高等教育评论》中指出，中国高等教育走向可持续和公平发展道路需要更好地平衡政府间财政关系，应当测度各地区的相对收入能力与教育成本差异，通过财政转移支付减少地区不平等。[4] 该报告结论部分指出，为了促进公平与质量的提升，需要重新划分政府间收入和支出责任。[5]

四　政府间高等教育支出分担的国际比较研究

亚历山大·希什洛夫（Aleksander Shishlov）认为，公共责任可由不同层级的政府（中央、地区、地方）来行使，因国家而异。例如，在美国，大多数公立大学都是由州政府负责，而在俄罗斯，大多数公共教育机构是由联邦政府负责（只有 1.35% 的高等教育总预算开支来自地区政府预算，来自市级政府的经费比例占 1.7%）。在 OECD 国家中只有 6 国（比利时、加拿大、德国、西班牙、瑞士和美国）的地区政府提

---

[1] 王蓉、岳昌君、李文利：《努力构筑我国公共教育财政体制》，《北京大学教育评论》2003 年第 2 期。
[2] 孙霄兵、孟庆瑜编著：《教育的公正与利益：中外教育经济政策研究》，华东师范大学出版社 2005 年版，第 56—57 页。
[3] 刘天佐：《完善我国高等教育财政拨款体制的思考——基于美国与日本高等教育财政拨款体制的启示》，《江苏高教》2006 年第 5 期。
[4] Michael Gallagher, Abrar Hasan, Mary Canning et al, *OECD Reviews of Tertiary Education：China*, Paris：OECD, 2009, p. 13.
[5] Ibid., p. 112.

供的高等教育经费超过 50%。一些国家,如丹麦、芬兰和美国等地方政府也提供了一定比例的高等教育经费。[1]

一些国际组织也对此进行了研究。经济合作与发展组织和英格兰高等教育拨款委员会在 2004 年共同开展了"高等学校财务管理与治理项目",澳大利亚、英国、德国、爱尔兰、日本、荷兰、瑞典和美国 8 国参与了该项目,参与国都发布了各国的项目成果报告,这些报告围绕中央政府(联邦政府)和地区政府(州政府)在高等教育中的角色、对高校拨款责任的分配、政府与高校的关系等内容进行了跨国比较。[2] 联合国教科文组织在国际公共教育大会第 18 届会议上通过了对各国教育财政的建议,其中提到了要简化中央、地区和地方之间的财政责任分担,实现合理高效;在决定地方在教育财政中的作用及其与中央、地区的关系时,应考虑到地方承担财政和其他责任时所能获得的资源;级次高的政府向级次低的政府提供财政援助,应当遵循经济和税收能力低的地方能获取较多援助的原则。[3] 世界银行在其出版的《世界发展报告》中对政府间职责划分的建议是:公共物品和服务应当由能够完成支付成本和赢得收益的最低级次政府提供。[4]

就美国而言,研究者认为,美国公立高等教育经费主要由州政府负责提供,州政府扮演着双重角色,既是"公共利益的监督者",又是"高等教育服务的提供者"。[5] 美国联邦政府对高等教育的经费资助责任主要体现在援助贫困家庭和少数民族背景的学生、资助研究型大学的科

---

[1] Aleksander Shishlov, "The Context – Trends in Society and Reflections on Public Responsibility in Higher Education", in Luc Weber and Sjur Bergan, eds. *The Public Responsibility for Higher Education and Research*, Strasbourg: Council of Europe Publishing, 2005, pp. 100–102.

[2] OECD, "Reports of the OECD/IMHE – HEFCE project on financial management and governance of higher education institutions", http://www.oecd.org/document/56/0,3746,en_2649_35961291_33644024_1_1_1_1,00.html.

[3] 赵中建主译:《全球教育发展的历史轨迹:联合国教科文组织国际教育大会建议书专集》,教育科学出版社 2005 年版,第 141 页。

[4] 世界银行《1997 年世界发展报告》编写组编著:《1997 年世界发展报告:变革世界中的政府》,中国财政经济出版社 1997 年版,第 121 页。

[5] Aimes C. McGuinness, *Financial Management and Governance in HEIS: United States*, Paris: OECD (HEFCE – OECD/IMHE), 2004.

研、鼓励各州高校的改革创新活动3个方面。① 有研究者指出，联邦政府在高等教育系统中的作用仅是支持和指导应该由其负主要责任的两类活动：确保学生高等教育入学和维持符合国家利益的基础和应用研究。就学生资助来说，现在美国已经确立了以联邦政府负担为主的学生资助体系，美国学生财政资助总额的75%都是由联邦政府提供的。② 美国高校科研经费绝大部分也是来自联邦政府的科研拨款。③ 可以看出，美国在高等教育财政制度安排上表现出高度的分权，联邦政府和州政府各自承担不同的资助责任，这种责任分担模式具有分工明确、责任自担、互不干预的特点。④ 1996年加利福尼亚高等教育政策中心在报告中提出了高等教育责任分担（shared responsibility）的框架，以确保下一代的学生能以他们付得起的成本接受高质量的高等教育，本着受益原则，对加州州政府应分担的责任作出了界定。⑤ 丹尼斯·琼斯（Dennis Jones）分析了美国公立高等教育经费在联邦政府、州和地方政府之间的资金流向。⑥ 威廉·祖梅塔（William Zumeta）分析了美国州政府的高等教育财政运行情况，总结了1952—2000年美国联邦政府、州政府、学生及家长对高等教育投资比例的变化。⑦

---

① 李莉：《英美两国高等教育财政拨款体制的比较及经验借鉴》，《北京航空航天大学学报（社会科学版）》2002年第2期。
② David A. Longanecker, "The Role of the Federal Government", in AIHEPS *Purposes, Policies, Performance: Higher Education and the Fulfillment of a State's Public Agenda*, San Jose, CA: The National Center for Public Policy and Higher Education, 2003, pp. 28 – 29.
③ 侯石安、谭彦红、陈蕾：《美日高等教育财政制度及其启示》，载陈志勇、李祥云主编《教育财政理论与实践："教育财政理论与制度国际研讨会"论文集》，中国财政经济出版社2009年版，第353页。
④ 武毅英：《高等教育经济学导论》，广东高等教育出版社2008年版，第211页。
⑤ The California Higher Education Policy Center, "Strategies to Enhance Quality and Opportunity in California Higher Education", http://www.capolicycenter.org/shared/sharedc.html.
⑥ Dennis Jones, "Financing in Sync: Aligning Fiscal Policy with State Objectives", in Dennis Jones, Kenneth P. Mortimer, Paul T. Brinkman et al. *Policies in Sync: Appropriations, Tuition, and Financial Aid for Higher Education*, Boulder, CO: Western Interstate Commission for Higher Education, 2003.
⑦ William Zumeta, "State Higher Education Financing: Demand Imperatives Meet Structural, Cyclical, and Political Constraints", in E. P. St. John and M. D. Parsons, eds. *Public Funding of Higher Education: Changing Contexts and New Rationales*, Baltimore, MD: Johns Hopkins University Press, 2004, p. 106.

研究者对加拿大联邦政府高等教育职责的演变进行了梳理，认为联邦政府在高校科研和学生资助方面扮演着重要角色。联邦政府对大学科研给予直接、间接资助，采取措施（如 2000 年实施的 "加拿大首席科学家席位" 项目）吸引和留住高素质科研人才。联邦政府除了设立奖学金、资助金项目，还出台了各项优惠贷款政策，鼓励教育储蓄，发行 "学习债券"（Canada Learning Bond），帮助低收入家庭子女提供就学机会。[1] 保罗·韦佛（Paul Weaver）研究了加拿大联邦政府和省政府之间的财政体制安排和高等教育财政体制的历史变迁，分析了高等教育财政供给中的政府间关系，认为自 20 世纪以来，联邦政府先是介入高等教育，后来介入程度逐渐降低，这种变动从联邦政府对高等教育直接财政支出的下降可以体现；由于省级政府承担着宪法赋予的责任，联邦支出减少引起的财政差额不得不由省来补足，这为联邦和省政府政策制定带来了难题。[2] 非政府组织加拿大政策研究网络在 2005 年发布了关于加拿大高等教育政府拨款与管理的研究报告，分析了自 20 世纪 90 年代以来高等教育经费的变化趋势、拨款机制、资助水平与激励机制的评估等问题。该报告认为，近年来，加拿大高等教育经费来源出现了显著的变化，更加重视学费和私人资助，对省级政府拨款与合同的重视程度下降，如在 1990 年，联邦政府拨款与合同、省级政府拨款与合同、学费收入在大学经费中的所占比例分别是 9%、61% 和 11%，到 2004 年上述比例分别变为 11%、43% 和 22%，来自联邦政府的经费增加了 2 个百分点，省级政府的经费降低了 18 个百分点，学费所占比例上升了 11 个百分点。[3]

澳大利亚教育科学与培训部（DEST）2004 年发布了《澳大利亚高等教育责任合理化：问题报告》，在该报告中介绍了澳大利亚联邦政府介入高等教育的历史，阐述了当前联邦政府和州政府在高等教育责任上

---

[1] 杨丽辉、黄建如：《加拿大联邦政府高等教育职责的演变探析》，《纺织教育》2009 年第 1 期。

[2] Paul Weaver, "The Demise of Universality: Federal Financing for Post-Secondary Education in Canada", *Federal Governance: A Graduate Journal of Theory and Politics*, Vol. 4, No. 1, 2004, pp. 16–17.

[3] Ken Snowdon, *Without a Roadmap: Government Funding and Regulation of Canada's Universities and Colleges*, Ottawa: Canadian Policy Research Networks, 2005.

的划分与安排，以及大学若由联邦政府独自负责所带来的收益与风险。① 澳大利亚教育科学与培训部 2005 年又发布了《为澳大利亚高等教育建立更好的基础：重新安排联邦—州责任的讨论》，在这份报告中阐述了澳大利亚联邦政府与州和领地政府对高等教育的责任划分问题，详细分析了联邦政府更大程度地介入高等教育部门所带来的潜在收益，如国际竞争力的提高，通过治理与管理框架的重新设计改善了高等教育部门的运行状况。这篇报告也指出了高等教育责任由州转移到联邦所引发的风险，如在州和领地政府撤销对高等教育的财政及实物支持以后，大学的可持续性发展需要得到应有的保障。②

张人杰在《中外教育比较史纲》中分析了英国高校财政拨款的过程，指出英国高等教育支出由中央财政负责，高等教育财政拨款包括由拨款机构负责分配的经常费拨款和基建拨款，各大研究基金会提供的科研拨款。学生所在的地方教育当局代表中央政府向高校支付学费，其开支由中央财政提供。③

印度 1949 年宪法对中央政府和邦政府的教育职权进行了划分。中央政府仅对中央直属公立大学、制定高等教育标准负有直接责任，与邦政府一起共同负责职业和技术培训。除上述之外的其他所有教育职责都被划分给了邦政府。当然，在实际执行中中央政府发挥的作用在提高。1976 年宪法修正案对教育财政责任作出了进一步的划分。25 个邦和 7 个联邦属地提供的教育经费总额所占比例达到 90%。但是，平均而言，邦政府支出的 40% 来自于中央政府的限制性和非限制性转移支付。④ 帕万·阿格沃尔（Pawan Agarwal）在《印度高等教育：变革的必要》介绍了印度政府对高等教育的拨款体制安排情况。在高等教育财政拨款总

---

① Australian Government, Department of Education, Science and Training, *Issues Paper*: *Rationalizing Responsibility for Higher Education in Australia*, Canberra: DEST, 2004.

② Australian Government, Department of Education, Science and Training, *Building Better Foundations for Higher Education in Australia*: *A Discussion about Re-aligning Commonwealth-State Responsibilities*, Canberra: DEST, 2005.

③ 张人杰主编：《中外教育比较史纲（现代卷）》，山东教育出版社 1997 年版，第 145 页。

④ Education and Federalism Support Group, *Financing Education in Federal Nepal*, Kathmandu, Nepal: Educational Financing Reference Group, 2009, p. 10.

额中，只有1/4来自中央政府，中央政府拨款在高等教育经费总支出中的比例只有10%左右，而美国联邦政府提供的这一经费比例已经超出30%。该研究者认为，通过分析印度中央政府在资助高等教育中发挥的作用，可以看出中央政府高等教育资助是失衡的和有限的。在全国17625所各类学院中，中央政府高等教育拨款的85%被用于支持130所左右高校的在校生，受资助的学生比例只占全国学生数的3%。大多数高校得不到中央政府的拨款，即使得到中央拨款的高校也发现经费数额很少，还有一些高校根本得不到任何公共资助。这种高等教育资助模式明显具有高校导向型的特征，属于无效率的以投入为基础的资助方式。[①]

由上述文献综述看出，学者们对高等教育事权、财权及二者的关系进行了研究，其中一部分研究者所指的财权其实是政府的财力，高等教育事权与财权不对称事实上是高等教育事权与政府财力保障不对称。学者们也对政府间高等教育经费负担体制与支出责任划分进行了研究，指出了我国高等教育经费负担体制存在的问题，并提出了一些改进措施。还有研究者从国际比较的视角，介绍了国外政府间高等教育支出分担的概况、经验及对我国的启示。前人的这些研究为本书提供了重要的参考，也启发了作者的研究思路。不过，前人研究的不足和空白在于对高等教育支出责任划分缺乏公共财政理论的支撑，对高等教育财权与事权相匹配的研究更多是把其作为一个原则提出来，至于高等教育财权与事权为何要匹配、二者匹配程度如何、怎样测度二者匹配度等方面的研究还较少，不够系统化。本书对前人研究的一个突破是紧跟公共财政研究的方向和进展，把政府间高等教育支出责任与财力保障的匹配问题作为研究的中心内容，考察二者的匹配度，这对完善我国高等教育财政负担体制、提高政府特别是地方政府对高等教育支出的保障能力更有针对性和实用性。

第四节 研究目的

近年来，中央与地方政府对所属高校的财力支持程度悬殊，省际

[①] Pawan Agarwal, *Higher Education in India: The Need for Change*, New Delhi: Indian Council for Research on International Economic Relations, 2006, pp. 20–24.

地方高校生均支出水平差距较大。如何完善高等教育投入机制，增强公共财政对高等教育支出的保障能力，解决部分省份因财力薄弱造成高等教育财政性支出偏低的问题，已经显得非常紧迫。本书的目的是通过分析政府间高等教育支出责任安排及负担的经费比例，选择反映高等教育支出责任大小和财政保障能力大小的指标，测度我国中央地方间高等教育支出责任与财力保障的匹配情况、各省间高等教育支出责任与财力保障的匹配情况，探寻引起两者不匹配的原因，并结合国际实践经验，探讨如何通过完善支出责任安排、增强财力保障、强化制度约束，促进我国高等教育支出责任与财力保障合理匹配，从而完善我国高等教育的经费负担体制，提高公共财政对高等教育支出的保障能力，解决地方高校公共财政投入水平总体偏低、地区间生均支出差异较大的问题，缓解高等教育财政纵向与横向不平衡的状况，促进各地区高等教育协调发展。

第五节 研究思路与方法

一 研究思路

本书沿着理论阐释→测度体系→中国考察→别国经验→理论揭示→实现路径的思路，以研究政府间高等教育支出责任与财力保障的匹配为主线贯穿全文。本书首先从财政联邦主义理论、公共产品层次性理论阐述政府间高等教育支出责任在理论层面的划分，从高等教育的公共性、高等教育的准公共产品属性、财政的公共性3方面分析财力保障高等教育支出的原因。然后构建高等教育支出责任与财力保障匹配性的测度体系，包括中央与地方间纵向匹配和各省间横向匹配两个测度体系。接着测度我国纵向政府间与横向政府间高等教育支出责任与财力保障的匹配性。进而考察西方5国高等教育支出责任与财力保障匹配情况，总结我国可借鉴的经验。随后从我国高等教育支出责任与财力保障不匹配的现实问题出发，结合公共财政理论和国外实践经验，揭示高等教育支出责任与财力保障匹配的基础和关键、引起二者不匹配的原因、二者不匹配带来的后果、促进二者匹配的关键突破等问题。最后分析我国高等教育支出责任与财力保障匹配的实现路径及具体实施建议。整个研究思路如图1—1所示。

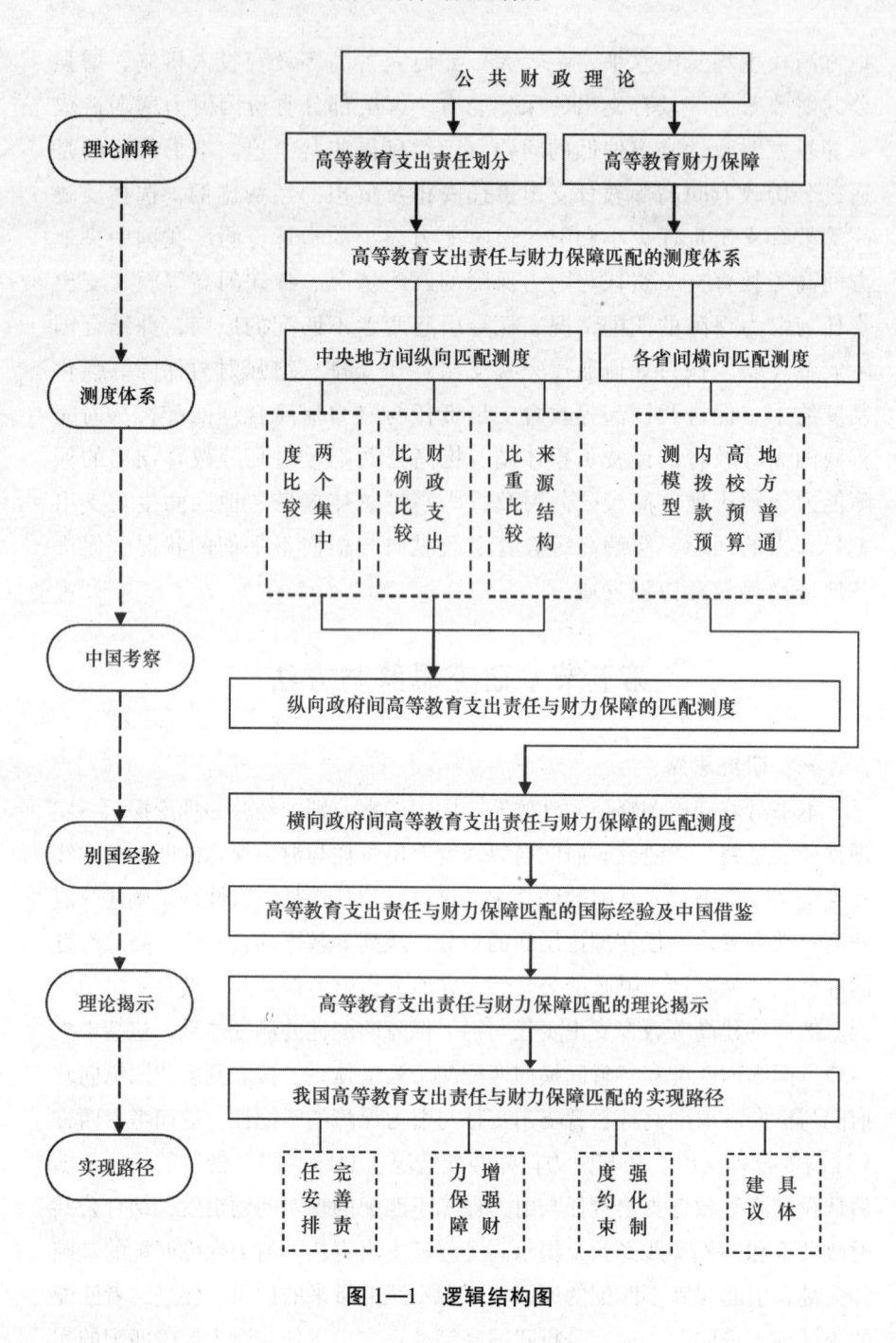

22 我国高等教育支出责任与财力保障的匹配研究

```
理论阐释                    公共财政理论
                    ↓              ↓
              高等教育支出责任划分   高等教育财力保障
                       ↓              ↓
              高等教育支出责任与财力保障匹配的测度体系
                       ↓              ↓
测度体系       中央地方间纵向匹配测度   各省间横向匹配测度
            ┌──────┬──────┬──────┐   ┌──────────────┐
            │两个  │财政  │来源  │   │地方普通高校   │
            │集中  │支出  │结构  │   │拨款预算测度   │
            │度比较│比例  │比重  │   │模型           │
            │      │比较  │比较  │   │               │
            └──────┴──────┴──────┘   └──────────────┘

中国考察       纵向政府间高等教育支出责任与财力保障的匹配测度

              横向政府间高等教育支出责任与财力保障的匹配测度

别国经验       高等教育支出责任与财力保障匹配的国际经验及中国借鉴

理论揭示       高等教育支出责任与财力保障匹配的理论揭示

              我国高等教育支出责任与财力保障匹配的实现路径

实现路径      ┌──────┐ ┌──────┐ ┌──────┐ ┌──────┐
              │完善责│ │增强财│ │强化制│ │具体建│
              │任安排│ │力保障│ │度约束│ │议    │
              └──────┘ └──────┘ └──────┘ └──────┘
```

图 1—1 逻辑结构图

二 研究方法

本书基于公共财政理论的视角,以研究高等教育支出责任与财力保障的匹配性为中心内容,综合运用了文献研究法、比较研究法和数理统计分析法。

(一) 文献研究法

文献研究法是高等教育学常用的研究方法之一,它是指研究者根据研究目的和要求,通过收集图书、报刊、档案、公文、报告、信函等信息资料并加以分析、解释,以发现事实、检验假说的一种研究方法。[①]本书从公共财政理论出发,围绕支出责任划分、财力保障、教育财权与事权、高等教育财政责任、高等教育财政管理体制等问题,广泛而系统地搜集了许多国内外学术期刊、学位论文、专业书籍、报纸、研究报告、工作报告、法律条文、统计年鉴、在线网络数据等文献资料,并对这些文献资料进行了系统整理和归类,在使用时细心地鉴别和取舍。通过查阅和研究这些文献,发现了相关研究领域的空白和可研究的空间,确定了本书的落脚点,即如何增强公共财政对高等教育支出的保障能力,促进高等教育支出责任与财力保障的合理匹配。高等教育支出责任与财力保障是否匹配会受一些历史因素的影响,了解过去的体制和制度背景会有助于找到解决当前问题的办法。本书还运用文献研究法,对我国财政体制改革与高等教育管理体制改革的文献进行了分析和梳理,对高等教育地方化和大众化及它们给地方财政带来挑战的文献进行了归纳和总结,找出我国高等教育支出责任与财力保障不匹配的体制诱因及解决办法。文献研究法是本书使用的主要方法,贯穿于本书的全过程。

(二) 比较研究法

比较研究法是根据一定的标准,对不同国家或地区的教育制度或教育实践进行比较研究,找出各国教育的特殊规律和普遍规律的方法。[②]比较研究的本质在于从事物的相互联系和差异的比较中观察事物、认识

[①] 湖南省教育厅组编:《高等教育学(高等学校教师岗前培训教材)》,湖南大学出版社2005年版,第31页。

[②] 吴文侃、杨汉清主编:《比较教育学》,人民教育出版社1989年版,第19页。

事物，从而探索规律。① 本书在做国际比较时，根据一些国际通用的高等教育财政支出指标、高等教育经费结构指标、财力分配指标，比较OECD 5 国政府间高等教育支出责任安排及支出负担比例、政府间财力分配的异同，总结国外高等教育支出责任划分及政府间负担比例的基本特点和基本规律，探寻国外促进高等教育支出责任与财力保障匹配的经验和措施，并分析这些国外经验对促进我国高等教育支出责任与财力的匹配提供了什么启示和借鉴。在进行国际比较时注意到了数据在统计口径、出处、年代和货币单位的统一，使数据具有可比性。

（三）数理统计分析法

数理统计分析法是对研究中所获得的观测数据运用数理统计技术进行定量处理的一种研究方法，包括相关分析法、回归分析法、聚类分析法、因子分析法等。其中回归分析法是在研究现象之间存在相关关系的基础上，对自变量和因变量的变动趋势拟合数学模型、进行量的推算的一种统计分析方法。② 回归分析的过程首先确定变量之间是否有相关关系，然后根据自变量和因变量的数值拟合回归模型，再对拟合的回归模型进行显著性检验，最后利用回归模型进行推算和预测。本书在第四章运用回归分析法测度了横向政府间高等教育支出责任与财力保障的匹配性。具体过程是选定高等教育支出责任和高等教育财力保障影响因素的量化指标，依据 2005—2009 年省际面板数据，运用多元线性回归分析统计技术，拟合地方普通高校预算内拨款预测模型，比较现有财力水平下各省地方普通高校预算内拨款预测值与其实际值的大小，从而判断各省高等教育支出责任与财力保障的匹配性。

---

① 裴娣娜编著：《教育研究方法导论》，安徽教育出版社 2000 年版，第 224 页。
② 肖宪标主编：《统计基础》，华中科技大学出版社 2002 年版，第 205 页。

第二章

高等教育支出责任与财力保障的匹配关系及测度体系

在多数国家中，政府通常由不同的行政层级组成，高等教育支出责任往往并非由一级政府承担。因此，本章结合多层级政府架构和分权化财政体制这两个体制背景，基于相关公共财政理论，举出 OECD 多国实例，从理论与现实两个层面探讨政府间高等教育支出责任划分的问题，分析财力保障高等教育支出的原因及措施，阐述高等教育支出责任与财力保障匹配的意蕴及效用，构建高等教育支出责任与财力保障匹配的测度体系，为下文测度我国中央地方间及各省间高等教育支出责任与财力保障匹配情况奠定基础。

第一节 高等教育支出责任划分

多层级的政府架构和分权化的财政体制是政府间高等教育支出责任划分的体制背景。财政联邦主义理论和公共产品层次性理论是政府间高等教育支出责任划分的理论基础。首先依据财政联邦主义理论和公共产品层次性理论，从理论层面探讨政府间高等教育支出责任应如何划分，然后结合 31 国高等教育公共支出在政府间的分担情况，介绍大多数国家对高等教育支出责任的实际安排。

一 政府间高等教育支出责任划分的体制背景

在当代社会中，为了更好地履行公共服务和社会管理的职能，政府通常由不同的行政层级组成。为了提高财政资源配置效益，使政府提供的公共服务更符合居民的偏好，财政管理体制改革趋向于实施财政分权，建立以划分支出、分级分税为特征的分级财政体制。分析政府间高等教育支出责任划分问题，需要紧密结合与之相关的政府体制和财政体制。

（一）多层级的政府架构

世界上多数国家的政府是由若干级次的政府组成，只存在一级政府的国家很少。这主要是因为一个国家地域的广袤性和区域性导致居民对公共产品和服务的需求具有层次性和差异性，使得多级政府的存在具有了必要性和可能性。① 从理论上说，若只有中央一级政府，在为各地区居民提供公共产品和服务时不仅出现效率损失，而且也难以满足居民的多样化需求，因此客观上需要多级政府的存在，以便为居民提供多样化的产品和服务。按照管辖范围与职权大小划分，一般可把政府粗略分为中央政府与地方政府。因有的国家是单一制政体，有的国家是联邦制政体，受国家结构形式的影响，各国政府层级架构存在一些差别。就单一制国家来说，如英国，政府粗略分为中央政府和地方政府两级，地方政府包括英格兰和威尔士、苏格兰、北爱尔兰和大伦敦市，地方政府下辖郡、县。② 法国政府分为四级：中央政府、大区、省和市镇，后面3级政府称为地方政府。日本政府分为三级：中央政府、都道府县和市町村，后面两级称为地方政府。我国是全世界单一制国家中拥有政府层级最多的国家③，如图2—1所示。政府分为5级：中央、省、市、县、乡镇，后面4级政府称为地方政府，省级政府是最高一级的地方政府。实行联邦制的国家，政府一般分为3级：联邦、州（或省）、地方政府。为了称呼上的方便，本书根据国外文献的惯例，无论单一制还是联邦制国家，统一把3级政府称为中央政府（central government）、地区政府（regional government）和地方政府（local government）。

在多级政府的框架下，有些社会产品和服务的供给责任和经费开支

---

① 邵青、张强：《政府职责与政府间财政关系分析——以加拿大地方政府为例》，《广东财经职业学院学报》2007年第5期。

② 财政部政府会计考察团：《英国的政府会计管理与改革》，《预算管理与会计》2006年第6期。

③ 王雍君、张志华：《政府间财政关系经济学》，中国经济出版社1998年版，第7页。

由中央或地方一级政府承担，还有些社会产品和服务的供给责任和经费开支由中央与某级地方政府或多级地方政府之间共同承担，但是没有哪一级政府能够有效率地向所有公众提供所有的公共服务[①]，这就产生了在政府间划分公共支出责任的必要。在现代国家中，高等教育属于政府参与提供的一项重要公共服务。纵观世界各国，在多级政府的框架下，有些国家的高等教育支出责任由中央（联邦）政府单独承担，还有不少国家的高等教育支出责任由中央（联邦）与省（州）政府共同承担，因此也需要在政府间划分高等教育支出责任。

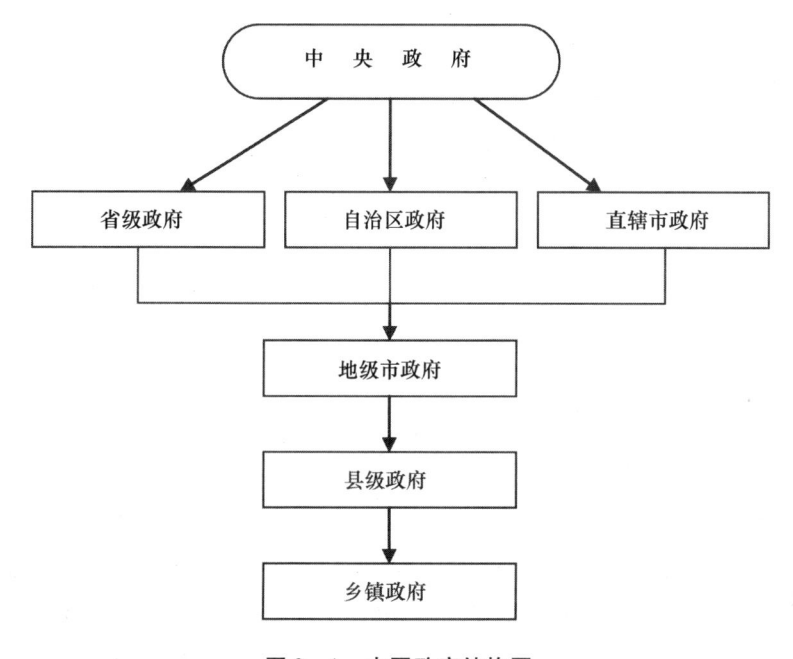

图 2—1 中国政府结构图

注：未含港澳台。

（二）分权化的财政体制

中央与地方政府间财政关系有两种基本模式：财政集权和财政分权。由于绝对的财政集权或绝对的财政分权都不可能很好地处理政府间财政关系，进而实现社会福利最大化的目标，因此大多数国家在处理政府间财政

---

① 王雍君、童伟主编：《公共财政学》，北京师范大学出版社2008年版，第289页。

关系上采用的是财政集权与财政分权的某种组合。① 中央政府为减轻自身财政压力，激励地方政府提供公共产品和服务，给予地方政府一定的税收权和支出责任范围，允许地方自主决定预算支出规模和支出结构，这种财权配置形式即是财政分权。② 所以财政分权包括在中央与地方间划分财政收入权与支出权，使地方政府获得一定的财政资金管理权、支配权。中央向地方财政分权的目的是促使地方政府在其责任范围内更好地提供公共产品和服务，满足辖区内居民的需要。所以财政分权的益处在于使地方政府提供的公共产品和服务在类型与数量上更接近辖区内居民的偏好，消除中央政府统一提供公共产品和服务带来的弊端，这一点已经被华莱士·E.奥茨的"财政分权定理"所证明③。正是由于人们认识到财政分权所带来的益处，这种财权配置形式被越来越多的国家所接受。自20世纪以来，财政分权已经成为世界各国比较普遍的现象。绝大多数发达国家都实行了财政分权。在人口超过500万的75个转型经济国家中，84%的发展中国家正致力于向地方政府下放部分权力。④ 这些实行财政分权的国家也建立了分级财政体制。

在分权化的财政体制下，每一级财政都有各自的财政职能范围和相应的财政职能分工。支出责任在不同财政层级间的科学配置对于政府充分履行支出责任、为各项公共支出提供相应的财力保障有重要的意义。按照财政分权的要求，政府间财政收支划分的顺序是首先对政府间事权与支出责任合理划分，然后在此基础上进行收入划分。因此，如何在各级政府间合理划分支出责任已成为财政体制要解决的首要问题。⑤ 高等教育经费收入中有一部分来源于财政预算拨款。财政分权体制直接影响了高等教育支出由哪级财政负担。因各国财政分权体制有所不同，某些

---

① 王玮主编：《地方财政学》，武汉大学出版社2006年版，第44页。
② 苏彩玲、邓朝春：《财政分权对农村小学教育投入的影响》，《黑龙江金融》2012年第1期。
③ 奥茨认为，"让地方政府将一个帕累托有效的产出量提供给它们各自的选民，则总是要比由中央政府向全体选民提供任何特定的并且一致的产出量有效得多。"参见平新乔《财政原理与比较财政制度》，上海三联书店1992年版，第342页。
④ 杨灿明、赵福军：《财政分权理论及其发展述评》，《中南财经政法大学学报》2004年第4期。
⑤ 王雍君、童伟主编：《公共财政学》，北京师范大学出版社2008年版，第289页。

国家高等教育支出是由中央（联邦）财政负担，也有些国家高等教育支出是由中央（联邦）财政与地方财政共同承担。如此的支出责任安排尽管受到多种因素的影响，但是在分权财政体制背景下，这样做主要是为了保障高等教育支出的充足、公平、有效，促进高等教育支出责任与财力保障相匹配。

二 政府间高等教育支出责任划分的理论基础

在多级政府和分级财政的体制下，高等教育支出由哪一级政府负担是一个现实而复杂的问题。本节将首先从理论层面探讨高等教育支出责任在政府间如何划分的问题，然后分析一些国家对高等教育支出责任的实际安排。

（一）财政联邦主义理论

中央与地方负担多少高等教育支出是政府间财政职责分工的一种体现。财政联邦主义理论是关于政府间财政分工、中央与地方各级政府财政收支如何划分的理论和学说，因此它对高等教育支出责任划分有理论指导意义。该理论认为，在政府间财政分工时，中央政府要确保地方政府的支出责任与其财力（含来自中央政府的转移支付）相一致，以便使地方政府有效地履行自己的职能。地方政府的财政能力存在差异，需要中央通过提供均等化的支出抵消地方财政能力的差异，确保经济状况不好的地方政府也可以提供足量的公共服务。[①] 关于政府间财政收支划分的顺序，该理论认为，财政支出划分应该先于财政收入划分，政府间收入划分一般要以支出划分为依据，在支出划分未确定前无法合理划分收入。[②] 财政联邦主义关于财政分工和收支划分的上述观点可以针对实行分级分税财政体制的所有类型国家，即不仅适用于联邦制国家，也同样适用于单一制国家。

根据财政联邦主义理论的要求，在界定中央与地方高等教育支出责任时应考虑到中央或地方财政能力的大小，高等教育支出责任若由某级

[①] S. T. Akindele and O. R. Olaopa, "Fiscal federalism and local Government finance in Nigeria", http://unpan1.un.org/intradoc/groups/public/documents/CAFRAD/UNPAN008121.pdf.

[②] Anwar Shah, *Perspectives on the Design of Inter-governmental Fiscal Relations*, Washington, D. C. World Bank, 1991, pp. 2-3.

政府来承担，该级政府应能够为高等教育的发展提供必要的财力支撑，为高等教育各项财政支出提供应有的财力保障，保证高等教育在规模、质量、结构、效益方面获得全面发展。为了避免出现某级政府"有责任、无财力"的情况，兼顾高等教育的战略地位，高等教育支出应该由财政实力较强、级次较高的政府负担，即由中央（或联邦）政府、省（或州）政府负担，或者由二者共同负担。另外，中央政府承担着宏观调控和维护高等教育财政公平的职责。在地方高等教育支出出现收益外溢时，中央政府有提供资金补偿的责任；在地方高等教育支出出现严重分化时，中央政府有通过转移支付、支援财政困难地区的责任。

（二）公共产品层次性理论

中央与地方是否应负担高等教育的支出以及应负担多大的比例，还应考虑高等教育支出的受益范围和外溢性。公共产品层次性理论认为，不同公共产品的受益范围大小不一，依据受益范围的不同，公共产品有全国性公共产品和地方性公共产品之分。公共产品的层次性是划分政府间支出责任的重要依据，政府承担支出责任的大小要与公共产品的受益范围相一致。若受益范围覆盖全国，则支出责任应属于中央政府；若受益仅局限于地方，则支出责任应属于地方政府；若受益范围覆盖多个区域，则支出责任应由相关地区的政府协商承担，或由中央政府出面协调、受益地区共同承担。

从受益范围来看，高等教育与地方政府联系比较紧密，高校培养的人才为地方经济发展服务的占多数，在促进地方社会发展和经济建设方面发挥了重要作用，高等教育受益范围主要覆盖在地方辖区内，因此高等教育属于地方性产品，地方政府应承担高等教育的支出责任。但是，由于高校学生跨区域入学和跨区域就业比较频繁，高等教育收益会外溢至其他区域，为了解决外溢效应的补偿问题，加上高等教育本身具有很强的正外部性，中央政府也应承担一部分高等教育支出责任。因此，政府间高等教育支出责任要根据高等教育受益范围及外溢程度的大小，由从中受益的政府部门来承担。[①]

---

① 赵永辉：《中央与地方高等教育财政责任安排的审视》，《教育发展研究》2012年第1期。

具体到高等教育分项支出,如科研支出和学生资助支出,也可根据其受益范围和外溢程度确定支出责任。①科研支出。高校是从事科学研究的重要场所。高校进行的研究包括基础研究和应用研究。尽管高校也开展很多应用研究,但高校更是从事基础研究的主力军。2000年美国统计数据显示,在高校R&D研究中,基础研究占到了69%。[1] 从研究成果的受益范围来看,高校科研成果、科技发明或技术专利等不光可以使本地区受益,本国甚至全世界都可以从中长期受益。尤其是基础研究,对提高国家创新能力和科技竞争力有着巨大推动作用。由于科学研究受益范围较广、外溢性较强,因此从理论上说,科研财政支出应该主要由中央政府负担,省(州)政府负担为辅。另外,从政府的职责来看,中央(联邦)政府资助高校开展科研活动(无论是基础研究或应用研究),相当于国家在履行培养尖端人才、造就下一代科学家和工程师的职责,中央(联邦)科研资助相当于国家对高层次、高技能等各类人才的投资。因此,高校科研支出以中央(联邦)政府负担为主具有合理性。②学生资助支出。建立以政府为主导的学生资助体系是当今世界许多国家的惯例。为了能使家庭经济困难学生交得起学费、顺利入学,帮助他们应对在校期间学习、生活等各项支出的需要,避免学生在毕业后面临高额的债务,许多国家都用公共财政资金为中低收入家庭或少数民族学生提供多样化的资助。可以看出,学生资助事关教育公平、社会公平和弱势群体帮扶,受益面较广,公益性较强,属于中央政府职责范围内的事务。而且相较于地方财政,中央政府的财力更加充裕,可以提供更多的学生资助资金,更为有效地对家庭经济困难学生进行帮助和补偿,使更多的贫困学生走出困境。为了保障入学机会公平,扶助弱势群体和促进社会公平发展,建立由中央政府负主要责任的高等教育学生资助体系是非常必要的。[2] 因此,学生资助支出应该以中央(联邦)政府负担为主。

---

[1] Stephen D. Nelson, "Federal Funding for Academic Research – A Brief History of Federal Involvement in University – Based Research, Key Federal Agencies", http://education.stateuniversity.com/pages/1987/Federal – Funding – Academic – Research.html.

[2] 朱锡平、陈英:《我国高等教育财政改革的基本思路》,《河北师范大学学报(教育科学版)》2006年第3期。

三 政府间高等教育支出责任的实际安排

以上仅从理论层面探讨了政府间高等教育支出责任的划分问题。从各国实际来看，高等教育支出责任安排受到多种因素影响，如国家结构形式（单一制还是联邦制）、文化传统（如集权或分权取向）、经济发展水平、人口分布状况等，这些因素使得高等教育支出责任划分具有很强的地域性和差异性。基思·辛科利夫（Keith Hinchliffe）通过研究发现，在一些国家中高等教育由联邦政府负责，而在另外一些国家中高等教育却是由州政府负责，在其他一些国家中变为由联邦和州政府共同负责。[①] 表2—1总结了31国高等教育支出责任在中央、地区、地方3级政府间的归属情况，具体是：在爱尔兰、英国、荷兰、冰岛、挪威、新西兰6国，高等教育公共支出完全由中央政府负担；葡萄牙、波兰、瑞典、奥地利等12国高等教育公共支出是以中央政府负担为主，地区政府负担为辅，按中央政府负担比例从高到低排序，这12国的排序结果如表2—1中第3列所示；斯洛伐克、匈牙利、爱沙尼亚等8国高等教育公共支出是以中央政府负担为主，地方政府负担为辅，按中央政府负担比例从高到低排序，结果如表2—1中第4列所示；西班牙、德国等5国高等教育公共支出是以地区政府负担为主，中央政府负担为辅，按地区政府负担比例从高到低排序，这5国的排序结果如表2—1中第5列所示。

可以看出，在欧洲的绝大多数国家，亚太地区的韩国、日本、新西兰和澳大利亚，拉美的墨西哥、阿根廷、巴西，中央政府都是高等教育支出责任的主要承担者，中央政府负担的高等教育公共支出比例远远超出地区政府和地方政府。只有在德国、比利时、瑞士、美国4个联邦制国家和西班牙准联邦制国家中，地区政府享有高度的自治，高等教育直接管理权限在地区政府，地区政府负担的高等教育公共支出比例超过中央政府。《教育概览2000：OECD指标》对教育支出责任归属的总结是：在经合组织的多数国家中，资助小学、中学和中等以上非高等教育的责

---

① Keith Hinchliffe, "Federal Financing of Education: Issues and Evidence", *Comparative Education Review*, Vol. 33, No. 4, 1989, pp. 437–449.

任在政府之间大体上是分散的,但是资助高等教育的责任在政府之间相对来说则是集中的[1],即除了少数几个国家之外,一般主要由中央政府完全负担或者由中央与地区政府共同负担。

表 2—1　　OECD 31 国高等教育公共支出在中央、地区、地方三级政府间分担情况[2]

责任归属	中央完全负担	中央为主,地区为辅	中央为主,地方为辅	地区为主,中央为辅
国家	爱尔兰、英国、荷兰、冰岛、挪威、新西兰	葡萄牙、波兰、瑞典、奥地利、韩国、日本、澳大利亚、法国、意大利、墨西哥、阿根廷、巴西	斯洛伐克、匈牙利、爱沙尼亚、斯洛文尼亚、以色列、捷克、丹麦、芬兰	西班牙、德国、比利时、瑞士、美国

资料来源:OECD. Education at a Glance 2011;OECD Indicators. Table B4. 3b (Web). Initial sources of public educational funds by level of government for tertiary education.

注:① 中央完全负担指中央负担比例是 100%;
② 中央为主,地区为辅指中央负担比例超过 50% 低于 100%,地区负担比例大于地方;
③ 中央为主,地方为辅指中央负担比例超过 50% 低于 100%,地方负担比例大于地区;
④ 地区为主,中央为辅指地区负担比例超过 50% 低于 100%,中央负担比例低于 50%;
⑤ 三级政府间的负担比例根据 2008 年数据计算,不含政府间转移支付。

关于高等教育分项支出责任的实际安排,仍以科研支出和学生资助支出为例进行说明。高校科学研究受益范围广、外溢性强的特点决定了科研财政支出应该主要由中央政府负担。从实际来看,世界上绝大多数国家中央政府对高校科研的财政支出超过省(州)政府或地方政府。在许多单一制国家中,高校科研财政支出主要由中央政府负担。在一些联邦制国家中,高校科研财政支出主要由联邦政府负担为主、州(省)政府负担为辅。下面以美国、加拿大、澳大利亚 3 国为例,分析 3 级政府对高等教育研发经费(R&D Fund)的负担情况[3]。为了便于比较,把 3 国高等教育研发经费的来源渠道统一调整为:联邦政府、州(省)

---

① OECD, *Education at a Glance* 2000:*OECD Indicators*,Paris:OECD,2000,pp. 106 – 107.
② 地区政府指省或州这一级的政府。
③ 研发经费即科学研究与试验发展经费,或 Research & Development Fund,包括高校用于基础研究、应用研究和试验发展方面的经费。

和地方政府、企业、高校及其他。在美国，联邦政府提供的高等教育研发经费所占比重是 60.2%，是高等教育研发经费的最主要来源渠道，州和地方政府提供的研发经费所占比重仅是 6.6%，这说明高等教育研发经费明显是以联邦政府负担为主。加拿大联邦政府负担的高等教育研发经费所占比重是 26.7%，省级政府负担的比重是 10.1%，联邦政府负担的比重超过省政府。澳大利亚联邦政府负担的高等教育研发经费所占比重是 31.6%，州和地方政府负担的比重是 6.0%，联邦政府负担的比重明显高于州和地方政府。详见图 2—2。这说明大多数国家高等教育科研财政支出主要由中央（联邦）政府负担，这样的支出安排与理论分析的结果保持一致。

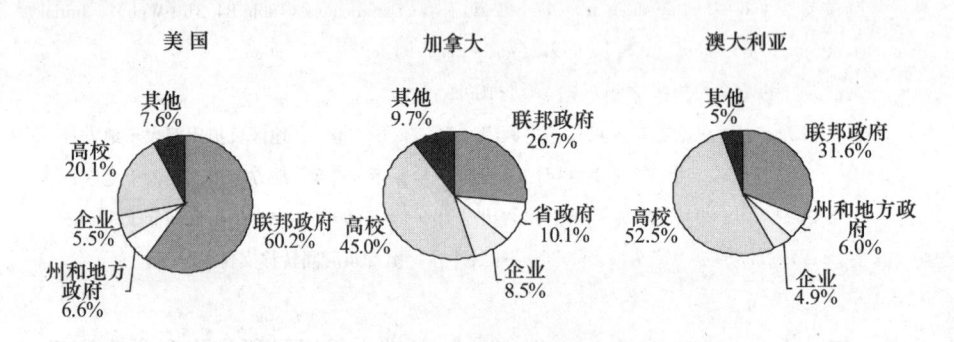

图 2—2　三国高等教育研发经费的来源比例（2008 年）

资料来源：美国数据来自 National Science Foundation. Survey of Research and Development Expenditures at Universities and Colleges: FY 2008. 加拿大数据来自 Industry Canada. Science and Technology Data 2008. 澳大利亚数据来自 Australian Bureau of Statistics. Research and Experimental Development 2008, Higher Education Organisations.

通过对 OECD 国家的考察发现，学生资助支出责任的实际安排与理论分析结果也保持一致，即由层级最高的中央政府负担为主，详见表 2—2。在 OECD 28 国中，高等教育学生奖助贷学金财政支出完全由中央政府负担的有 12 国，它们是澳大利亚、爱沙尼亚、芬兰、冰岛、日本、荷兰、新西兰、挪威、葡萄牙、斯洛伐克、瑞典和匈牙利；中央政府对高等教育学生奖助贷学金的负担比例居 90%—100% 的有 4 国，分别是英国、奥地利、韩国和法国；波兰、西班牙、丹麦、比利时、捷克、意大利、美国7国中央政府对高等教育学生奖助贷学金的负担比例在80%—90%；墨西哥、加拿大两国中央政府负担的高等教育学生奖助贷学金比例在60%—80%；德国、爱尔兰、瑞士3国中央政府负担的高等教育学生奖助贷学金比例在60%以下。详见表2—2。整体来看，在这28国中，有16国中央政府负担的高等教育学生奖助贷学金比例超过90%，有23国中央政府负担的高等教育学生奖助贷学金比例超过80%，有25国中央政府负担的高等教育学生奖助贷学金比例超过60%，高等教育学生资助支出责任安排明显具有以中央负担为主的特征。

表2—2 OECD 28国中央政府对高等教育学生奖助贷学金的负担比例（2008年）

负担比例	100%	90%—100%	80%—90%	60%—80%	60%以下
成员国	澳大利亚、爱沙尼亚、芬兰、冰岛、日本、荷兰、新西兰、挪威、葡萄牙、斯洛伐克、瑞典、匈牙利	英国、奥地利、韩国、法国	波兰、西班牙、丹麦、比利时、捷克、意大利、美国	墨西哥、加拿大	德国、爱尔兰、瑞士

资料来源：OECD, Online Education Database (http://www.oecd.org/edu/database.htm)。

注：表中比例根据数据库中各国学生财政资助（Financial aid to students）数据计算得出；加拿大的比例是根据2005年数据计算得出。

第二节 高等教育财力保障

公共财政为高等教育提供支出保障，既是因为高等教育本身所具有的公共属性、准公共产品属性，也由于财政本身具有公共性。制定生均经费标准、建立经费保障体系、完善经费投入机制、加强教育经费管理是财力保障高等教育支出的重要措施。

一 财力保障高等教育支出的理论探要

（一）高等教育的公共性

从高等教育的职能来看，高等教育在培养高素质人才、传承人类文明、推动科学研究、促进经济发展、建设创新型国家等方面肩负着重大历史使命，发挥着社会其他部门不可替代的作用。高等教育的广泛作用决定了高等教育已经成为社会不可或缺的一项重要公共事务，而不仅仅是受教育者本人的私人事务。高校开展的人才培养、文化传承、科技创新等活动是高等教育履行公共服务行为的重要体现。从举办高等教育的目的来看，世界上大多数国家举办高等教育的首要目的并非营利，而是实现国家与社会的公共利益，履行促进国家进步与发展、推动经济社会繁荣与昌盛的公共职能。无论是从高等教育的职能来看，还是从举办高等教育的目的来看，高等教育都具有以实现公共利益为目的的公共事业特性[1]。高等教育在实现公共利益、履行公共服务、行使公共职能方面所发挥的作用，表明高等教育拥有一种重要的属性——公共性。谢维和教授也曾指出，大学有很多功能和价值，但是大学最重要的功能和价值在于其公共性。[2] 联合国教科文组织也认可高等教育的公共属性，把高等教育视为社会公益事业，在《面向二十一世纪高等教育宣言：观念与行动》中呼吁社会重视对高等教育和研究的公共支持，否则难以确保高等教育的使命与功能顺利实现。因此，高等教育的公共性决定了政府在高等教育供给中的责任。政府作为公共事务的管理者，为高等教育提供经费资助是政府履行自身职能的要求和体现。即使受到教育市场化和产业化浪潮的冲击，政府仍然要秉持对高等教育的责任意识，履行好资助和监管的职责，为高等教育的发展提供应有的财力支援。

（二）高等教育的准公共产品属性

公共产品理论是政府职能和财政职能定位的基础理论。公共产品因具有受益的非排他性、消费的非竞争性和效用的不可分割性3个基本特性，由市场提供会导致效率损失，因此应由政府负责提供。准公共产品介于纯公共产品和私人产品之间，具有有限的非竞争性或有限的非排他性，不能完全由政府或市场提供，只能由市场与政府共同提供。因此，由公共产品理论可知，公共产品和部分准公共产品在政府财政支出的范围之内。[3] 从全社会来看，有高等教育需求的社会个体人数规模是非常庞大的，但是最终被录取、有机会到高校就读的人只占一定比例，并且

---

[1] 苏林琴：《公共性：高等教育的基本属性》，《现代教育科学》2009年第3期。
[2] 谢维和：《认识新时期大学的公共性》，《中国教育报》2008年1月28日第6版。
[3] 王国清、马骁、程谦主编：《财政学》，高等教育出版社2010年版，第55页。

多增加一个人接受高等教育,在多数情况下其边际成本并不为零,这说明高等教育存在一定的竞争性。同时在高等教育资源总量一定的情况下,一些人被高校录取而占用了高等教育资源并享用了其服务以后,另外一些人则不能接受高等教育服务,阻止了他们对高等教育资源的享用[1],这说明高等教育也存在一定的排他性。所以,从这两点来看,高等教育具有准公共产品的特征,由政府与市场混合提供则可以发挥两种资源配置机制的优势,减少效率损失。另外,高等教育还具有较大的正外部性,即高等教育不光可以使受教育者本人受益,整个国家也会因社会成员文化素质的提高而从中受益。政府作为公共利益的代表,为高等教育提供资金支持具有必然性和合理性。若对高等教育产品作进一步的分类,会发现高等教育产品并非全部都是准公共产品,还有一部分具有公共产品的特征,政府应根据高等教育产品细分结果对其提供不同程度的财政支持。如有学者提出,高等教育产品不仅包括高等教育服务,还包括高校科研创造的知识产品,如公开发表的学术论文、专著等,高等教育服务是准公共产品,应该获得政府的财政补贴;知识产品具有纯公共产品的特性,应获得政府的全额补助。[2] 总之,高等教育的准公共产品属性决定了政府对高等教育投资是政府应尽的职责,政府对高等教育投资所产生的社会收益决定了这种投资是一种战略性投资,有得到公共财政保障的必要性。

(三) 财政的公共性

财政资金来源于公共收入,因此财政支出要着眼于满足社会公共需要,致力于解决公共问题,以体现财政的公共性。公共财政的职责范围是满足社会公共需要,本着有退有进的原则,对于不属于社会公共需要领域的事务,公共财政原则上应不介入,对于属于社会公共领域的事务,公共财政则必须介入。[3] 财政的公共性特征要求政府在安排财政支出时要坚持公共取向原则,不能越位或者缺位。高等教育作为提高国民素质、培养高层次人才、进行科学研究与创新的重要阵地,在推进经济

---

[1] 史万兵编著:《高等教育经济学》,科学出版社2004年版,第147—148页。
[2] 吴立武:《高等教育产品属性及其财政职能定位》,《江苏高教》2006年第5期。
[3] 王军主编:《公共财政教程》,经济科学出版社2009年版,第33—34页。

发展、科技创新、文化繁荣和社会进步方面发挥着重要的作用，为现代化建设提供着强大的智力支撑，理应成为公共财政保障的重要领域之一。所以，为高等教育提供相应的财力保障是公共财政职能得以发挥的重要体现。若政府对高等教育财政拨款的总量不足或者高等教育公共支出与国民经济发展水平不相协调，则说明财政没有充分履行保障高等教育支出的公共职责，对高等教育的财政支出存在缺位，这样就容易导致高等教育入学机会不均等或高等教育质量滑坡，这时财政的公共性在高等教育部门中就没有得到充分体现，高等教育机构的发展也会受到影响。

二 财力保障高等教育支出的措施

（一）制定生均经费标准

生均经费标准包括学生人均经费基本标准和学生人均财政拨款基本标准，是对政府生均投入最低下限的一种规定，即从量上规定政府为提供高等教育服务应承担的支出责任的大小。制定生均经费标准对规范各地办学条件、保障高校办学经费的稳定来源和增长有重要意义，同时也有利于完善教育成本分担机制和制定学费标准。各国可视情况由中央政府统一制定高等教育生均经费标准，或者由各地方政府根据高等教育办学条件基本标准和教育教学基本需要，制定本区域高等教育生均经费标准。受物价因素和办学成本上升趋势的影响，中央或地方政府除了要制定生均经费标准之外，还要承担逐步提高生均经费基本标准和生均财政拨款基本标准的责任，以应对高校不断增加的经费需求。

（二）建立经费保障体系

教育经费是教育发展的物质基础。在办学经费短缺时，高校正常运行会受到影响，区域间教育发展容易出现不平衡，教育发展战略和计划往往得不到落实。因此，经费不足往往成为制约教育发展的重要瓶颈。政府作为公共资源的管理者，肩负着兴办高等教育、向公立高校分配财政资金的责任和使命。这就要求中央或地方政府要调整和优化财政支出结构，把高等教育支出列为财政支出重点保障的领域之一，使高等教育支出占公共财政支出的比重保持在一个适度水平。在建立经费保障体系的过程中，中央与地方政府间需要明确本级政府负担的高等教育支出项目和支出比例，在合理分工的基础上明确哪些高等教育支出由某级政府单独负担，哪些高等教育支出由中央与地方政府共同负担以及负担比例的大小，从而稳定资金来源，确保资金到位。

（三）完善经费投入机制

高等教育经费来源多元化已经成为世界各国高等教育筹资的发展趋势。在政府财政面临挑战、高等教育财政拨款日趋紧张的背景下，完善高等教育投入机制、多方筹集教育经费显得十分迫切。完善高等教育投入机制涉及高等教育管理与财政政策，所以需要政府去推动。首先要改进高等教育拨款模式，提高财政拨款使用绩效。在财政资源稀缺、各项公共支出竞争加剧的情况下，提高高等教育财政资金的使用效益显得尤为必要。政府要改进多年来一直使用的高等教育投入型拨款模式，提高绩效拨款占高等教育拨款总额的比例。其次要完善高等教育成本分担政策。在高校经费收入来源中，学杂费收入是高校经费收入的重要来源，也是对财政拨款的重要补充。这就要求政府根据高等教育生均培养成本和学生及家庭对学费的承受能力，科学地制定学费标准，不断地完善学生资助体系，使受教育者合理分担高等教育成本；通过财税、金融、土地等多项优惠政策，引导社会资金投向高等教育；出台相应的奖励或优惠措施，吸引和鼓励企业或个人向高校捐赠。另外，高校设立基金会，接收和管理社会捐赠资金；财政部门对高校募集的捐赠资金给予一定比例的配套奖励。通过上述措施完善高等教育投入机制，保持高等教育经费稳定增长，满足高等教育各项支出需求，这些既是政府的重要职责，也是保障高等教育支出的有力措施。

（四）加强教育经费管理

政府在高等教育经费管理方面的职责包括：根据高校提出的经费需求计划，编制年度高等教育经费预算，上报人大或议会批准；通过中介机构或者直接向高校拨款，科学地分配教育经费；对高校使用财政资金的情况进行监管和审计，引导高校安全、规范地使用财政资金，防范出现财务风险；通过中介机构或者委托政府相关部门对高校的经费使用情况进行绩效评价，并把评价结果作为下一年度拨款的参数和实施问责的依据，督促高校提高教育经费的使用效益。通过上述措施完善高等教育经费管理，督促高校科学、合理地使用政府拨付的财政资金，从而提高教育财政资金的使用效益，使有限的资金发挥更大的作用，增强对高等教育支出的保障能力。

第三节 高等教育支出责任与财力保障的匹配关系

财力是政府履行各项职能的物质基础。缺乏相应的财力，承担支出责任的政府将无法保障各项公共产品与服务的正常支出。高等教育支出责任与财力保障的合理匹配，可以为高等教育发展提供更坚实的财力支撑，使政府有效地履行本级承担的高等教育各项支出责任，同时也有利于促进高等教育财政公平和完善高等教育财政预算管理体制。

一 高等教育支出责任与财力保障匹配的意蕴

事权、财权、财力、支出责任是财政体制的构成要素。在分税分级财政体制下，这些要素需要合理配置才能保障各级政府有效地履行各项职能，提高对公共产品和社会服务的供给效率。在这4要素中，支出责任与财力的关系是某级政府承担的支出责任应该与所分配的财力相匹配，即有多大的支出责任，就应该赋予其与之相一致的财力；有多大的财力，就应该分配与之相适应的支出责任。支出责任与财力要保持匹配主要是因为财力是财政支出的保障，是政府履行各项职能的物质基础，财力与支出责任不匹配将难以为政府履行各项支出责任提供必要的资金保障。

对于中央政府或省市政府而言，要有效地履行高等教育各项支出责任，就需要有相匹配的财力。若承担高等教育主要支出责任的某级政府财力不足，会引起高等教育经费支出需求与经费供给的失衡，造成教育财政缺口；若某级政府的财力比较充裕，并承担高等教育法定支出责任，但是对高等教育的支出水平却小于与其财力相适应的标准支出水平，也会对高等教育的发展产生不利影响。这就要求在政府间划分高等教育支出责任时，应确保政府所承担的责任与所分配的财力相适应。落实高等教育支出责任与财力保障匹配的要求应做到以下3点：一是要明确地划分中央地方间高等教育支出责任，分清人员经费、公用经费、科研经费、学生资助经费等多项支出项目是由中央政府负担，还是由地方政府负担，对于需要两级政府共同承担的支出项目，还应进一步明确各自的负担比例。若高等教育支出责任"上下不清"，一些本应由上级政府承担的支出责任就容易被转移给下级政府，引起"上级请客、下级买单"的现象。二是要在明确政府间高等教育支出责任后，测算各级政府所需的高等教育支出总额，把它作为政府间财力划分的一个重要参数，通过"以支定收"的方式促进承担的支出责任与获取的财力大小相匹配。三是发挥转移支付机制的调节作用，促进高等教育支出责任与财力保障由不匹配向匹配转化。转移支付机制具有平衡政府和地区间的财力作用。在地方政府承担的高等教育支出责任超出本级财政保障能力时，上级政府有责任对其实施转移支付，通过财力再分配的手段实现支出责任与财力的匹配。

二 高等教育支出责任与财力保障匹配的效用

高等教育支出责任与财力保障匹配对促进高等教育发展起着重要作用，突出表现在以下3点。

（一）为高等教育发展提供财力支撑

教育经费是教育运行和发展的物质基础。一个国家教育经费的多寡直接关系教育发展的规模、结构、速度和质量。虽然在当今，高等教育经费来源已呈多元化的趋势，但是来自政府的财政资金依然发挥着不可替代的重要作用，政府的财力支持是不可或缺的。在现代市场经济体制下，政府在教育领域的职能包括为教育发展提供教育资源、保障教育机会公平、完善教育改革、促进教育发展等，其中核心职能主要集中在两点：一是为教育发展提供充足的教育资源，保障教育事业稳定健康地发展；二是保障教育机会公平。[1] 承担高等教育支出责任的政府若没有与之相匹配的财力，则无法为教育发展提供充足的资源，纵然制订出周密的教育发展计划，也会因为缺少资金而面临"巧妇难为无米之炊"的困境。

（二）促进高等教育财政公平

高等教育财政公平是指政府为每个学生能够均等地享有基本教育服务而提供大致相等的教育财政资金。若政府的财政分配体制完善，政府

---

[1] 张学敏、叶忠编著：《教育经济学》，高等教育出版社2009年版，第167页。

间财力调节机制健全，对高等教育支出的保障能力与支出责任合理匹配，将可以从财力上保证每个学生受到大致相等的财政支持，从而有效地提高高等教育财政公平的程度。但是现实中存在的高等教育支出责任与财力保障不匹配，会严重影响高等教育财政的公平。以中国为例，在分税制改革以后，中央与地方财政收入分配格局发生了很大变化，表现在财权、财力上移，事权和支出责任下移，地方承担的事权和支出责任与分配的财力不相适应，使得地方政府对公共服务的支出（包括对高等教育的经费支出）受到影响。相比于地方，中央财政收入迅速增长，财政实力比分税制以前有了明显提升。在分级负责的体制下，中央对部属高校的生均经费支出明显高于多数地方政府对地方所属高校的生均经费支出。由于中央与地方政府对所辖高校提供的高等教育生均财政拨款存在明显的差距，学生享有的教育财政资源待遇自然存在很大差别，因此，在支出责任与财力保障不匹配时，无法实现高等教育财政纵向公平。从横向来看，各省、市、区政府都承担着高等教育支出责任，但是由于各地区的财力水平相差甚远，造成对高等教育的生均支出差距也较大，学生受到的财政待遇差异显著，这说明高等教育支出责任与财力保障的不匹配也难以保证高等教育财政横向公平。若通过改革与调整，提高高等教育支出责任与财力保障的匹配水平，则可以改善高等教育财政不公平的状况。

（三）完善高等教育财政预算管理体制

从世界范围来看，负担高等教育支出的政府层级有一级政府（中央政府）、两级政府（中央加地区或中央加地方）、三级政府（中央加地区加地方）。完善高等教育财政预算管理体制，需要在这些层级政府之间妥善处理好高等教育财政资金筹集责任的集中与分散、高等教育财政管理权限上的集权与分权等关系问题。一般而言，负担高等教育公共支出的政府层级越多，高等教育财政预算管理越复杂。例如，在中国，高校有中央部委直属高校与地方所属高校之分，根据隶属关系分别由中央与地方政府承担高等教育公共支出的责任；在日本，有国立高校与公立高校之分，按照设置者负担的原则分别由中央与地方政府承担高等教育公共支出的责任。这种分级负责的预算管理体制涉及两级（或三级）政府、两类高校，高等教育预算分别由不同层级的政府负责。若中央和地方高等教育支出责任与财力保障都相匹配，则可以提高中央与地方的教育财政独立性，两级政府才有可能根据经济、教育、财政等因素，因地制宜地制定出有利于促进本级教育事业发展的教育财政政策和措施，从而不断完善高等教育财政预算管理体制。即便是在没有中央高校与地方高校之分、高等教育法定支出责任归属一级政府的西方国家，高等教育支出责任与财力保障的匹配也可以促进公共财政资金在各地区间的公平分配，从而提高教育财政资源的使用效益。因此，高等教育支出责任与财力保障相匹配的过程是明晰政府间高等教育职责范围、促进高等教育公共支出负担合理化的过程，也即完善高等教育财政预算管理体制的过程。

第四节 高等教育支出责任与财力保障匹配的测度体系

在多级政府架构、分级财政体制的框架下，高等教育支出责任与财力保障是否匹配要从两个维度进行考察，一是从纵向维度考察中央地方间高等教育支出责任与财力保障的匹配性，二是从横向维度考察各省间高等教育支出责任与财力保障的匹配性。为此，设计以下两套测度体系。

一 政府间高等教育支出责任与财力保障匹配的测度体系
（一）测度指标的选择及说明

1. 反映高等教育支出责任的指标

政府对高等教育的财政支出在国内外有不同的称呼，国外称之为高等教育公共支出，国内称之为高等教育财政性经费，有时也简称为高等教育支出。在多级政府的框架下，政府对高等教育支出多少与其承担主要的还是次要的高等教育支出责任有关，承担高等教育主要支出责任的层级政府负担的高等教育支出比例应该相对较高，承担高等教育次要支出责任的层级政府负担的高等教育支出比例应该相对较低。因此，政府间高等教育支出责任的大小可以从各级政府对高等教育支出的负担比例直接反映，以下把这一比例简称为政府间高等教育支出负担比。

2. 反映财力保障的指标

高等教育财政保障能力是政府财政能力和政府对高等教育投资努力程度的综合反映。一个财政能力强的政府，若不重视高等教育投资，对高等教育投资的努力程度不足，高等教育财政保障能力因受政府投资意愿的影响自然得不到加强。反之，一个高度重视高等教育投资的政府，若自身财政收入能力不强，高等教育财政保障能力因受政府财力条件的限制也难以加强。因此，测度高等教育财政保障能力应从政府财政能力和政府高等教育投资努力程度两方面着手。选定两个指标反映政府间财政能力，第一个指标是中央与地方各级财政收入占全国财政总收入的比重（以下简称为政府间财政收入占比）。财政收入是政府收入的主体部分，与其他财力指标相比较而言，政府间财政收入占比更能反映政府间财力初次分配的情况，某级政府的财政收入占比越高，财政能力则越强。选择的第二个指标是中央和地方财政收入占 GDP 的比重（以下简称为中央和地方财政集中度）。财政集中度能够反映中央或地方政府对经济总量收入的调配程度、国家财力向某级政府集中或分散的程度，中央或地方的财政集中度越高，财政能力则越强。本书选取政府间财政收入占比和财政集中度作为中央与地方财政能力大小的考察指标。

政府对高等教育投资努力程度可以从政府财政支出结构和高校经费来源结构两个层面得到反映。政府财政支出结构层面是考察财政对高等教育的支出占本级财政支出的比例。一般来说，在中央、地区、地方 3 级政府中，承担高等教育法定主要支出责任的某级政府对高等教育的拨款应该多于其他级次政府，相应的，其高等教育支出占本级财政支出的比例应该高于其他级次政府。所以，把政府高等教育支出占其财政支出比例作为反映政府高等教育投资努力程度的一项指标。高校经费来源结构层面是考察在全国高校各渠道经费总收入中，中央政府的财政拨款、地方政府的财政拨款、学费收入、经营与服务收入、捐赠收入等各种渠道来源经费所占的比例。一般来说，在高校经费来源结构中，来自承担着法定主要支出责任的某级政府拨款所占比重，应该高于来自其他级次政府拨款所占比重。因此，把高校经费来源结构中各级政府拨款所占比重作为反映政府高等教育投资努力程度的另一项指标。

(二) 测度程序

根据目前学界的研究进展，用一个指标来表示政府间高等教育支出责任与财力保障匹配度还较难实现，这里只能通过多个指标（变量）的比较进行综合判断。本书设计了3种测度方法，方法1是从高等教育支出负担比与政府间财政收入占比入手，计算出高等教育支出集中度与政府收入集中度，通过比较两个集中度的趋近性来判定政府间高等教育支出责任与财力保障的匹配情况，这种方法具有定量比较判断的特征。方法2和方法3是通过比较3级政府高等教育支出占其财政支出比例的大小、比较高校经费来源结构中3级政府拨款所占比重的大小，进一步判断政府间高等教育支出责任与财力保障的匹配情况，方法2和方法3具有定性比较判断的特征。使用这3种方法测度政府间高等教育支出责任与财力保障匹配程度的程序如下。

1. 比较高等教育支出集中度与政府收入集中度的趋近性（测度方法1）

（1）计算高等教育支出集中度。一些国外统计资料把政府分为3级：中央政府（联邦政府）、地区政府（州或省）、地方政府（州或省以下），分析这3级政府负担的高等教育支出占全国高等教育总支出的百分比，即高等教育支出负担比。由于这3级政府的高等教育支出负担比是3个比例，在与其他变量一起进行统计分析时不太方便，要是能把这3个比例换算成一个有代表性的数值，则简化了运算过程。在《教育概览2000：OECD指标》中介绍了一个把3级政府教育支出百分比换算为教育筹资集权指数（centralization of funding index）的方法，具体是：把中央政府负担的经费百分比乘以4，地区政府负担的经费百分比乘以3，地方政府负担的经费百分比乘以2，把结果加总即可得出教育筹资集权指数，数值的大小在2.0—4.0。当数值为2.0时，表示教育筹资完全分权，教育经费全部由地方政府负担；数值为4.0时，表示教育筹资绝对集权，教育经费全部由中央政府负担。[①] 使用这一换算方法，能达到把3级政府负担的高等教育支出百分比换算为一个指数的目的。由于教育筹资集权指数在本义上表示教育支出在3级政府中的分布状况、

---

① OECD, *Education at a Glance* 2000: *OECD Indicators*, Paris: OECD, 2000, pp. 110–111.

向上或向下集中的程度，所以本书把运用上述方法计算得出的指数改称为教育支出集中度。

年度出版物《教育概览：OECD指标》公布了经合组织国家3级政府各自负担高等教育公共支出的比例，包括转移支付前3级政府各自负担高等教育公共支出的初始比例和转移支付后3级政府各自负担高等教育公共支出的最终比例。本书选用转移支付前3级政府各自负担高等教育公共支出的初始比例，因为初始比例能更好地与政府间财力初次分配情况作比较。然后用下列方法把3级政府各自负担高等教育公共支出的初始比例换算为高等教育支出集中度：把中央政府负担的高等教育支出百分比乘以4，地区政府负担的高等教育支出百分比乘以3，地方政府负担的高等教育支出百分比乘以2，把结果加总即可得出高等教育支出集中度，数值的大小在2.0—4.0。当数值为2.0时，表示高等教育支出全部由地方政府负担；数值为4.0时，表示高等教育支出全部由中央政府负担。

（2）计算政府收入集中度。年度出版物 *Government at a Glance* 上公布了经合组织国家中央、地区和地方3级政府财政收入占国家财政收入总额的百分比，计算百分比时3级政府财政收入扣除了政府间转移支付资金，因此能比较准确地反映政府间财力初次分配的情况，与上文高等教育支出集中度的计算口径也较一致。为了便于比较政府间财力与高等教育支出负担的匹配性，需要把3级政府财政收入百分比也换算为一个指数。借鉴上文高等教育支出集中度的计算方法，把3级政府财政收入百分比通过计算得出的指数称为政府收入集中度，以此计算表明政府收入在各级政府间的配置情况和集中程度。具体计算方法是：把中央政府财政收入百分比乘以4，地区政府财政收入百分比乘以3，地方政府财政收入百分比乘以2，把结果加总即是政府收入集中度，数值的大小在2.0—4.0。当政府收入集中度为2.0时，表示财政收入完全集中在地方政府，地方政府财政实力最强；当其数值为4.0时，表示财政收入完全集中在中央政府，中央政府财政实力最强。

（3）比较两个集中度。当高等教育支出集中度和政府收入集中度非常接近的时候，表明高等教育支出责任与财力保障比较匹配，政府间高等教育经费负担比例比较合理；当高等教育支出集中度和政府收入集中度差距较大时，表明政府间高等教育支出责任与财力保障不相匹配，政府间高等教育经费负担比例不合理，需要改进。以上测度过程如图2—3 所示。

```
┌─────────────────────────┐         ┌─────────────────────────┐
│ 政府间高等教育支出负担比 │         │   政府间财政收入占比    │
└───────────┬─────────────┘         └───────────┬─────────────┘
            │                                   │
            ▼                                   ▼
┌─────────────────────────┐         ┌─────────────────────────┐
│   计算高等教育支出集中度 │         │    计算政府收入集中度   │
└───────────┬─────────────┘         └───────────┬─────────────┘
            │                                   │
            └───────────────┬───────────────────┘
                            ▼
              ┌──────────────────────────┐
              │    比较两个集中度的趋近性 │
              └──────────────────────────┘
```

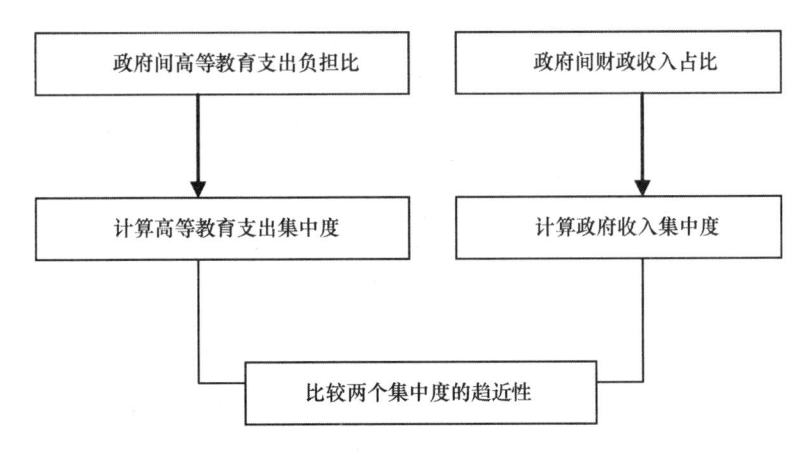

图 2—3　政府间高等教育支出责任与财力保障匹配测度的流程

2. 比较 3 级政府高等教育支出占其财政支出比例的大小（测度方法 2）

两个集中度的趋近性比较直观地反映了政府间财政收入能力与高等教育支出负担的关系，是从政府财政能力的视角判断政府间高等教育支出责任与财力保障的匹配性。测度方法 2 和测度方法 3 是从政府高等教育支出努力程度方面判断政府间高等教育支出责任与财力保障的匹配性。测度方法 2 关注政府层面，看财政支出结构，具体是财政对高等教育的支出占本级财政支出的比例。财政对高等教育的支出规模和比例大小对高等教育的发展有重要的影响。一般来说，在中央、地区、地方 3 级政府中，承担高等教育法定主要支出责任的某级政府对高等教育支出的规模应该高于其他级次政府，相应的，其高等教育支出占本级财政支出的比例应该高于其他级次政府。所以测度方法 2 是比较 3 级政府高等教育支出占其财政支出比例的大小，判断承担法定主要支出责任的政府，其高等教育支出占本级财政支出的比例是否高于其他级次政府，以此判断政府间高等教育支出责任与财力保障是否匹配。这一方法的测度程序是：

（1）搜集中央政府、地区政府和地方政府本级财政支出数据，计

算这些财政支出中有多少用于高等教育。注意财政支出数据和高等教育支出数据的统计口径要保持一致;

(2) 计算中央政府高等教育支出占其财政支出的比例、地区政府高等教育支出占其财政支出的比例、地方政府高等教育支出占其财政支出的比例;

(3) 判断承担法定主要支出责任的政府,其高等教育支出占本级财政支出的比例是否高于其他级次政府。若高于,说明政府间高等教育支出责任与财力保障相匹配;若不高于,说明政府间高等教育支出责任与财力保障不相匹配。

3. 比较高校经费来源结构中各级政府拨款所占比重的大小(测度方法3)

测度政府间高等教育支出责任与财力保障匹配程度的方法3关注高校层面,看高校的经费来源结构。在各经费来源渠道中,来自承担着法定主要支出责任的某级政府拨款所占比重,应该高于来自其他级次政府拨款所占比重。尽管高校经费来源已呈多元化的趋势,但是来自政府的财政拨款仍然是主渠道。来自承担着法定主要支出责任的某级政府拨款更应起着明显的支撑作用,其规模和所占比重只有比来自其他级次政府拨款的规模和所占比重高,才能说明该级政府有财力履行高等教育法定主要支出责任。因此,测度方法3是比较高校经费来源结构中各级政府拨款所占比重的大小,判断来自承担着法定主要支出责任的某级政府拨款在高校经费来源结构中所占比重是否高于来自其他级次政府拨款所占比重,以此判断政府间高等教育支出责任与财力保障是否匹配。这一方法的测度程序是:

(1) 搜集高校的各渠道来源经费数据,特别是来自各级政府的财政拨款;

(2) 计算各来源渠道的经费占高校经费总额的比重;

(3) 比较高校经费来源结构中各级政府拨款所占比重的大小,判断来自承担着法定主要支出责任的某级政府拨款所占比重,是否高于来自其他级次政府拨款所占比重。若高于,说明政府间高等教育支出责任与财力保障相匹配;若低于,说明政府间高等教育支出责任与财力保障不相匹配。

二 各省高等教育支出责任与财力保障匹配的测度体系

在从横向层面考察高等教育支出责任与财力保障匹配问题时，由于不是在中央与地方两级政府之间，而是在省（区、市）本级政府的框架内分析，无法使用上面介绍的测度方法。为此，采用的测度新方法是基于省际面板数据，构建地方普通高校预算内拨款预测模型，计算在现有财力水平下各省地方普通高校预算内拨款的预测值以及与其实际值的差值，根据这个差值判断各省高等教育支出责任与财力保障的匹配性。

（一）测度指标的选择及说明

1. 反映各省高等教育支出责任大小的指标

高等教育支出包括高校人员经费支出、公用经费支出和基建经费支出，这些经费支出若按折合学生人数平均计算，即是生均经费支出。为了满足办学条件基本标准和教育教学基本需要，经过政府审定的生均财政拨款最低下限，称为高校生均财政拨款定额标准。若知道各省的高校生均财政拨款定额标准和在校学生数，把二者相乘，得到的结果即是各省的高等教育标准财政预算内拨款。高等教育标准财政预算内拨款是政府履行高等教育支出责任的体现，某省高等教育标准财政预算内拨款越多，说明承担的高等教育支出责任越大；反之，则越小。但是，通过这种方法计算高等教育标准财政预算内拨款目前遇到下面两个难题：一是各省的高校生均财政拨款定额标准目前还没有公布，北京、天津、辽宁、浙江等14个省（区、市）作为试点省份，正在研究制定高校生均经费基本标准，目前还没有公布各省满足办学条件基本标准和教育教学基本需要的高校生均经费基本标准；二是目前大多数省份在公布教育事业统计资料时，报告的是本省中央部委属高校与地方属高校合计的学生数和教师数，没有单独报告本省地方属高校的学生数和教师数。若不对这两类高校的教师数和学生数加以区分，使用中央地方合计的教师数和学生数来预测各省的高等教育支出责任就可能会放大一些省市政府应承担的支出责任。这两个问题的存在决定了不能通过直接相乘的方式得到反映各省高等教育支出责任大小的数据。在这种情况下只能通过预测法这种间接的方式获得高等教育标准财政预算内拨款数据，即根据政府高等教育财力保障的各项指标，通过多元回归分析的方法，预测高等教育标准财政预算内拨款，以此为政府在正常情况下应该承担的高等教育支出责任的大小。在回归分析时，因变量的代表性指标是地方普通高校预算内拨款。

2. 高等教育财力保障的影响因素及代表性指标

政府为高等教育提供多大的财力保障主要取决于政府的财力状况，同时也受政府对高等教育投入力度、高等教育经费来源构成、高等教育经费增长速度、高等教育经费需求等因素的影响。在回归分析时，从每个影响因素中选择1—2个指标，作为解释变量，进入回归分析模型。

（1）地方财力及代表性指标。对于各省而言，高等教育财政拨款是各省财政支出的一部分。政府能为高等教育提供多大的财力保障首先取决于政府自身财力状况，只有财力充裕的政府才有可能为高等教育提供充足的财力支持，财力寡弱的政府很难做到把有限的财力用于保障高等教育支出上。因此各省财力的大小是最直接影响高等教育财政拨款的一个因素。

反映政府财力大小的指标包括：一般预算收入、税收收入、可支配收入、一般预算支出等。一般预算收入包括本级税收和其他纳入预算管理的专项收入、收费收入等，不含上级政府的财政转移支付，是对本级政府财政实力状况的综合反映。税收收入是政府财政收入的主要来源，具有无偿性、强制性和固定性的特点，但是若把税收收入作为反映政府财力大小的指标，在计算口径上显得过窄。可支配收入是按大口径计算的可用财力，即除了包括本级财政收入外，还包括上级政府的税收返还和各种补助，并扣除上级收入之后的实际可自由支配的收入，能全面地、综合地反映政府可支配财力的大小。政府为了实现其职能，需要把财政筹集的资金分配到各部门和领域中，以满足公共部门和各项事业发展的需要，这一过程即是财政支出的过程。财政支出包括一般预算支出、基金预算支出、周转资金支出等，其中一般预算支出是财政支出最基本、最主要的部分，反映了政府活动的主要范围和方向[①]，高等教育事业费支出即是政府一般预算支出的组成部分之一。一般来说，财力比

---

① 徐帮学主编：《农业项目可行性研究与经济评价手册（第二卷）》，吉林科学技术出版社2002年版，第1040页。

较充裕的省（区、市），其一般预算支出的规模也较大。在上述多个指标中，选择可支配收入和一般预算支出作为考察各省财力大小的指标。

（2）高等教育投入力度及代表性指标。各省对高等教育财政投入力度的大小也会影响高等教育标准财政预算内拨款总量，决定着高等教育财政供给是否充足。若某省政府对高等教育财政投入力度过小，高等教育标准财政预算内拨款总量或将低于正常水平。各省政府对高等教育投入力度可以用"两个比例"来判断。第一个比例是地方普通高校财政性经费占地方 GDP 的比例。这一指标反映了高等教育财政性经费总量相对于 GDP 规模的大小，是一个衡量高等教育财政相对规模的常用指标，也是国际上通用的反映政府高等教育投入水平的一个代表性指标。1993 年，我国提出了财政性教育经费占国内生产总值比例在20 世纪末达到 4% 的目标，但未能如期实现，一个重要原因就是与政府对教育投入力度不足有重要关系。要真正实现 4% 的目标就需要政府加大对教育的投入力度，确保这一比例稳中有升。就高等教育而言，各省政府对高等教育投入力度从地方普通高校财政性经费占地方 GDP 的比例可得到体现，这一比例的高低会影响高等教育标准财政预算内拨款总量的大小。因此把地方普通高校财政性经费占地方 GDP 的比例作为反映各省高等教育投入力度的一个重要指标。

第二个比例是高等教育预算内拨款占政府财政支出的比例。高等教育财政预算内拨款是政府财政安排、划拨到高等教育部门中的经费，包括高等教育事业费拨款、科研经费拨款、基建拨款以及其他财政性经费拨款。高等教育预算内拨款占政府财政支出的比例反映了在政府支出结构中高等教育支出所占的份额，体现出政府对高等教育投入力度的大小。在政府预算支出总额一定时，这一比例越高，高等教育部门获得的财政预算内拨款则越多。这一比例的高低对高等教育标准财政预算内拨款总量有较大影响，所以把这一比例作为反映各省高等教育投入力度的另一个指标。

（3）高等教育经费来源构成及代表性指标。在高等教育经费来源日趋多元化的今天，政府的财政性经费在高等教育经费总额中仍然占有相当高的比例，仍是多数国家高等教育经费来源的主渠道。在经费来源结构中，公共财政对高等教育经费负担的比例越高，所需的高等教育标准财政预算内拨款总量则相对越多。因此，各省高等教育经费来源构成也会影响高等教育标准财政预算内拨款的总量。在回归分析时，把高等教育财政性经费占总经费的比例作为高等教育经费来源构成的代表性指标。由于这一指标能够表明财政对高等教育投资的负担程度，所以有研究者认为，在预测未来财政性教育经费需求时，这一指标是最重要的影响参数。[①] 在高等教育支出责任与财力保障的匹配研究中，也把这一指标视为重要的影响参数之一。

（4）高等教育经费增长及代表性指标。通货膨胀和教育成本的不断上升，客观上要求高等教育财政预算内拨款要逐渐增长。高等教育财政预算内拨款的增速对高等教育标准财政预算内拨款总量的影响体现在，若其他条件保持不变，某省高等教育财政预算内拨款增速越快，所需的高等教育标准财政预算内拨款总量会越大；反之，则越小。所以各省高等教育财政预算内拨款的增速会对高等教育标准财政预算内拨款总量产生影响。我国把反映教育经费增长的指标称为"三个增长"：即政府教育财政拨款的增长高于财政经常性收入的增长，学生人均教育经费逐步增长，学生人均公用经费和教师工资逐步增长。其中，第一个增长与政府教育财政拨款的关系最直接、最紧密。所以，把地方高等教育财政拨款增长高于财政经常性收入增长的百分点作为各省高等教育经费增长的代表性指标。

（5）高等教育经费需求及代表性指标。受高等教育办学成本、办学规模、产业结构、人口密度、适龄人口数等因素的影响，各省对高等教育财政预算内拨款的需求在量上会有所差别。但是，共同的一点是：为了保证高等教育质量，维持高校正常运转，若对高等教育财政拨款的需求量较大，客观上要求政府对高等教育的拨款要越多。所以，高等教育经费需求因素也会影响高等教育标准财政预算内拨款。考虑到数据的可获得性，从上述高等教育经费需求因素中，重点选择产业结构作为分析对象。产业结构反映的生产要素在各行业、部门之间配置的比例关系，产业结构的优化升级会引导生产要素由劳动生产率较低的部门向较

---

① 王蓉、岳昌君、李文利：《努力构筑我国公共教育财政体制》，《北京大学教育评论》2003年第3期。

高的部门流动①。高等教育机构担负着培养专业人才和传递新知识、新技术的重任，产业结构的变化要求高等教育的专业设置、办学定位、人才培养模式要作出匹配性调整，最终影响高等教育资源配置和投资方向。一般来说，在经济越发达的地区，第二、第三产业占 GDP 的比重就越高，高技术产业的成本因素使得这些地区对高等教育财政拨款的需求相对较大；在经济欠发达的地区，第二、第三产业占 GDP 的比重则较低，这些地区对高等教育财政拨款的需求也相对较低。因此，选择各省第二、第三产业占 GDP 的比重作为高等教育经费需求的代表性指标，分析它对高等教育标准财政预算内拨款的影响。

（二）测度程序

1. 选定因变量指标和自变量指标

以各省地方普通高校预算内拨款为因变量（y），以各省一般预算支出（x_1）、可支配收入（x_2）、地方普通高校财政性经费占地方 GDP 的比例（x_3）、地方普通高校预算内拨款占政府财政支出的比例（x_4）、地方普通高校财政性经费占总经费的比例（x_5）、地方高等教育财政拨款增长高于财政经常性收入增长的百分点（x_6）、第二、第三产业占 GDP 的比重（x_7）为自变量，分析各自变量与因变量的关系。为了消除异方差的影响，在作回归分析前对因变量和各自变量取对数。

2. 构建地方普通高校预算内拨款预测模型

根据 2005—2009 年连续 5 年的面板数据，在取对数后使用 SPSS 统计软件进行回归分析，得出各自变量的偏回归系数，检验回归系数和模型是否显著，得出地方普通高校预算内拨款预测模型。

3. 比较地方普通高校预算内拨款实际值与预测值的大小

计算出各自变量在这 5 年的平均值，在取对数后带入回归方程，计算出地方普通高校预算内拨款的预测值（以对数表示），这个预测值是与现有高等教育财力保障条件相适应的，可以作为各省地方普通高校标准预算内拨款的估计值。然后计算出因变量的 5 年平均值并取对数，作为各省地方普通高校预算内拨款的实际值。若某省的实际值大于预测

---

① 肖昊、张云霞、廖建刚：《产业结构优化升级与高等教育的互动》，《江苏高教》2005年第 5 期。

值，说明该省高等教育支出责任与财力保障是匹配的，该省的财力能够保障高等教育支出；若某省的实际值小于预测值，说明该省高等教育支出责任与财力保障是不匹配的，该省为高等教育提供的财力保障低于正常履行高等教育支出责任的所需数额。

本章小结

本章主要分析了高等教育支出责任划分、高等教育财力保障、高等教育支出责任与财力保障的匹配关系、二者匹配的测度体系4方面的内容。政府间高等教育支出责任划分是基于多层级政府架构和分权化财政体制这两个体制背景，划分的理论依据是财政联邦主义理论和公共产品层次性理论。从各国实际来看，高等教育支出责任安排受到国家结构形式、历史文化传统、经济发展水平等多种因素影响。以 OECD 31 国为例，分析了高等教育公共支出在中央、地区、地方3级政府间分担情况。高等教育的公共性及准公共产品属性、财政的公共性决定了公共财政应保障高等教育支出。制定生均经费标准、建立经费保障体系、完善经费投入机制、加强教育经费管理是财力保障高等教育支出的重要措施。高等教育支出责任与财力保障的合理匹配，可以为高等教育发展提供更坚实的财力支撑，有利于促进高等教育财政公平和完善高等教育财政预算管理体制。高等教育支出责任与财力保障的匹配包括中央地方间二者的纵向匹配和各省间二者的横向匹配，因此设计了两套测度体系。对纵向匹配的测度是基于定量比较判断与定性比较判断，使用3种测度方法。对横向匹配的测度是基于省际面板数据，构建地方普通高校预算内拨款预测模型，判断各省高等教育支出责任与财力保障的匹配性。

第三章

纵向政府间高等教育支出责任与财力保障的匹配测度

纵向政府间高等教育支出责任与财力保障的匹配，关注的是中央与地方间高等教育支出责任的划分、对高等教育经费支出的负担情况。自20世纪80年代以来，我国高等教育支出责任一直是根据高校的行政隶属关系由中央与地方分级承担的。在1999年之前，中央负担的高等教育支出比例略高于地方。自2000年以来，我国高等教育支出变为以地方负担为主，高等教育支出责任明显由中央向地方下移。但在同期，经过分税制改革之后，中央财政收入占全国的比重迅速上升，财力由地方向中央上移。在这种情况下，纵向政府间高等教育支出责任与财力保障是否还匹配？本章将根据第二章介绍的测度程序和方法，测度我国纵向政府间高等教育支出责任与财力保障的匹配问题。

第一节 政府间高等教育支出责任安排及负担比例

随着国家财政体制改革和高等教育管理体制改革的进行，我国政府间高等教育支出责任安排前后出现了较大的变化。从20世纪80年代实施财政包干体制以来，我国高等教育支出责任一直根据高校的行政隶属关系由中央与地方分级承担。相比于中央政府，地方政府负担的高等教育支出所占比例越来越大。

一 政府间高等教育支出责任安排

目前，我国高等教育机构分为教育部直属高校、国务院其他部委高校和地方高校 3 类，其中教育部直属高校、国务院其他部委高校隶属于中央政府，地方高校隶属于省（区、市）级政府，如图 3—1 所示。高等教育是中央和各省级政府的共同责任，中央政府对全国高等教育发展负责，并对隶属于中央政府的高等教育机构提供经费拨款。各省政府对本省高等教育发展负责，并为隶属于本省的高等教育机构提供经费拨款。[①] 所以，我国高等教育支出责任划分具有根据高校的隶属关系而划分的特征，其法规依据是 1993 年年底国务院颁布的《关于实行分税制财政管理体制的决定》，在这份文件中，国务院规定了中央与地方的教育事业费分别对应由中央财政与地方财政承担。

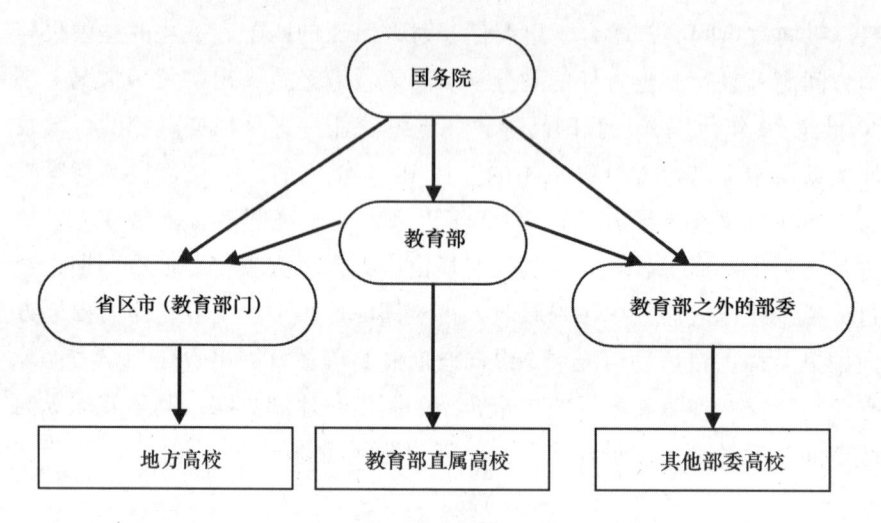

图 3—1　中国高校按隶属关系分类示意图

与国外相比，我国高等教育支出责任划分缺乏明确的法律规范。在 OECD 成员国中，国家宪法或其他法律对联邦政府（中央政府）或州政府（省政府）应承担的高等教育支出责任作了明确规定。在我国正式法律条文中没有关于政府间高等教育支出责任安排的明确规定，与之相关的规定主要体现在国务院出台的行政法规、教育部及有关部门制定的

---

① Jorge Martinez – Vazquez and Baoyun Qiao, *Expenditure Assignments in China*, Atlanta: Andrew Young School of Policy Studies, Georgia State University, 2010, p. 16.

政策和规章之中。由于这些政策规章在规范性和约束力方面都无法与正式的法律相比,因此对中央与地方间高等教育支出责任的划分不够规范、不够清晰。此外,自新中国成立后至今,我国高等教育支出责任安排受国家财政体制改革和高等教育管理体制改革的影响,前后出现了较大变化。

我国财政体制改革的方向是由集权逐渐走向分权,受此影响,高等教育支出责任总体呈现由中央向地方下移的特征。新中国成立初期,受苏联模式的影响,我国实行的是高度集中、统收统支的财政体制。在财政集权体制下,由于国家的财力绝大部分集中在中央,各级政府的开支因此由中央统一核拨。[①] 在中央政府包揽"财权"的财政体制下,高等教育支出责任由中央政府承担。[②] 1980年起,我国实行"分灶吃饭"和财政包干的财政体制,明确了中央与地方财政收支范围,地方政府的财力比以前有所增加。与此财政体制相适应,高等教育支出根据高校的行政隶属关系,由中央和地方分别切块安排,中央财政只负责中央各部委所属高等院校的经费,而地方高等院校的经费需求完全由地方财政供给[③]。1993年年底,国务院颁布的《关于实行分税制财政管理体制的决定》规定,"中央本级负担的公检法支出和文化、教育、卫生、科学等各项事业费支出"完全由中央财政承担;"地方文化、教育、卫生等各项事业费"由地方财政承担,这里所说的教育也包括高等教育,这是我国政府间高等教育支出责任划分最直接、最明确的依据。从20世纪80年代实施财政包干体制以来,我国高等教育支出责任一直是根据高校的行政隶属关系由中央与地方分级负责。

新中国成立以来,我国高等教育管理体制变革的趋势总体上也是由集权管理向分权管理转变。随着不同时期高等教育管理体制的转变,高等教育支出责任安排也出现了相应变化。在计划经济时期,高等教育管理体制经历了从统一领导到权力下放、分散管理,再到统一领导、分级

---

① 王红萍主编:《财政学》,北京交通大学出版社2008年版,第230页。
② 杨会良、袁树军、陈宓:《改革开放以来中国高等教育财政体制的演变、特征与发展对策》,《河北大学学报(哲学社会科学版)》2010年第3期。
③ 丁小浩、李锋亮、孙毓泽:《我国高等教育投资体制改革30年》,《北大教育经济研究(电子季刊)》2008年第1期。

管理的变迁过程①，在这期间，高等教育公共支出是以中央政府负担为主。改革开放以后，高等教育实行三级办学、两级管理，中央与地方分级负担高等教育公共支出。针对高校体制中存在的条块分割、重复设置、布局不合理等问题，自20世纪90年代中后期开始，我国开始了对高等学校管理体制及布局结构进行调整。在"共建、调整、合作、合并"八字方针的指引下，一批原中央部委属高校陆续下划地方或与地方共建，截至2000年年底，中央部委所属高校划转地方管理的有360所，其中普通高校有205所。至1999年，实行省部共建共管的高校达197所，高等教育管理体制改革与布局结构调整取得了重大进展。经过这次调整，中央部委属高校数稳定在111所，其中教育部直属高校73所，国务院其他部委属高校38所，这111所普通高校的经费支出由中央政府承担。2009年有地方普通高校（不含民办）1538所，其经费支出由高校所隶属的省、中心城市负担。

二　政府间高等教育支出负担比例

按照分税制改革文件关于中央与地方教育事业费的规定，中央与地方普通高校的财政性经费应分别由中央与地方政府负担。因此，中央部属普通高校获得的财政性经费大体上反映中央政府负担的高等教育支出，地方所属普通高校获得的财政性经费大体上反映地方政府负担的高等教育支出。这里说"大体上"主要是因为地方普通高校财政性经费中有比例很小的一部分是来自中央政府的专项资金，如与学生资助和高校科研有关的专项补助，但目前我国的教育经费统计资料没有把这些专项补助单列出来，因无法剔除，暂把这一部分忽略不计。1996—2009年，中央与地方负担的高等教育支出情况如图3—2所示。

1996—1999年，中央普通高校财政性经费总额从130.7亿元增加到225.6亿元，地方普通高校财政性经费总额从114.1亿元增加到216.3亿元，中央普通高校财政性经费总额略高于地方普通高校财政性经费，即中央负担的高等教育支出略高于地方负担的高等教育支出，

---

① 王波、韩向利主编：《改革·探索——高校改革新思路》，山东友谊出版社1995年版，第12页。

1996年中央与地方负担的高等教育支出之比是53.4∶46.6，1999年两者之间的比例差距缩小为51.0∶49.0。

自2000年开始，地方普通高校财政性经费总额增长较快，在后续各年度一直超过中央普通高校财政性经费总额。2000年，地方普通高校财政性经费总额是277.1亿元，2005年时增至665.0亿元，2009年时达到1365.5亿元，是2000年的4.9倍。中央普通高校财政性经费总额在2000年时是251.7亿元，在2005年时是417.3亿元，在2009年时增至855.6亿元，是2000年的3.4倍。可以看出，在这段时期，地方负担的高等教育支出明显高于中央，在2000年中央与地方负担的高等教育支出之比是47.6∶52.4，2005年两者之间的比例进一步变化为38.6∶61.4，2008年中央负担的高等教育支出所占比例进一步下降，两者之间的比例变为35.7∶64.3，2009年中央负担的高等教育支出所占比例有所回升，恢复至2005年的比例水平。

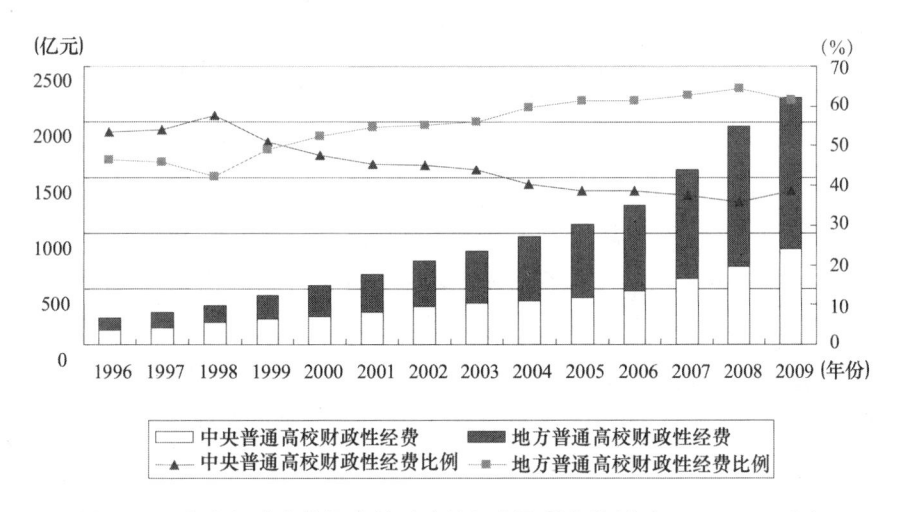

图3—2 中央与地方普通高校财政性经费及所占比例（1996—2009年）

资料来源：根据《中国教育经费统计年鉴》（1997—2010）计算得出。

可以看出，随着地方高等教育的蓬勃发展，地方政府负担的高校数和学生数越来越多，地方政府负担的高等教育支出也越来越大，在2000年时地方政府负担的高等教育支出比例已经超过中央，2008年时地方负担的高等教育支出接近占全国的2/3，这充分说明了自21世纪以来，我国高等教育支出是以地方政府负担为主，高等教育支出责任明显由中央向地方转移。

第二节 政府间财力大小

许多国家通过分税制来规范政府间财力分配关系。我国于1994年开始实行分税制财政体制，分税制的主要内容是"三分一返"，即以划分事权为基础，划分中央与地方的财政支出范围，按税种划分中央与地方的财政收入，明确中央与地方的财政收入范围，分别设立中央与地方税务机构，建立中央对地方的税收返还制度。[①] 本次分税制改革确立的方向是调整政府间财政收入，提高中央政府财政收入占全国财政总收入的比重和财政收入占GDP的比重（简称"两个比重"），增加中央财力，增强中央政府的宏观调控能力。收入划分是按税种把税收收入划分为中央固定收入、地方固定收入、中央与地方共享收入。中央固定收入包括增值税、消费税、关税、中央企业所得税、中央企业上缴利润，以及铁道部门、银行总行、保险总公司等集中交纳的收入等。地方固定收入包括营业税、地方企业所得税、地方企业上缴利润、个人所得税[②]、车船使用税、城镇土地使用税等。中央与地方共享收入包括增值税、资源税、证券交易税，具体是：中央与地方关于增值税的分享比例是75：25；资源税按不同的资源品种划分，大部分资源税作为地方收入，但海洋石油资源税作为中央收入。证券交易税，中央与地方各分享50%，后来中央分享比例逐步提高到97%。1994年分税制改革实施以后，中央财政收入占全国比重迅速上升，从1993年的22%迅速升至1994年的55.7%，中央财力得以快速提升。中央财政收入比重在1998年回落至49.5%，但在2002年又升至55%。在2008年时，中央与地方财政收入之比是53.3：46.7，2010年时这一比例变为51.1：48.9。详见图3—3。总体来看，在分税制改革之后，"两个比重"得到提高，

[①] 崔运政：《我国财政体制变迁的经济学分析》（http://www.chinaacc.com/new/287/291/327/2006/4/li4875685901460021524 - 0.htm）。

[②] 企业所得税和个人所得税在2002年由地方税改为共享税，中央与地方的分享比例是50：50，从2003年这一分享比例变为60：40。

中央政府的财政实力已经超过地方。

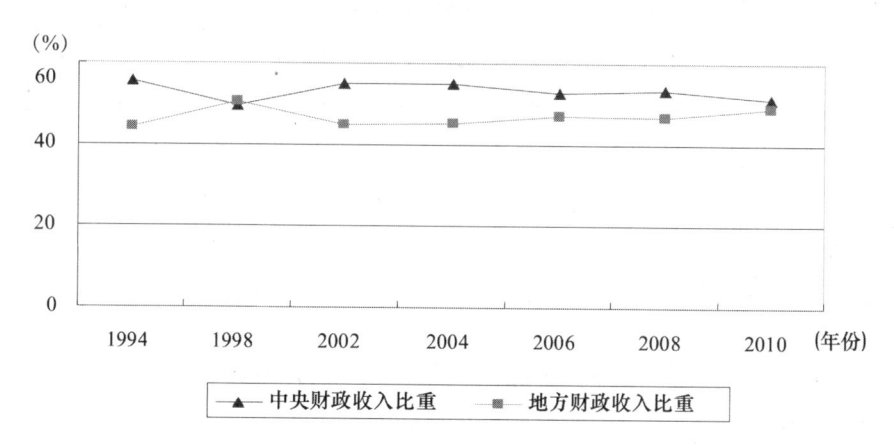

图 3—3　1994—2010 年中央与地方财政收入所占比重
资料来源：《中国统计年鉴 2011》。

第三节　政府间高等教育支出责任与财力保障的匹配测度

第二章介绍了政府间高等教育支出责任与财力保障匹配测度的 3 种方法。本章除了按这 3 种方法测度我国政府间高等教育支出责任与财力保障的匹配性以外，还另外分析政府间高等教育支出负担比与财政集中度的变动趋势，通过回归分析进一步验证二者的匹配性。

一　高等教育支出集中度与政府收入集中度的趋近性

（一）高等教育支出集中度的计算结果及分析

为了使计算出来的高等教育支出集中度与欧美一些国家具有可比性，需要在统计口径上与国外保持一致。所以我国中央与地方高等教育支出负担比例的计算数据来自于 OECD 和 IMF 国际货币基金组织的出版物。

在分级负责、分级负担的体制安排下，中央与地方政府各自负担所管辖的高校经费开支。1999 年，中央与地方负担的高等教育支出之比是 48.1∶51.9。随着高等学校管理体制改革及布局结构调整，许多原中央部委属高校陆续下划地方或与地方共建。据统计，2000年年底，全国共有360所中央部委属高校（其中普通高校205所）划转由地方管理。尽管中央对这些学校保持投资渠道不变，但是在下划地方之后，地方政府事实上对这些学校提供了一定的资金或其他支持。地方政府负担的高等教育支出逐渐加大，超过了中央政府负担的比例。同时在这个时期，我国高等教育开始向大众化阶段迈进，地方新建院校迅速增加，地方高校学生入学人数连年递增，使得地方政府负担的高等教育支出明显上升，远远超过了中央政府负担的比例，如在2005年，地方负担的高等教育支出占全国的71.3%，中央负担的高等教育支出占全国的28.7%。在2006年以后，中央政府在提高办学质量方面加大了支持力度，提高了专项资金的数额，中央负担的高等教育支出比例开始回升。2007年，中央与地方负担的高等教育支出之比是32.0：68.0，地方负担了绝大部分高等教育支出。与上述比例变动趋势相一致，1999年、2005年、2007年我国高等教育支出集中度由3.48下降为3.29，然后又上升至3.32。详细情况见表3—1第①、③列。

（二）政府收入集中度的计算结果及分析

1994年分税制改革以后，"两个比重"（财政收入占GDP的比重和中央财政收入占全国财政收入的比重）开始提高。如表3—1所示，中央财政收入占全国财政收入的比重在1999年升至51.1%，超过了地方财政收入所占比重。在2007年，中央财政收入比重高出地方财政收入比重8.2个百分点。可以看出，在这段时期我国财政收入分配主要集中在中央政府，政府收入集中度在3.51—3.55。详见表3—1第②、④列。

表3—1　中央地方政府负担的高等教育支出比重、政府收入比重及集中度

年份	①政府间高等教育支出比重（%）		②政府间财政收入比重（%）		③高等教育支出集中度	④政府收入集中度
	中央	地方	中央	地方		
1999	48.1	51.9	51.1	48.9	3.48	3.51
2002	36.1	63.9	55.0	45.0	3.36	3.55

续表

年份	①政府间高等教育支出比重（%）		②政府间财政收入比重（%）		③高等教育支出集中度	④政府收入集中度
	中央	地方	中央	地方		
2004	30.6	69.4	54.9	45.1	3.31	3.55
2005	28.7	71.3	52.3	47.7	3.29	3.52
2006	30.2	69.8	52.8	47.2	3.30	3.53
2007	32.0	68.0	54.1	45.9	3.32	3.54

资料来源：1999年高等教育支出比例根据OECD, Education at a Glance 2002：OECD Indicators, Table B7.1b, 2002—2007年政府高等教育支出比例根据国际货币基金组织（IMF）2005年、2007年、2009年《政府财政统计年鉴》Table 7 Outlays by functions of govt. 计算得出；各年度政府财政收入比例来自《中国统计年鉴2010》表8—3 中央和地方财政收入及比重。

（三）结果分析

根据表3—1中高等教育支出集中度和政府收入集中度作出图3—4。可以看出，在6个年度中，政府收入集中度均大于高等教育支出集中度。相比而言，在1999年时两个集中度比较接近，在其他年度时二者差值明显。总体而言，在这段时期，我国中央与地方对高等教育支出的负担与财力保障还不是很匹配，政府间财力的集中程度超过了对高等教育支出负担的集中程度。

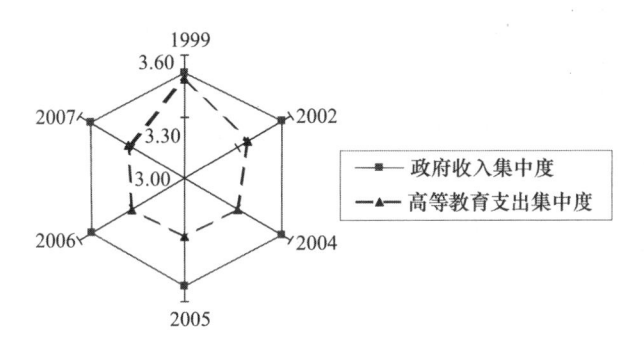

图3—4 高等教育支出集中度与政府收入集中度的比较

二 政府高等教育支出占其财政支出比例的大小

我国高等教育支出由中央与地方两级政府共同承担，由省级政府负责统筹。高等教育管理实行"两级管理，以省为主"。这两点说明我国高等教育支出的责任主要是由省级政府承担。那么，省级政府高等教育支出占其财政支出的比例是否比中央的高呢？财政数据显示，2008年中央财政安排高等教育预算内支出是432.43亿元，占中央本级财政支出的比例是3.24%。地方财政高等教育预算内支出在总量上虽然远远高于中央，但其占地方本级财政支出的比例却低于中央，仅是3.07%，详见图3—5。2009年，中央与地方预算内高等教育支出占本级财政支出的比例分别是3.29%和2.77%，地方预算内高等教育支出占本级财政支出的比例仍低于中央。根据测度方法2的判断标准，承担高等教育主要支出责任的地方政府，其高等教育支出占财政支出的比例若没有高于中央政府，说明中央地方间高等教育支出责任与财力保障不匹配。

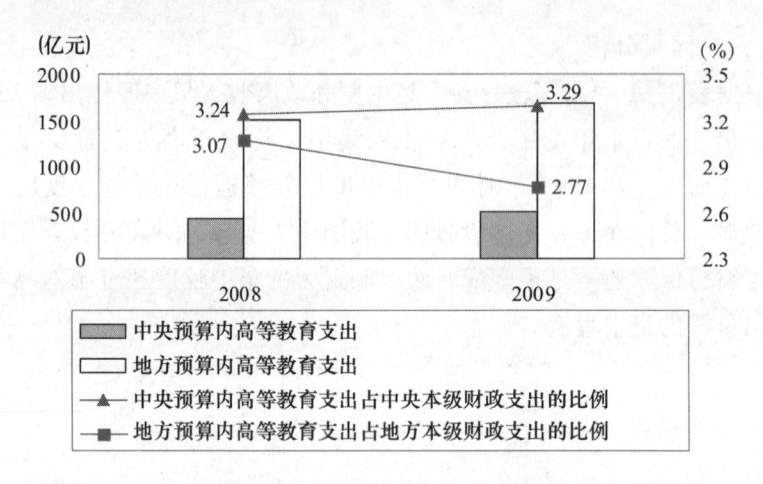

图3—5 中央与地方预算内高等教育支出占本级财政支出的比例

资料来源：中央预算内高等教育支出数据来自财政部网站公布的《关于2008年中央和地方预算执行情况与2009年中央和地方预算草案的报告》；地方预算内高等教育支出根据《中国教育经费统计年鉴》（2009—2010）计算得出。中央和地方财政支出数据来自《中国统计年鉴2010》。

为什么地方财政高等教育预算内支出在总量上远远超过中央，但其占地方本级财政支出的比例却低于中央？原因在于我国的财政分权体制。我国把大部分事权和支出责任都划归地方政府承担，地方财政支出远远高于中央财政支出，2008年和2009年地方财政支出占全国财政支出的比重达到78.7%和80.0%，属于财政支出分权程度相当高的国家。作为地方财政支出众多项目之一的高等教育预算内支出，受地方财政支出总量大的影响,其占地方财政支出的比例因此较小。在地方政府承担的支出项目过多、任务过重的情况下,地方有限的财力难以有效地保障高等教育支出。一些省份高等教育财政性支出偏低、地区间高等教育生均支出差异大等问题的出现正是因为上述原因。

三 高校经费来源结构中政府拨款所占比重的大小

基于我国高校经费投入体制的特点,主要考察在高校经费来源结构中,来自承担着主要支出责任的地方政府的财政拨款所占比例,是否高于来自中央政府的财政拨款所占比例。由表3—2看出,在中央普通高校经费来源结构中,预算内经费拨款所占比例在2007—2009年3个年度中分别达到51.2%、55.2%和58.9%,呈稳定的上升趋势。在地方普通高校经费来源结构中,预算内经费拨款所占比例在2007—2009年3个年度中分别是38.9%、42.3%和41.9%,均低于中央普通高校预算内经费拨款所占的比例,地方政府对地方普通高校的财力保障水平低于中央政府对中央普通高校的财力保障水平。根据测度方法3的判断标准,可以认为我国中央地方间高等教育支出责任与财力保障尚不匹配,地方政府的高等教育财政保障能力有待加强。

表3—2　中央普通高校与地方普通高校各渠道来源经费所占比例(%)

高校经费 \ 年份	2007 中央高校	2007 地方高校	2008 中央高校	2008 地方高校	2009 中央高校	2009 地方高校
预算内经费拨款	51.2	38.9	55.2	42.3	58.9	41.9
其他财政性经费	1.6	1.0	1.1	1.5	1.0	1.9
学杂费收入	18.7	40.4	18.0	40.4	16.8	40.6
捐赠收入	1.2	0.5	1.1	0.5	0.9	0.4
其他收入	27.3	19.1	24.6	15.2	22.4	15.3

资料来源:根据《中国教育经费统计年鉴》(2008—2010)计算得出。

四 政府间高等教育支出负担比与财政集中度的变动趋势

(一)中央与地方财政集中度的计算结果及分析

在1996年时,中央与地方财政集中度(财政收入占GDP的百分比）非常接近，分别是 5.1% 和 5.3%。1999 年时中央财政集中度超过地方财政集中度，分别是 6.5% 和 6.2%。在以后各年度，中央财政集中度一直高于地方财政集中度，2009 年时二者分别是 10.5% 和 9.6%。详见图 3—6。

（二）中央与地方高等教育支出负担比的计算结果及分析

如图 3—6 所示，中央高等教育支出负担比在 1996—1998 年呈上升趋势，由 1996 年的 53.4% 升至 1998 年的 57.8%。在后续年度呈逐年下降趋势，在 2009 年时变为 38.5%。[①]

地方高等教育支出负担比与中央高等教育支出负担比的变动趋势刚好相反。在 1996—1998 年呈下降趋势，由 1996 年的 46.6% 降至 1998 年的 42.2%。在后续年度呈逐年上升趋势，在 2009 年时上升到 61.5%。

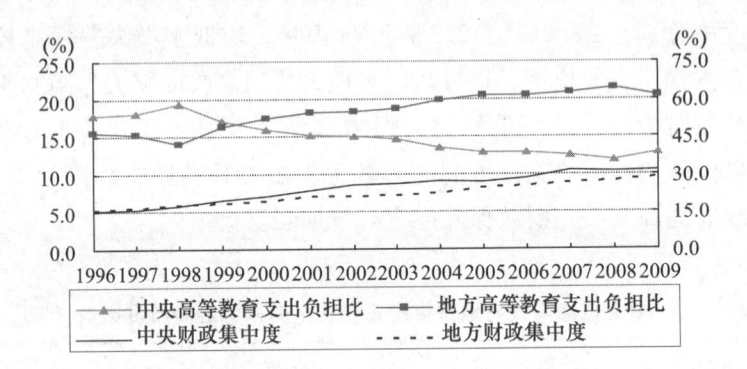

图 3—6　1996—2009 年中央与地方的财政集中度与高等教育支出负担比

资料来源：财政集中度根据各年度《中国统计年鉴》计算得出；高等教育支出负担比根据各年度《中国教育经费统计年鉴》计算得出。

（三）中央财政集中度与中央高等教育支出负担比的变动趋势

一般而言，随着政府财力的增强，政府用于民生的支出会增加，在民生支出中教育支出占大头。实际情况是否如此呢？随着中央财政集中度的提高，中央对高等教育支出的负担比例是否也会提高呢？根据图

[①] 本节中央与地方高等教育支出负担比的计算数据来自《中国教育经费统计年鉴》，上一节中央与地方高等教育支出负担比的计算数据来自《Education at a Glance 2002：OECD Indicators》和国际货币基金组织（IMF）《政府财政统计年鉴》。因计算数据来源不同，负担比的计算结果略有出入。

3—6 中中央财政集中度与中央高等教育支出负担比的数据作出散点图,结果如图 3—7 所示。可以看出散点图是斜向下的,当中央财政集中度增加时,中央高等教育支出负担比是下降的,二者呈负相关的关系。把中央财政集中度作为自变量,中央高等教育支出负担比作为因变量,拟合出来的回归方程式是 y = -3.5853x + 73.976,判定系数 R^2 = 0.9157,说明模型拟合效果很好,中央财政集中度这个变量解释了中央高等教育支出负担比 91.57% 的变异。在回归方程中,回归系数表示自变量对因变量影响的大小,若回归系数为正值,表示因变量随自变量的增加而增加;回归系数为负值,表示因变量随自变量的增加而减少。在图 3—7 中,回归系数等于 -3.5853,说明当中央财政集中度提高一个百分点时,中央高等教育支出负担比下降 3.5853 个百分点。所以,中央财政集中度与中央高等教育支出负担比两者之间是负相关的关系,随着中央财政集中度的提高,中央高等教育支出负担比呈下降趋势。

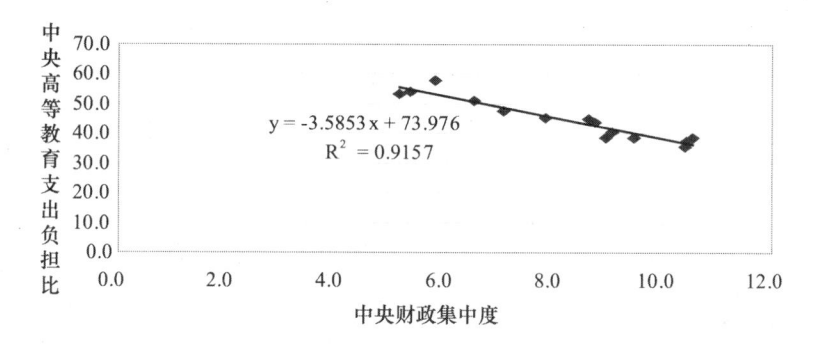

图 3—7 中央高等教育支出负担比与中央财政集中度的回归拟合结果

(四) 地方财政集中度与地方高等教育支出负担比的变动趋势

高等教育在地方经济社会发展中发挥着"助推器"作用,越来越受到地方政府的重视。地方政府负责管理的高校数目较多,高等教育支出需求较大,随着财力的增强,负担的高等教育支出比例是否相应增加了呢?根据图 3—6 中地方财政集中度与地方高等教育支出负担比的数据作出散点图,结果如图 3—8 所示。可以看出散点图是斜向上的,当地方财政集中度增加时,地方高等教育支出负担比随着增加,二者呈正相关。把地方财政集中度作为自变量,地方高等教育支出负担比作为因变量，拟合出来的回归方程式是 y = 4.8442x + 19.719，判定系数 R^2 = 0.8657，说明模型拟合效果较好，地方财政集中度这个变量解释了地方高等教育支出负担比 86.57% 的变异。回归系数为 4.8442，说明当地方财政集中度提高一个百分点时，地方高等教育支出负担比提高 4.8442 个百分点。因此，地方财政集中度与地方高等教育支出负担比两者之间是正相关，地方高等教育支出负担比随地方财政集中度的增加而增加。

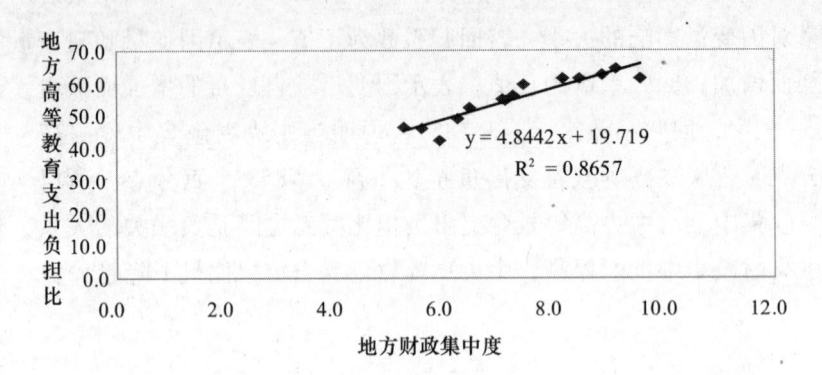

图 3—8 地方高等教育支出负担比与地方财政集中度的回归拟合结果

总之，通过上文对高等教育支出集中度与政府收入集中度的趋近性、政府高等教育支出占其财政支出比例的大小、高校经费来源结构中政府拨款所占比重的大小、政府间高等教育支出负担比与财政集中度的变动趋势这4方面的分析，得出的结论是：我国中央地方间高等教育支出责任与财力保障还不能较好匹配。分税制改革以后，财力在政府间分配是呈向上集中的趋势，而政府间高等教育支出负担则呈下移的趋势。中央政府负担的高等教育支出比例随其财力的增加而降低，地方政府负担的高等教育支出比例随其财力的增加而增加。中央地方间高等教育支出责任与财力保障总体上不相匹配。

本章小结

本章围绕纵向政府间高等教育支出责任与财力保障的匹配测度，分析了我国中央与地方政府间高等教育支出责任安排及负担比例、政府间财力大小的变化、政府间高等教育支出责任与财力保障的匹配测度过程及结果。自20世纪80年代以来，我国高等教育支出责任一直是根据高校的行政隶属关系由中央与地方分级承担。中央与地方负担的高等教育支出比例前后有所变化，21世纪初以后高等教育支出变为以地方政府负担为主，高等教育支出责任明显由中央向地方转移。1994年分税制改革之后，"两个比重"得到提高，中央政府的财政实力已经超过地方。通过分析和比较高等教育支出集中度与政府收入集中度的趋近性、政府高等教育支出占其财政支出比例的大小、高校经费来源结构中政府拨款所占比重的大小、政府间高等教育支出负担比与财政集中度的变动趋势，得到的匹配测度结论是政府收入集中度大于高等教育支出集中度，中央政府负担的高等教育支出比例随其财力的增加而降低，地方政府负担的高等教育支出比例随其财力的增加而增加，中央与地方对高等教育支出的负担与财力保障整体上不匹配。

第四章

横向政府间高等教育支出责任与财力保障的匹配测度

在分级负责的体制安排下,地方高等教育公共支出主要由以省为主的地方政府负担,各省高等教育支出责任与财力保障是否匹配涉及各省公共财政能否保障高等教育公共支出、能否落实"三个增长"法定要求和实现高等教育事业发展各项目标。所以,在分析完中央地方间高等教育支出责任与财力保障匹配问题之后,有必要继续分析31省高等教育支出责任与财力保障的匹配性。本章将基于省际面板数据,构建地方普通高校预算内拨款预测模型,比较现有财力水平下各省地方普通高校预算内拨款预测值与其实际值的大小,从而判断各省高等教育支出责任与财力保障的匹配性。

第一节 省级政府高等教育支出责任:地方化与大众化后的变化

自20世纪90年代以来,地方政府不仅要承受分税制改革后政府间财力格局调整所带来的挑战,还要为高等教育地方化与大众化提供相应的财力支撑。在测度省际高等教育支出责任与财力保障的匹配前,需要先了解高等教育地方化与大众化给省级政府高等教育支出责任带来了什么变化。

一 高等教育地方化使省级政府高等教育支出责任加大

一个国家的高等教育在发展到一定阶段时会出现重心下移,高等教育举办权、管理权向地方下放,这一过程即是高等教育地方化。高等教育地方化表现在地方掌握更多的高等教育管理权与办学自主权,地方财政为高校提供办学资金,高等教育增强自身为地方服务的适切性。[①] 高等教育地方化发挥的作用是促使高等教育加强与地方经济发展的联系,从而更好地服务于地方经济的发展。[②]

一国的国情和体制决定了本国高等教育地方化进程的轨迹和路线。中央集权的管理体制决定了权力下放成为我国高等教育地方化的主线,即中央向地方(包括省级和地市级政府)下放办学权。新中国成立初期至1958年,为了满足国家大规模经济建设的需要,全国高校全部由中央统一举办,接受中央的集中统一管理。为了使高校培养出来的人才更加适应各地社会主义建设发展的需要,1958年,国家首次大规模下放高等教育管理权和办学权,除少数综合大学、某些专业学院仍由教育部或者中央有关部门直接领导以外,其他高等学校都被下放到各省(市、区)管理。1963年,国家把下放的管理权收回,对高等学校实行中央统一领导、中央和省(市、区)两级管理的制度。改革开放以后,随着经济建设的全面铺开,我国专业技术人才出现了供不应求的状态。一些地市为了培养急需人才,利用当地的办学资源,成立了以原高校为依托的分院或分校。1983年,随着我国高等教育的发展,省内的分院或分校获得了各地市政府的支持,地市政府投入了大量经费和其他方面的资助。后经省政府批准后,这些分院或分校成为市属地方大学,归属当地政府管理。[③] 这样我国高等教育体系就有了部委属、省属、市属3类院校。1985年《关于教育体制改革的决定》提出,为了调动各级政府办学的积极性,实行中央、省(区、市)、中心城市3级办学的体制。

为了打破条块分割、重复办学的格局,一大批原国务院部门所属高校划转到地方管理或者实行中央与地方共建,以地方管理为主。仅在

---

① 刘晖、顾洁岚:《中美英三国高等教育地方化进程与政策之比较》,《广州大学学报(社会科学版)》2011年第7期。
② 潘懋元:《高等教育地方化的可行性探讨》,《高等理科教育》2010年第5期。
③ 周铮华、沙宪宏:《辽宁省市属地方大学教育管理体制的研究》,《大连大学学报》2000年第1期。

1998年，中央部门所属高校划转到地方管理就有153所，表4—1列出了1998年接收划转高校数比较多的省份，如河南、辽宁、黑龙江、北京、山东等5省市接收的高校数都超过10所。各省（区、市）政府对这些下划或共建的高校提供政策或资金上的支持，把这些学校的建设与发展纳入了本地区经济和社会发展规划之中。这次高等教育管理体制改革与布局结构调整，促进了条块有机结合，增强了高校为地方经济建设和社会发展服务的能力①，省级政府对高等教育的决策权和统筹权逐步扩大。

表4—1　　1998年中央部门属高校划转到地方管理的高校数　　单位：所

省份	划转高校数	省份	划转高校数
河南	16	四川	7
辽宁	14	陕西	7
黑龙江	12	河北	7
北京	12	江苏	6
山东	11	安徽	6
湖北	9	湖南	4
吉林	8	浙江	3

资料来源：《中国教育年鉴》编辑部编：《中国教育年鉴1999》，人民教育出版社1999年版，203—208页。根据1998年划转高校名单整理得出。

随着高等教育管理权和举办权下放，地方政府获得了更多的高等教育管理权限，地方政府发展高等教育的积极性被调动起来。为了满足地方经济和社会发展对人才的需求，省及中心城市举办的地方高校数迅速增加，地方高等教育体系逐渐壮大。以辽宁省为例予以说明，见图4—1。1996年，辽宁省有中央部委属普通高校26所，至2001年时减至5所，2003年仍是5所；省属普通高校数迅速增加，在这3个年度里由17所增至40所，进而增至43所；市属高校数在这3个年度里变化不大，但是相比于1978年，市属高校数有明显增加。其他省市的变化情况与辽宁省基本相同。由此看出，随着高等教育地方化的推进，我国中

---

① 汪大勇：《高等教育管理新体制基本形成》，《光明日报》2000年11月7日。

央部委属普通高校迅速减少，省属和市属普通高校蓬勃发展，在推动地方经济社会发展和人才培养方面发挥了重要作用。

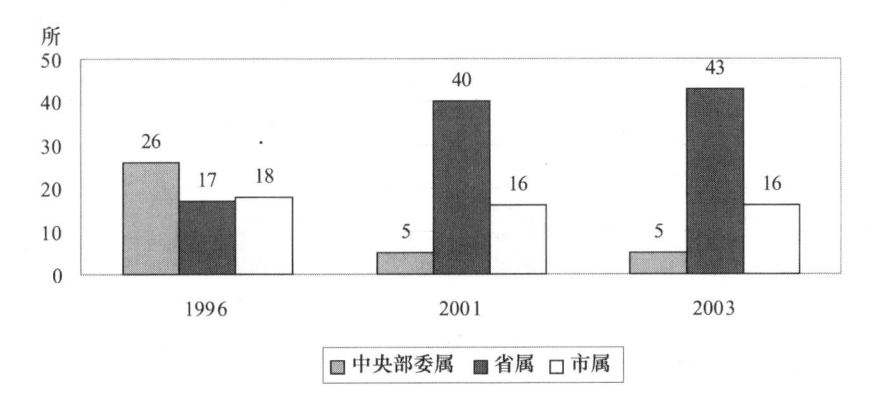

图 4—1　按隶属分类的辽宁省普通高校数变动情况

资料来源：1996 年数据参见陈涛：《辽宁省高等学校科技工作简介》，《辽宁高等教育研究》1996 年第 4 期，第 127 页。2001 年和 2003 年数据来自辽宁省教育厅网站。

注：不含民办普通高校。

推动高等教育更好地适应地方的经济和社会发展，为促进地方发展服务，这正是潘懋元先生所强调的高等教育地方化两层含义中的第一层含义。他所强调的高等教育地方化的第二层含义则是高等教育管理权属于地方，并以地方财政拨款作为办学资金的主要来源，即高等教育的管理与财政地方化，这是高等教育地方化的必要条件。[①] 从第二层含义来看，高等教育地方化会使地方承担的高等教育财政责任增加，因为在我国分级负责的体制下，政府间高等教育财政责任的划分是遵从"谁办、谁管、谁出钱"的原则，地方举办的高校越多，承担的高等教育财政责任则相应越多。所以，伴随着我国高等教育地方化进程，高等教育支出责任由中央向地方下移，地方政府负担的高等教育办学资金比例逐渐加大，这对地方政府的财政保障能力带来了挑战。

二　高等教育大众化使省级政府高等教育支出责任加大

在 20 世纪 90 年代中期以前，我国高等教育发展一直遵循内涵式发

---

① 潘懋元：《高等教育地方化的可行性探讨》，《高等理科教育》2010 年第 5 期。

展的思路,高校的招生人数受到严格的控制,高等教育毛入学率较低,仍处于精英教育阶段[①],如在 1992 年时高等教育毛入学率仅是 3.9%,在 1995 年时仍低至 7.2%。这时期高等教育发展状况严重滞后于经济发展的需要,因为经过改革开放近 20 年的发展,我国经济建设已驶入快车道,各项事业蓬勃发展,对高层次人才的需求比较旺盛,也迫切需要提高国民的文化素质。另外,随着人民收入水平和生活条件的提高,越来越多的人要求接受高等教育,提高自身素质,满足对精神文化生活的追求。此外,经济学界也论证了高校扩招可以刺激消费,拉动国内需求,促进经济增长,缓解社会就业压力。这些因素使得高校扩招势在必行。于是,国家在 1999 年推出了高校扩招政策。在完成高等教育规模扩展和提高高等教育毛入学率任务的过程中,地方政府发挥了重要作用,以地方财政为主支撑了高等教育大众化进程。地方政府的作用从以下 3 个方面得到体现。

第一,实施扩招政策之后,地方属普通高校的数量快速增加。地方政府为了完成扩招任务,通过地方财政拨款与高校自筹资金(含向银行借款)新建了一批院校,这从各省在扩招前后高校数的变化可以看出。当然,各省高校总数目的增加并非完全因为新建院校的增加,也与高等教育管理体制改革后中央把一批高校划转到地方有关,但是划转高校所占比例很小。选择我国高等教育规模较大的 5 个省为例进行说明,见图 4—2。可以看出,在迈向高等教育大众化阶段的进程中,为了满足扩大招生和未来发展的需要,江苏、广东、湖北、黑龙江、四川这 5 省的地方属普通高校数均有了较大增长,如江苏省地方属普通高校数在 1997 年、2003 年、2009 年这 3 个年度中分别由 35 所增加到 83 所,又增加到 138 所,广东省地方属普通高校数在这 3 个年度中分别由 33 所增加到 73 所,又增加到 125 所。但是 5 省的中央属普通高校数均呈锐减的态势,如湖北省中央属普通高校数由 1997 年的 23 所减少到 2003 年的 8 所,四川省中央属普通高校数由 1995 年的 26 所减少到 2004 年的 6 所。

---

① 美国学者马丁·特罗提出,以高等教育毛入学率为指标,可把高等教育发展水平分为"精英、大众和普及"三个阶段。若某国或地区的高等教育毛入学率低于 15%,则属于精英阶段;若高等教育毛入学率在 15%—50%,则进入大众化阶段;若高等教育毛入学率在 50% 以上,则标志着迈入了普及阶段。

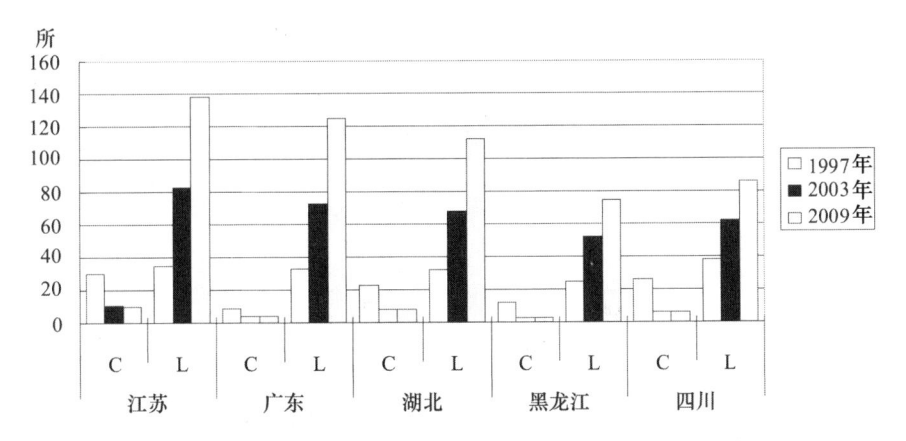

图4—2　五省中央属普通高校与地方属普通高校数在三个年度的变动

资料来源：《中国教育统计年鉴》及各省教育统计资料。

注：C和L分别代表各省中央属与地方属普通高校；四川省为1995年、2004年、2009年数据。

第二，实施扩招政策之后，地方属普通高校的招生数和在校生数大幅增加。从高等教育招生数和在校生数来看，仍然是以地方财政为主支撑了高等教育大众化进程，这一点可由扩招前后中央与地方普通高校招生数、在校生数的变化看出，见图4—3。在高校扩招政策实施之前的1998年，全国中央属普通高校招生人数是33.12万，在校生人数是115.1万；地方属普通高校招生人数是75.24万，在校生人数是225.8万；高等教育毛入学率低于10%。在扩招之后，2002年中央属普通高校招生数和在校生数分别是1998年的1.20倍和1.22倍，地方属普通高校招生数和在校生数分别是1998年的3.5倍和3.2倍，高等教育毛入学率达到15%，标志着我国高校规模扩展取得历史性突破，高等教育开始跨进大众化阶段的门槛。在2003年之后，我国高等教育大众化向纵深发展。2004年高等教育毛入学率升至19%，2006年升至22%。2009年中央属普通高校招生数和在校生数分别是1998年的1.3倍和1.5倍，地方属普通高校招生数和在校生数分别是1998年的6.1倍和6.8倍，高等教育毛入学率达到24.2%。这些数据说明，我国高等教育毛入学率的迅速提高和跨越式发展的顺利实现是和地方高校的规模快速扩展分不开的。

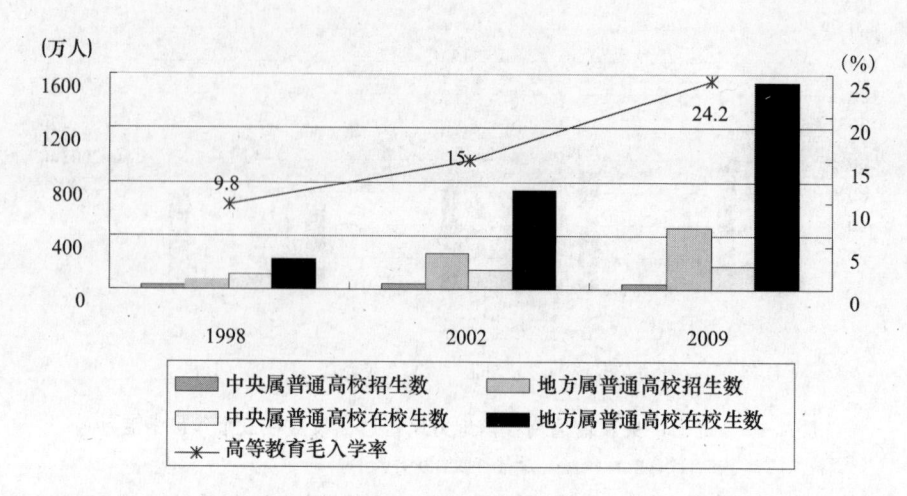

(图表)

图 4—3　扩招前后中央属与地方属普通高校招生数、在校生数和毛入学率的变化
资料来源:《中国教育统计年鉴 2009》和教育部网站。
注:招生数和在校生数不含民办高校。

　　高等教育规模的扩展和入学率的提高，对经费的需求随之加大，必然要求财政加大对高等教育的支出。由于高校扩招的任务主要由地方高校完成，在分级负责的体制下，必然要求地方政府加大对地方高校的财政支出，为完成扩招任务提供财力支持。由图 4—4 看出，在高等教育由精英阶段向大众化阶段迈进的过程中，高校融资结构发生了较大变化。在处于精英阶段的 1998 年，财政性经费在我国普通高校的经费来源中占据绝对的主导地位，中央普通高校财政性经费所占比例是 38%，地方普通高校财政性经费所占比例是 27%，二者合计达到 65%；事业收入所占比例是 27%。随着高等教育规模的不断扩大，高等教育面临的政府投入不足、办学经费紧张的问题正逐渐突出。于是我国开始实行高等教育成本分担政策，以学杂费收入为主的事业收入逐渐成为高校的第二条主要经费来源渠道。2002 年，我国普通高校融资结构与 1998 年相比，中央普通高校财政性经费所占比例大幅下降了 15 个百分点，地方普通高校财政性经费所占比例上升，已高出中央 6 个百分点；事业收入提高了 14 个百分点。为了完成高等教育大众化任务，一些省市新建、扩建了一批高等学校，地方负担的高等

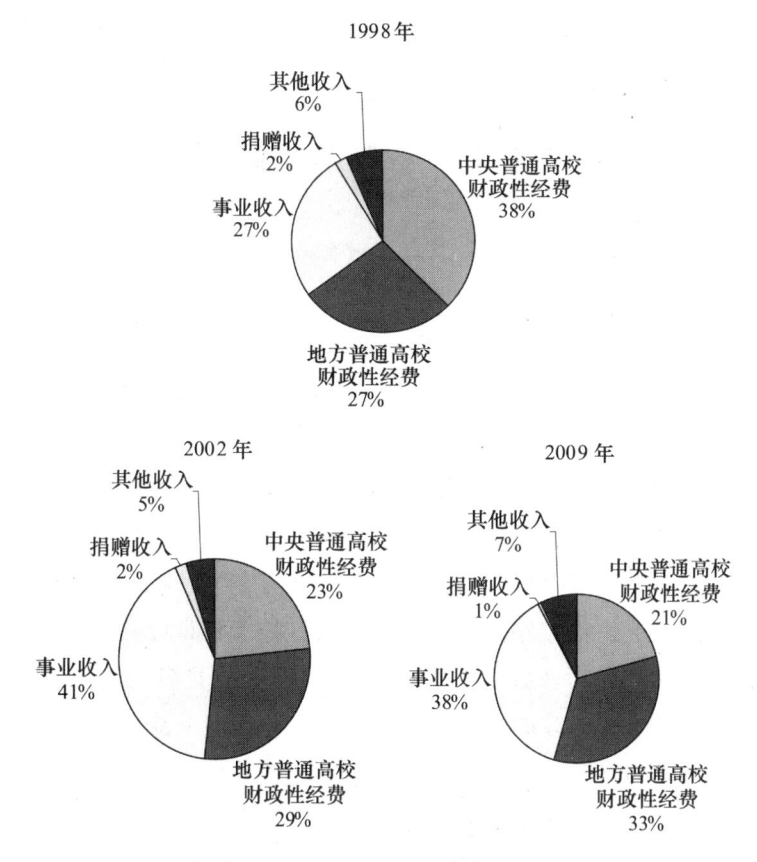

图 4—4　高等教育大众化进程中的全国普通高校融资结构变化

资料来源：根据各年度《中国教育经费统计年鉴》计算整理得出。

教育支出继续增加，所以在 2009 年普通高校融资结构的情况是：地方普通高校财政性经费比例上升至 33%；中央普通高校财政性经费比例下降至 21%，低于地方 12 个百分点；事业收入所占比例回落至 38%。中央与地方相比较来看，在 2002 年和 2009 年，地方负担的经费比例约占高等教育经费总额的 1/3，而中央负担的经费比例只占高等教育经费总额的 1/5 左右。可以看出，从 1998 年至 2009 年，我国高等教育由精英迈向大众的进程中，地方财政发挥了主要的支撑作用，为高等教育顺利迈入大众化阶段和实现跨越式发展负担了较多的财政支出。与高等教育地方化一样，高等教育大众化也使地方政府承担的高等教育支出责任加大。那么，在经历了分税制改革、高等教育地方化、高等教育大众化之后，地方政府能否为高等教育提供坚实的财力保障就成为一个值得关注的问题。

第二节 省际财政能力

在分级负责的体制下，我国高等教育支出责任是根据高校的行政隶属关系由中央与地方政府分级负担。2009年，地方政府负担的普通高校有1538所，占全国普通高校数（不含民办）的93.3%；地方政府负担的普通本专科学生数是1535.96万，占全国普通本专科学生数（不含民办）的89.9%。这些高校和学生分布在全国31个省、市、区中，省属高校及市属高校的财政性经费分别由所在的省或中心城市负担。从理论上说，财政对高等教育支出多少不仅要考虑到高等教育支出需求，更要看财政能够为高等教育提供多少资金。某省在财政状况不好、财政能力不强的情况下，很难保证按正常比例拨付高等教育经费。若某省财政收入充裕、财政能力较强，则具备了保障高等教育各项支出的财力基础。所以，各省的财政能力直接影响到本省高校能够获得多大的财政支持。在我国31省中，由于地理位置、资源禀赋等原因，各省的财政能力呈现很大的差异。为了估测各省财政能力的差异情况，这里使用一般预算收入占GDP的比例、政府财政自给率两个指标进行评估。[①] 一般预算收入包括税收收入和非税收入。财政自给率是本级财政收入与其财政支出的比值。依据2009年各省的GDP及财政收支数据，得出图4—5。

为了便于分析各省财政能力的差异，这里把全国31省按东、中、西部3个地区划分，分别考察。从图4—5来看，上海、北京一般预算收入占GDP的比例在东部11省（市）中领先，在全国也排前列，分别是16.9%和16.7%，天津、海南、辽宁3省该比例在11%左右；北京、上海两市财政自给率在85%以上，广东、浙江、江苏3省财政自给率在80%—84%。除河北省这两项指标值不高外，其他东部省份的这两个指

[①] 吴湘玲、邓晓婴：《我国地方政府财政能力的地区非均衡性分析》，《统计与决策》2006年第16期。

标值都较高，说明多数东部省份财政能力较强。中部 8 省除山西省外，河南、湖北、湖南等省一般预算收入占 GDP 的比例较低，甚至低于西部某些省份，如河南省该比例只有 5.8%，为全国最低。在西部 12 省（区、市）中，云南、贵州、重庆 3 个省份预算收入占 GDP 的比例在 10%—11%，西藏一般预算收入占 GDP 的比例低至 7% 以下。重庆、内蒙古、陕西财政自给率相对较高，在 40%—50%，贵州、新疆、宁夏、甘肃、青海等 6 省（区）财政自给率在 30% 以下，在全国排名靠后，一般预算收支缺口较大。总体而言，大多数中西部省份财政收入占 GDP 的比例及财政自给率与东部省份有差距，属于财政能力较弱的地区，对高等教育支出的保障能力也因此受到影响。

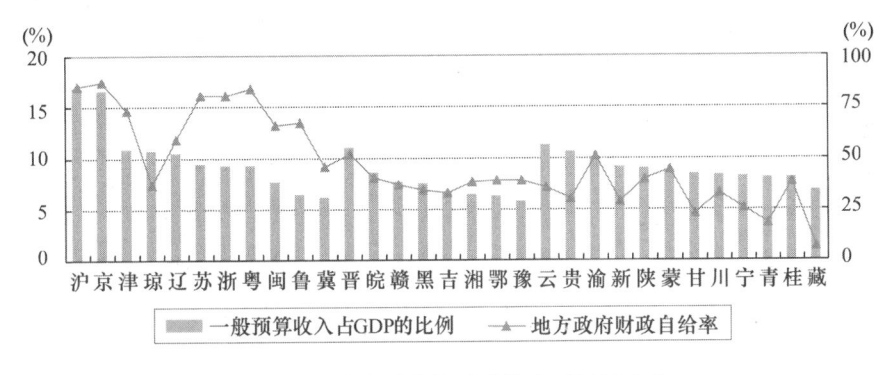

图 4—5 地方政府的财政能力（2009 年）

资料来源：根据《中国统计年鉴 2010》计算整理得出。

第三节 省际高等教育支出责任与财力保障的匹配测度

本节将根据第二章介绍的各省高等教育支出责任与财力保障匹配的测度体系，对我国 31 省高等教育支出责任与财力保障的匹配性作出判断。在对因变量和自变量指标数据进行分析的基础上，通过多元回归分析方法得出地方普通高校预算内拨款预测模型，判断各省高等教育支出责任与财力保障的匹配性。然后根据拟合的地方普通高校预算内拨款预测验证模型，进一步验证原判断结果的正确性。

一 因变量的指标数据分析

连续年度各省地方普通高校预算内拨款额比单一年度地方普通高校预算内拨款额能更全面、更综合地反映政府履行高等教育支出责任的情况。为此,把 2005—2009 年作为考察期,在地方普通高校预算内拨款预测模型中,把 2005—2009 年连续 5 个年度的各省地方普通高校预算内拨款额作为因变量,考察这一因变量与各自变量之间的数理统计关系。在做回归分析前需要了解各变量的数据分布情况,所以,需要分析各省地方高等教育预算内拨款的情况,方法是:计算 2005—2009 年连续 5 个年度各省地方普通高校预算内拨款的平均值,并按平均值从高到低的顺序排序,结果如图 4—6 所示。各省的情况是:广东、江苏、北京、上海、浙江 5 省(市)地方普通高校预算内拨款排在全国前列,分别达到 103.70 亿元、78.71 亿元、68.11 亿元、58.15 亿元、55.50 亿元。中部地区的河南、湖南两省地方普通高校预算内拨款排在山东和辽宁之后,分别达到 44.47 亿元和 32.39 亿元。山西、吉林、安徽地方普通高校预算内拨款排在中部地区后列,分别是 23.87 亿元、23.49 亿元、22.41 亿元。四川、云南、广西 3 省地方普通高校预算内拨款排在西部地区前 3 位,分别是 32.00 亿元、24.15 亿元、21.74 亿元。宁夏、西藏、青海 3 省(区)地方普通高校预算内拨款在 4.5 亿元—5.5 亿元,居于全国后列。

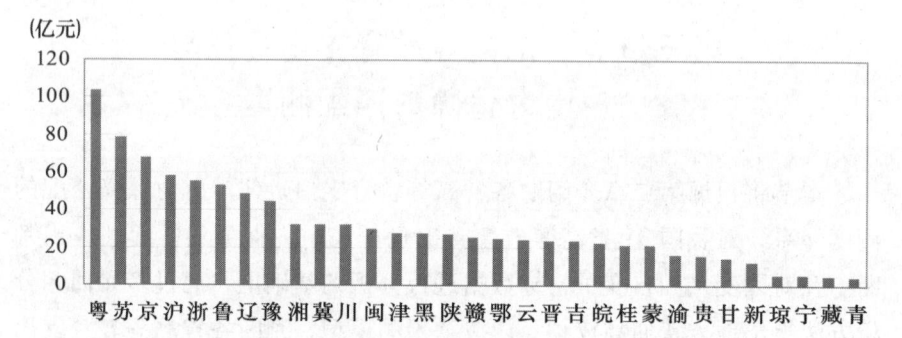

图 4—6 各省地方普通高校预算内拨款(2005—2009 年平均值)

资料来源:根据《中国教育经费统计年鉴》(2006—2010)计算整理得出。

二 自变量的指标数据分析

自变量的指标数据根据地方财力、高等教育投入力度、高等教育经费来源构成、高等教育经费增长速度、高等教育经费需求5大影响因素，选择了7个代表性指标：地方一般预算支出（x_1）、地方可支配财力（x_2）、地方普通高校财政性经费占地方GDP的比例（x_3）、地方普通高校预算内拨款占财政支出的比例（x_4）、地方普通高校财政性经费占总经费的比例（x_5）、地方高等教育财政拨款增长高于财政经常性收入增长的百分点（x_6）、各省第二、第三产业占GDP的比重（x_7）。下面将分析31省这7个指标值的概况以及它们对因变量的影响。

（一）地方财力指标及对因变量的影响程度

地方财力指标包括地方一般预算支出（x_1）与地方可支配财力（x_2）。一般预算支出是指国家对由各种渠道筹集的预算收入有计划地分配和使用而安排的支出。地方可支配财力是指地方政府在一定时期内可以自由支配、自主安排使用的财政资金。按现行财政体制，可支配财力包括地方一般预算收入、政府性基金收入、上级税收返还、上级财力性转移支付补助、上年度结余、下级政府上解收入等并扣除上解中央支出。鉴于数据的可获得性，这里把地方可支配财力计算口径设定为：地方一般预算收入加中央补助收入（税收返还和转移支付）减上解中央支出。

1. 各省地方财力概况

根据2005—2009年连续5年各省一般预算支出和可支配财力数据，计算出各省一般预算支出和可支配财力在5年内的平均值，并按前者从高到低排序，结果见图4—7。

可以看出，各省一般预算支出与可支配财力在量上基本接近。广东、江苏两省的一般预算支出与可支配财力排在全国前2位，两省的一般预算支出分别达到3223.0亿元和2701.0亿元，可支配财力分别达到3378.2亿元和2691.6亿元。紧跟广东、江苏两省的是山东、上海、四川、河南、浙江、辽宁等省（市）。江西、新疆、贵州、重庆等12省（区、市）一般预算支出低于1000亿元，其中，青海、西藏、海南、宁夏一般预算支出在270亿—305亿元。吉林、新疆、贵州、甘肃等10

个省（区、市）可支配财力低于 1000 亿元，其中，青海、西藏、海南、宁夏可支配财力在 280 亿—330 亿元。

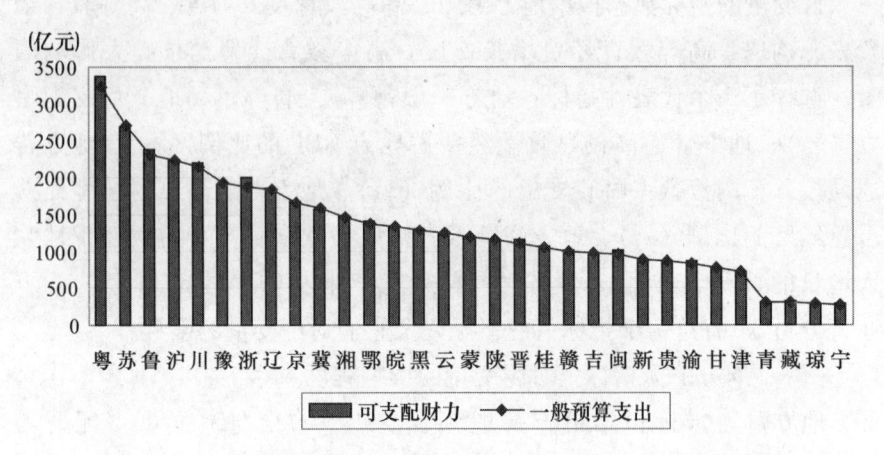

图 4—7 各省一般预算支出与可支配财力（2005—2009 年平均值）
资料来源：根据各年度《中国财政年鉴》和《中国统计年鉴》计算得出。

2. 地方财力指标对因变量的影响程度

分别以 2005—2009 年各省一般预算支出与地方可支配财力数据为自变量，地方普通高校预算内拨款为因变量，运用 SPSS19.0 软件作回归分析，考察一般预算支出、地方可支配财力对地方普通高校预算内拨款是否有显著的影响。为了消除异方差的影响，作回归分析前对回归模型两边的变量值取对数。在两边同时取对数之后，回归系数表示因变量对自变量的弹性。回归结果见表 4—2。

由表 4—2 的回归结果可知，两个模型均通过了 0.01 的显著性水平检验，模型整体显著。模型 1 调整后的 R 方值是 0.897，说明该模型可以解释因变量地方普通高校预算内拨款变异性的 89.7%。自变量的回归系数为正数且通过了显著性水平为 0.01 的 t 检验，说明地方一般预算支出与地方普通高校预算内拨款存在高度显著的同方向变动关系。若其他条件保持不变，地方一般预算支出每增加 1%，地方普通高校预算内拨款可以提高 1.091%。

表 4—2　　　　　地方一般预算支出与可支配财力对高等教育
预算内拨款影响的回归结果

回归模型 1	结果	回归模型 2	结果
常数项	-4.435	常数项	-4.591
地方一般预算支出（Ln 值）	1.091***	地方可支配财力（Ln 值）	1.110***
调整后的 R 方	0.897	调整后的 R 方	0.902
F 值	1337.1***	F 值	1422.1***
观测值（N）	155	观测值（N）	155

注：① 模型 1 和模型 2 的因变量为地方普通高校预算内拨款（Ln 值）；
　　② *、**、*** 分别表示通过了 0.1、0.05 及 0.01 的显著性水平检验。

模型 2 调整后的 R 方值是 0.902，说明该模型可以解释因变量地方普通高校预算内拨款变异性的 90.2%。自变量的回归系数为正数并且通过了显著性水平为 0.01 的 t 检验，说明地方可支配财力与地方普通高校预算内拨款存在高度显著的同方向变动关系。若其他条件保持不变，地方可支配财力每增加 1%，地方普通高校预算内拨款可以提高 1.110%。

在模型 1 和模型 2 中，两个自变量的回归系数非常接近，说明地方一般预算支出（x_1）与地方可支配财力（x_2）对地方普通高校预算内拨款的边际影响基本相同，使用前者或者后者，预测结果都不会有大的出入。

（二）投入力度指标及对因变量的影响程度

1. 各省高等教育投入力度概况

投入力度指标包括地方普通高校财政性经费占地方 GDP 的比例（x_3）、地方普通高校预算内拨款占财政支出的比例（x_4），即通常所说的"两个比例"。根据 2005—2009 年连续 5 年各省"两个比例"的数据，计算出这两个指标的平均值，见图 4—8。从地方普通高校财政性经费占地方 GDP 的比例来看，排在全国前 10 位的省份中有 7 个位于西部地区，这 7 个西部省（区）的比例值在 0.49%—1.44%。这些省份地方普通高校财政性经费占地方 GDP 的比例高，并非是因为其地方普通高校财政性经费绝对量多，其 GDP 总量相对较低是重要原因。北京、天津、海南、江西该比例值在 0.45%—0.74%，在东、中地区居于前列。浙江、福建、江苏、山东等东部发达省份，因这些地方的GDP总量高，地方普通高校财政性经费占地方GDP的比例因此比西部省份的低。

从地方普通高校预算内拨款占财政支出的比例来看，北京、天津、广东的比例值保持在3.2%—4.1%，排在全国前列。江西、吉林、河南、湖南、黑龙江等中部地区，比例值在2.1%—2.6%。排在全国后10位的省份是中部的湖北、安徽和西部的云南、甘肃、贵州、四川、新疆等省（区），地方普通高校预算内拨款占财政支出的比例在1.4%—1.9%。

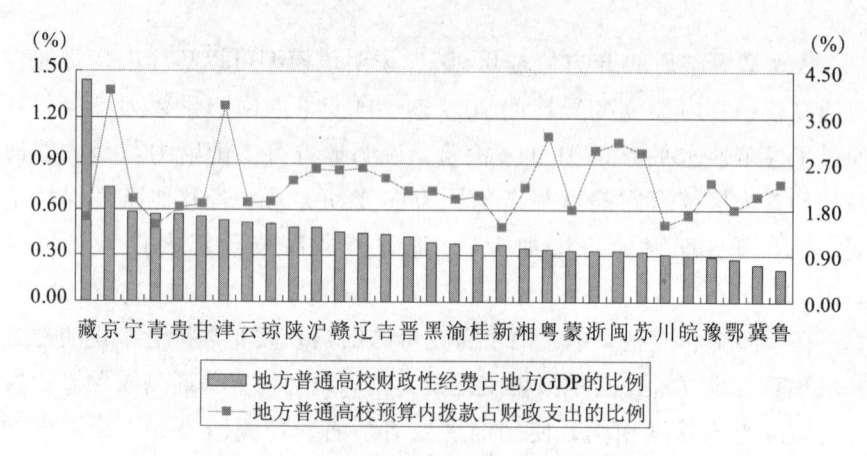

图4—8 各省地方普通高校财政拨款的"两个比例"（2005—2009年平均值）
资料来源：根据各年度《中国教育经费统计年鉴》和《中国统计年鉴》计算整理得出。

2. 投入力度指标对因变量的影响程度

分别以2005—2009年各省地方普通高校财政性经费占地方GDP的比例、地方普通高校预算内拨款占财政支出的比例为自变量，地方普通高校预算内拨款为因变量，运用SPSS19.0软件作回归分析，考察投入力度对地方普通高校预算内拨款是否有显著的影响。为了消除异方差的影响，作回归分析前对回归模型两边的变量值取对数。回归结果见表4—3。

表4—3　　投入力度对地方高等教育预算内拨款影响的回归结果

回归模型1	结果	回归模型2	结果	回归模型3	结果
常数项	2.843	常数项	1.844	常数项	1.013
地方普通高校财政性经费占地方GDP的比例（Ln值）	-0.750***	地方普通高校预算内拨款占财政支出的比例（Ln值）	1.630***	地方普通高校财政性经费占地方GDP的比例（Ln值）	-0.847***
				地方普通高校预算内拨款占财政支出的比例（Ln值）	1.720***
调整后的R方	0.110	调整后的R方	0.285	调整后的R方	0.429
F值	20.0***	F值	62.34***	F值	58.7***
观测值（N）	155	观测值（N）	155	观测值（N）	155

注：① 模型1、2、3的因变量均为地方普通高校预算内拨款（Ln值）；

② *、**、*** 分别表示通过了0.1、0.05及0.01的显著性水平检验。

由表4—3的回归结果可知，3个模型均通过了0.01的显著性水平检验，模型整体显著。3个模型调整后的R方值在0.11—0.43，模型的拟合优度不高与选用的解释变量较少有关，要提高模型对因变量地方普通高校预算内拨款的解释力，还需要增加解释变量。在3个模型中，自变量的回归系数均通过了显著性水平为0.01的t检验，说明自变量与因变量之间存在高度显著的相关关系。在模型1和模型3中，地方普通高校财政性经费占地方GDP的比例这一变量的回归系数为负数，说明其与地方普通高校预算内拨款反方向变动。在模型2和模型3中，地方普通高校预算内拨款占财政支出的比例这一变量的回归系数为正数，说明其与地方普通高校预算内拨款同方向变动。

（三）教育经费的来源、增长与需求指标及对因变量的影响程度

教育经费的来源、增长与需求指标分别指地方普通高校财政性经费占总经费的比例（x_5）、地方高等教育财政拨款增长高于财政经常性收入增长的百分点（x_6）、各省第二、第三产业占GDP的比重（x_7）。

1. 各省高等教育经费的来源、增长与需求概况

根据这3个变量在2005—2009年连续5年的数据，计算出它们的平均值，并按各省地方普通高校财政性经费占总经费比例从高到低进行排序，得出图4—9。在这5年中，地方普通高校财政性经费占总经费的比例在50%—85%的有9个省，其中西部省份有7个，东部省份有2

个。西藏和青海两省区地方普通高校财政性经费占总经费的比例为全国最高，分别达到 84.51% 和 70.89%，其次是北京（67.42%）和上海（59.71%）。地方普通高校财政性经费占总经费的比例低于 40% 以下的有 9 个省，包括东部的浙江、河北，中部的安徽、湖南、江西、湖北，西部的四川、陕西、重庆。

按照"三个增长"的要求，高等教育财政拨款的增长应高于财政经常性收入增长。但是由图 4—9 看出，全国只有 16 个省达到了这一要求，其中四川、新疆、江西、青海、黑龙江是落实较好的省区，地方高等教育财政拨款的增速比财政经常性收入的增速超出 8—17 个百分点。其他 15 个省地方高等教育财政拨款的增速低于财政经常性收入的增速，如山西、河南、福建、辽宁、上海等省（市）地方高等教育财政拨款的增速比财政经常性收入的增速低 3—6 个百分点。

从第二、第三产业占 GDP 的比重来看，东部地区第二、第三产业比重明显超过中西部地区，在第二、第三产业比重超过 90% 的 8 个省份中，有 7 个是东部省份，其中上海市第二、第三产业比重高达 99% 以上。在中部 8 省中，安徽、江西、湖南等 6 省第二、第三产业比重在 85% 以下。在西部 12 省中，新疆、云南、四川、广西等 6 省第二、第三产业比重在 85% 以下。

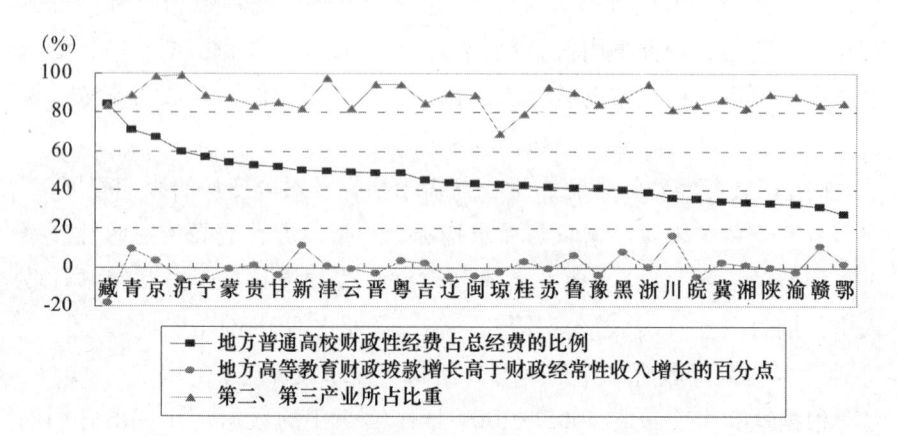

**图 4—9　各省高等教育经费来源、增长与需求变量
的基本概况（2005—2009 年平均值）**

资料来源：根据各年度《中国教育经费统计年鉴》和《中国统计年鉴》计算整理得出。

2. 教育经费的来源、增长与需求指标对因变量的影响程度

分别以 2005—2009 年各省地方普通高校财政性经费占总经费的比例，地方高等教育财政拨款增长高于财政经常性收入增长的百分点，第二、第三产业所占比重为自变量，地方普通高校预算内拨款为因变量，运用 SPSS19.0 软件作回归分析，考察这 3 个变量对地方普通高校预算内拨款是否有显著的影响。为了消除异方差的影响，作回归分析前对回归模型两边的变量值取对数。① 回归结果见表 4—4。

表 4—4　三个自变量对高等教育预算内拨款影响的回归结果

回归模型 1	结果	回归模型 2	结果	回归模型 3	结果
常数项	5.971	常数项	2.475	常数项	-24.788
地方普通高校财政性经费占总经费的比例（Ln 值）	-0.743***	地方高等教育财政拨款增长高于财政经常性收入增长的百分点（Ln 值）	0.190*	第二、第三产业所占比重（Ln 值）	6.255***
调整后的 R 方	0.048	调整后的 R 方	0.011	调整后的 R 方	0.293
F 值	8.7***	F 值	2.8*	F 值	64.8***
观测值（N）	155	观测值（N）	153	观测值（N）	155

注：① 模型 1、2、3 的因变量均为地方普通高校预算内拨款（Ln 值）；
　　② *、**、*** 分别表示通过了 0.1、0.05 及 0.01 的显著性水平检验。

由表 4—4 可知，模型 1 和模型 3 通过了 0.01 的显著性水平检验，模型 2 通过了 0.1 的显著性水平检验，模型整体显著。3 个模型调整后的 R 方值均较低，说明单个自变量对因变量地方普通高校预算内拨款变异性的解释力较低，需要增加解释变量。模型 1 和模型 3 自变量的回归系数均通过了显著性水平为 0.01 的 t 检验，模型 2 自变量的回归系数通过了显著性水平为 0.1 的 t 检验，说明 3 个模型自变量与因变量之间的关系显著。在模型 1 中，自变量的回归系数为负数，说明地方普通高校财政性经费占总经费的比例与地方普通高校预算内拨款反方向变动。在

---

① 因部分省份地方高等教育财政拨款增长高于财政经常性收入增长的百分点是负值，不能取对数，所以对这一变量采取了加一个固定常数值的处理办法，使各省份的原变量值变为正数，然后再取对数。

模型2和模型3中，两个自变量的回归系数为正数，说明地方高等教育财政拨款增长高于财政经常性收入增长的百分点、第二、第三产业所占比重与地方普通高校预算内拨款同方向变动。

三 地方普通高校预算内拨款的预测模型

把2005—2009年各省一般预算支出，可支配财力，地方普通高校财政性经费占地方GDP的比例，地方普通高校预算内拨款占财政支出比重，地方普通高校财政性经费占总经费的比例，地方高等教育财政拨款增长高于财政经常性收入增长的百分点，第二、第三产业所占比重这7个变量作为自变量，地方普通高校预算内拨款作为因变量，对这些变量进行对数化处理后作回归分析，发现变量 x_1（一般预算支出）与 x_2（可支配财力）两个变量之间有较强的共线性，同时将它们放入模型会产生估计偏差。①处理的办法是把一般预算支出这个变量保留在模型中，可支配财力这个变量暂时不放入模型，等到做验证分析时再引入模型。

再次运行回归分析，发现变量 x_3（地方普通高校财政性经费占地方GDP的比例）和变量 x_4（地方高等教育预算内收入占财政支出比重）之间存在较强的共线性，使参数估计值的方差增大。处理方法是把变量 x_3 保留在模型中，变量 x_4 暂时不放入模型。运行回归分析后，得到结果如下：

表4—5 五个自变量对高等教育预算内拨款影响的回归结果

回归模型	回归系数	(Beta)
常数项	-12.739	
x_1 地方一般预算支出（Ln值）	0.998***	(0.867)
x_3 地方普通高校财政性经费占地方GDP的比例（Ln值）	0.168**	(0.076)
x_5 地方普通高校财政性经费占总经费的比例（Ln值）	-0.283***	(-0.089)
x_6 地方高等教育财政拨款增长高于财政经常性收入增长的百分点（Ln值）	0.068**	(0.194)
x_7 第二、第三产业所占比重（Ln值）	2.224***	(0.048)

注：①调整后的R方=0.925，DW=1.44，F=378.5，Sig.=0.000，N=155；

②*、**、***分别表示通过了0.1、0.05及0.01的显著性水平检验。

---

① 共线性，即多重共线性，是指某两个或多个解释变量之间出现了相关性，违反了回归模型中各解释变量之间互不相关这样一个基本假设。

由表4—5可知，该回归模型的F值是378.5，相伴概率值P<0.001，说明本预测模型有效，自变量与因变量之间确有回归关系存在。调整后的R方值是0.925，说明这5个自变量可以解释因变量地方普通高校预算内拨款变异性的92.5%，预测模型拟合程度较好。自变量x_1、x_5、x_7的偏回归系数在0.01的水平上高度显著，自变量x_3、x_6的偏回归系数在0.05的水平上高度显著，说明5个自变量的偏回归系数均通过了t检验，回归系数与0有显著差别，回归模型有意义。

得出地方普通高校预算内拨款的预测模型是：

$$Ln\hat{y} = -12.739 + 0.998 Lnx_1 + 0.168 Lnx_3 - 0.283 Lnx_5 + 0.068 Lnx_6 + 2.224 Lnx_7$$

在上述模型中，因变量对自变量x_1的偏弹性系数为0.998，说明在其他条件保持不变的情况下（下同，此句略去），地方一般预算支出每变动1%，将使地方普通高校预算内拨款变动0.998%。因变量对自变量x_3的偏弹性系数为0.168，说明地方普通高校财政性经费占地方GDP比例每变动1%，引起地方普通高校预算内拨款变动0.168%。因变量对自变量x_5的偏弹性系数为负值，说明自变量x_5与因变量之间存在反向变动关系。因变量对自变量x_6的偏弹性系数为0.068，说明地方高等教育财政拨款增长高于财政经常性收入增长的百分点每变动1%，引起地方普通高校预算内拨款变动0.068%。因变量对自变量x_7的偏弹性系数为2.224，说明第二、第三产业所占比重每变动1%，引起地方普通高校预算内拨款变动2.224%。另外，比较这5个自变量的标准化回归系数Beta值，发现自变量x_1（一般预算支出）的Beta值最大，说明在这5个自变量中x_1对因变量的影响最强。自变量x_6（地方高等教育财政拨款增长高于财政经常性收入增长的百分点）的Beta值次之，它对因变量的影响也比较大。

四 高等教育支出责任与财力保障的匹配判断

计算各自变量2005—2009年的平均值，取对数后代入预测模型，得到各省地方普通高校预算内拨款的预测值（用对数表示），这个预测值即是与现有财力条件相匹配的、各省高等教育标准财政预算内拨款的估计值，如表4—6所示。然后计算因变量2005—2009年的平均值，取对数后把它作为实际值,与计算出来的预测值进行比较,判断各省高等教育支出责任与财力保障的匹配程度。由实际值与预测值的差值看出,表4—6中左半部分省份地方普通高校预算内拨款的实际值大于预测值,差值为正,说明这些省份为高等教育提供了充分的财力保障,对高等教育各项支出的实际拨款已经达到或超过政府正常履行高等教育支出责任所需的标准财政预算内拨款,即高等教育支出责任与财力保障比较匹配,这些省份包括北京、海南、湖南、山东等14省,对匹配的原因作以下解释。首先,北京、天津、广东、江苏、浙江、辽宁等省市,政府的财力状况比较好,所以对高等教育的投入力度、负担程度、增长情况较好,对高等教育的实际拨款额大于根据各因素预测得来的拨款额。以北京为例,作进一步的分析。从教育投资的相对量来看,北京对高等教育的投入力度在全国居于前列,在2005—2009年,指标x_3、x_4、x_5、x_6分别排全国第2、1、3、8位,见图4—8和图4—9;从教育投资的绝对量来看,北京对地方普通高校预算内拨款排全国第3位,见图4—6。可以看出,尽管北京承担的高等教育支出责任大,但是获得的财力保障是充足的、与之匹配的。其次,海南、广西、江西3省(区),虽然政府财力赶不上上述省(市),但是高等教育拨款增长的要求执行得较好,对高等教育的财政投资努力程度较高,产业结构因素引起的教育经费需求强度也低于经济发达省份,如江西省的指标x_3、x_4、x_6、x_7分别排全国第12、9、3、23位,所以政府财力仍然能保障高等教育公共支出。

表4—6 各省(市、区)地方普通高校预算内拨款的实际值、预测值及差值

序号	地区	实际值	预测值	差值	序号	地区	实际值	预测值	差值
1	北京	4.22	3.88	0.34	15	云南	3.18	3.20	-0.02
2	海南	1.71	1.40	0.31	16	河北	3.47	3.54	-0.07
3	福建	3.39	3.09	0.30	17	上海	4.06	4.15	-0.09
4	天津	3.33	3.06	0.27	18	黑龙江	3.32	3.40	-0.08
5	广东	4.64	4.42	0.22	19	甘肃	2.69	2.80	-0.11
6	江苏	4.37	4.23	0.14	20	贵州	2.77	2.88	-0.11
7	广西	3.08	2.95	0.13	21	陕西	3.31	3.42	-0.11
8	河南	3.79	3.67	0.12	22	内蒙古	3.07	3.20	-0.13

续表

序号	地区	实际值	预测值	差值	序号	地区	实际值	预测值	差值
9	吉林	3.16	3.05	0.11	23	宁夏	1.68	1.84	-0.16
10	浙江	4.02	3.94	0.08	24	山西	3.17	3.38	-0.21
11	江西	3.23	3.15	0.08	25	重庆	2.82	3.03	-0.21
12	辽宁	3.88	3.81	0.07	26	安徽	3.11	3.33	-0.22
13	湖南	3.48	3.42	0.06	27	西藏	1.60	1.83	-0.23
14	山东	3.97	3.94	0.03	28	湖北	3.21	3.44	-0.23
					29	新疆	2.54	2.82	-0.28
					30	四川	3.47	3.77	-0.30
					31	青海	1.52	1.92	-0.40

注：①表中各省地方普通高校预算内拨款的实际值、预测值及差值用对数表示；

②表中各省的排序是按照差值的大小。

表4—6中右半部分的省份地方普通高校预算内拨款的实际值小于预测值，差值为负，说明这些省份对高等教育各项支出的实际拨款低于政府正常履行高等教育支出责任所需的标准财政预算内拨款，即高等教育支出责任与财力保障尚不匹配，包括云南、上海、贵州、湖北、四川、青海等17省。这里以上海、湖北、四川为例，对二者不匹配的原因进行分析。上海地方普通高校预算内拨款的实际值小于预测值是以下原因所致：一是根据表4—2的回归分析结论，地方一般预算支出与地方普通高校预算内拨款呈显著的正相关，上海的一般预算支出规模较大，排在全国靠前，据此进行预测，地方普通高校预算内拨款的预测值相应较大；二是根据表4—4的回归分析结论，第二、第三产业所占比重与地方普通高校预算内拨款呈显著的正相关，上海市的第二、第三产业所占比重在全国最高，据此进行预测，地方普通高校预算内拨款的预测值也相应较大；三是上海市高等教育投入力度（两个比例）和高等教育经费增长速度在全国排序居中，还有待于进一步提高。根据5项指标进行预测，上海市地方普通高校预算内拨款预测值的对数值是4.15，排在全国第3位，但是对高等教育实际拨款额的对数值是4.06，排在全国第4位。由此看出，上海地方普通高校预算内实际拨款尽管在全国比较靠前，但是仍未达到与现有财力、经

费需求等相一致的高等教育标准财政预算内拨款数额，政府还有加大高等教育支出、提高财力保障水平的空间。湖北和四川地方普通高校预算内拨款的实际值小于预测值是因为：首先，二省一般预算支出和可支配财力在全国居中靠前（见图4—7），与此相一致，地方普通高校预算内拨款的预测值相应较大；其次，根据表4—3和表4—4的回归分析结论，地方普通高校财政性经费占地方GDP的比例与地方普通高校预算内拨款呈显著的负相关，地方普通高校财政性经费占总经费的比例与地方普通高校预算内拨款也呈显著的负相关，二省的这两个指标都较小（见图4—8和图4—9），据此进行预测，地方普通高校预算内拨款的预测值应较大。根据5项指标进行预测，湖北和四川地方普通高校预算内拨款预测值的对数值分别是3.44和3.77，分别排在全国第11位和第8位，但是对高等教育实际拨款额的对数值是3.21和3.47，分别排在全国第17位和第11位。为了缩小实际值与预测值的差距，促进高等教育支出责任与财力保障合理匹配，二省需要增加对地方普通高校的预算内拨款，使实际拨款总量不低于政府正常履行高等教育支出责任所需的标准财政预算内拨款。

五　高等教育支出责任与财力保障匹配判断的验证

为了验证上文对各省高等教育支出责任与财力保障匹配的判断是否准确，把在预测中起重要作用的自变量地方一般预算支出（x_1）替换为地方可支配财力（x_2），其他4个自变量和因变量保持不变[①]，再作回归分析，得出地方普通高校预算内拨款的预测验证模型[②]：

$$Ln\hat{y} = -12.253 + 1.024Lnx_2 + 0.169Lnx_3 - 0.258Lnx_5 + 0.056Lnx_6 + 2.058Lnx_7$$

把各自变量2005—2009年的平均值，取对数后代入上述预测验证

[①] 其他四个自变量分别是：地方普通高校财政性经费占地方GDP的比例（x_3）、地方普通高校财政性经费占总经费的比例（x_5）、地方高等教育财政拨款增长高于财政经常性收入增长的百分点（x_6）、第二、第三产业所占比重（x_7）。地方高等教育财政拨款占财政支出的比例（x_4）在引入模型后，仍引起多重共线性，所以最终没有引入。

[②] 变量x_2和x_7的Sig值小于0.01，变量x_3和x_5的Sig值小于0.05，x_6的Sig值小于0.1，各变量的系数显著，回归模型通过了F检验。

模型,得到各省地方普通高校预算内拨款的预测值(用对数表示),然后计算因变量2005—2009年的平均值,取对数后把它作为实际值,与计算出来的预测值进行比较,计算出实际值与预测值的差值,判断各省高等教育支出责任与财力保障的匹配性,验证上文预测模型与本预测验证模型对各省的判断结果是否一致,分析各省按差值大小两次排序的结果有何变化。结果见表4—7。

表4—7　　各省(市区)地方普通高校预算内拨款实际值
与预测值的差值及排序变化

序号	地区	实际值与预测值的差值	本次排序变化	序号	地区	实际值与预测值的差值	本次排序变化
1	海南	0.35	+1	16	河北	-0.05	0
2	北京	0.34	-1	17	甘肃	-0.07	+2
3	天津	0.31	+1	18	上海	-0.08	-1
4	福建	0.28	-1	19	黑龙江	-0.08	0
5	广东	0.18	0	20	陕西	-0.08	+1
6	江苏	0.15	0	21	贵州	-0.09	-1
7	吉林	0.14	+2	22	内蒙古	-0.13	0
8	河南	0.13	0	23	宁夏	-0.16	0
9	广西	0.12	-2	24	安徽	-0.18	+2
10	江西	0.09	+1	25	山西	-0.20	-1
11	辽宁	0.07	+1	26	重庆	-0.22	-1
12	湖南	0.05	+1	27	湖北	-0.24	+1
13	浙江	0.04	-3	28	新疆	-0.26	+1
14	云南	0.01	+1	29	西藏	-0.28	-2
15	山东	0.00	-1	30	四川	-0.31	0
				31	青海	-0.39	0

注:①表中各省地方普通高校预算内拨款的实际值与预测值的差值用对数表示;
②表中各省的排序是按照差值的大小。

由表4—7可知,地方普通高校预算内拨款实际值大于预测值、差值为正的有 14 个省（市）。与表 4—6 相比，对云南省的判断结果略有出入，即以地方可支配财力为预测指标，云南高等教育支出责任与财力是保障是匹配的。山东省地方普通高校预算内拨款的实际值刚好等于预测值、差值为 0，说明高等教育支出责任与财力是保障是匹配的。其余 16 省（市区）地方普通高校预算内拨款实际值小于预测值、差值为负，说明高等教育支出责任与财力保障是不匹配的，这与表 4—6 中的结果一致。

另外，从各省按差值大小两次排序的结果来看，根据原预测模型与本预测验证模型得出的各省差值的排序变动幅度不大，广东、江苏、河南等 8 省的两次排序结果完全一致。一些省份两次排序前后发生变化的情况是：吉林、安徽、甘肃 3 省本次排序上升了 2 名，广西、西藏 2 区本次排序下降了 2 名，浙江本次排序下降了 3 名。其余省份本次排序的结果比上次上升或下降了 1 个名次。

总之，从高等教育支出责任与财力保障匹配的省份数、各省 2 次排序的变化情况来看，预测验证模型的运算结果验证了预测模型得到的关于各省高等教育支出责任与财力保障匹配的判断整体上是准确的、稳定的。

本章小结

本章围绕横向政府间高等教育支出责任与财力保障的匹配测度，分析了我国高等教育地方化与大众化之后省级政府高等教育支出责任的变化、31 省之间财政能力的差异状况、各省高等教育支出责任与财力保障的匹配情况。首先，高等教育地方化与大众化对高等教育支出负担格局产生一定影响，高等教育地方化促使高等教育财政责任下移，地方政府负担的高等教育办学资金比例逐渐增大。在高等教育大众化进程中，地方财政发挥了主要的支撑作用，为实现大众化的目标负担了较多的财政支出。高等教育地方化与大众化使地方承担的高等教育支出责任加大，这对地方政府的财政保障能力带来了挑战。其次，我国各省间的财政能力有很大的差异，由一般预算收入占 GDP 的比例、政府财政自给率两个指标计算的结果发现，一些中西部省份的财政能力明显弱于东部省份，对本省高等教育支出的保障能力有相应的影响。再次，基于省际面板数据，根据地方普通高校预算内拨款预测模型，我国省际高等教育支出责任与财力保障匹配的测度结果是：在2005—2009年，北京、湖南、山东等14省（市）高等教育支出责任与财力保障比较匹配，河北、四川、青海等17省二者不匹配。预测验证模型的所得结果也进一步验证了上述匹配判断结论整体上是准确的、稳定的。

第五章

高等教育支出责任与财力保障匹配的国际经验及中国借鉴

尽管国外的教育体制和财政体制、高等教育发展的历史阶段与我国的有些区别,在政治、经济、历史文化背景上也存在较大差异,但是国外促进高等教育支出责任与财力保障匹配的经验对我国还是有一些启示和借鉴的,对如何改进我国高等教育财政负担体制可以提供实践上的佐证。在西方诸国中,美国、加拿大、德国、澳大利亚、瑞士财政分权体制比较完善,联邦与州(省)都负担高等教育支出,与我国高等教育财政负担模式有相近之处,对提高我国高等教育支出责任与财力保障匹配度有借鉴意义。本章在考察上述五国高等教育支出责任与财力保障的匹配问题时关注以下3个问题:一是政府间高等教育支出责任安排情况,二是政府间高等教育支出责任与财力保障匹配程度如何,三是采取了哪些措施促进高等教育支出责任与财力保障相匹配。

第一节 美国:三级政府负担州为主

美国是世界上经济最为发达的联邦制国家,政府分为联邦、州、地方(含县、市、镇、学区等)三级,其中州政府有50个。美国有着当今最为发达的高等教育体系,各种类型的高校共计达4000余所。本节将分析联邦、州与地方政府的高等教育支出责任及负担的支出比例,测度高等教育支出责任与财力保障的匹配性,总结美国在促进高等教育支出责任与财力保障匹配方面采取的措施。

一 联邦、州与地方政府的高等教育支出责任

《联邦宪法》及其修正案、《国防教育法》《高等教育法》及其修正案等法律法规规定了联邦、州与地方政府对高等教育的管理责任及财政责任。联邦宪法第十修正案规定:"在本宪法未授予合众国,也未禁止各州行使的权力,保留给各州行使,或保留给人民行使之。"[1] 根据这一规定,研究者认为,高等教育是美国宪法赋予各州的"保留权力",发展和管理高等教育的权力主要在州政府,高校财政拨款的最主要来源也是州政府。[2] 1862年《莫雷尔法案》进一步规定,州政府可以通过财政补贴和提供土地等方式兴办大学[3],这一法案进一步明确了州政府资助公立大学的职责。当前,州政府对本州高等教育具有广泛的管辖权,公立高校的经常性经费拨款主要来自州政府。除经常性经费拨款外,州政府还为高校提供限制性的补助与合同拨款、非限制性的补助与合同拨款[4],同时负担一部分学生资助支出。州政府承担着资助高校和资助高校学生的双重职责,以资助高校为主,详见图5—1。地方政府也为高校提供拨款、限制性的和非限制性的补助与合同拨款,但来自地方政府的拨款在高校经费总额中所占的比例较低。

联邦政府直接负责的高等教育机构包括美国军事学院(西点军校)、美国海军学院、美国空军学院等。[5] 除了这些军校之外,按照联邦宪法的规定,联邦政府不直接参与对高校进行管理与拨款,但联邦政府在为高等教育提供财政支持方面仍发挥了重要作用。如图5—1所示,联邦政府通过两种途径资助高等教育:一是联邦资金支持高校,资助高校的科研项目或科研设施;二是联邦资金支持在高等教育机构就读的学生,

---

[1] [德]格奥尔格·耶里内克:《〈人权与公民权利宣言〉:现代宪法史论》,李锦辉译,商务印书馆2013年版,第69页。
[2] 查显友:《中国高校融资结构优化研究》,中国人民大学出版社2009年版,第39页。
[3] 同上。
[4] 限制性是指拨款有专门用途,不能用于其他方面;非限制性是指拨款的使用不受限制。
[5] Stephen Chaikind, "Federal Schools and Colleges - Overview, Elementary and Secondary Schools, Institutions of Higher Education, Funding, Goals", http://education.stateuniversity.com/pages/1990/Federal-Schools-Colleges.html#ixzz1tg7wR52R.

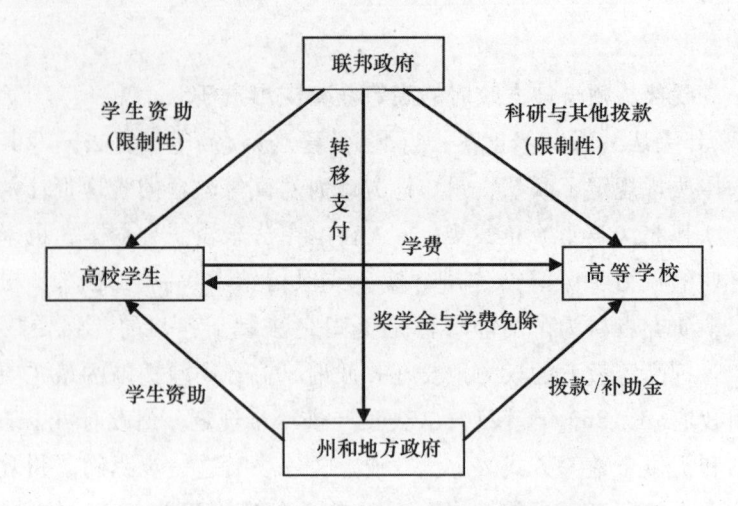

图 5—1 美国公立高等教育资金流向示意图

资料来源：Dennis Jones, "Financing in Sync: Aligning Fiscal Policy with State Objectives", in Dennis Jones, Kenneth P. Mortimer, Paul T. Brinkman et al. Policies in Sync: Appropriations, Tuition, and Financial Aid for Higher Education, Boulder, CO: Western Interstate Commission for Higher Education, 2003.

为他们提供助学金和贷款。[1] 联邦政府对高校的科研资助体现在为高校提供科研项目拨款、限制性的与非限制性的补助与合同拨款以及为重要的联邦研发中心提供拨款，这些联邦资助通过许多由联邦行政部门管理的分类资助项目形式进入高等院校，也通过联邦独立机构的拨款进入高校[2]。联邦科研资助还包括为承担科研项目的大学提供科研间接成本（overhead）资助。[3] 自1965年《高等教育法》颁布后，对学生的财政援助一直是联邦高等教育资助的中心内容。联邦政府实施的有三大奖学金计划（罗伯特·伯德荣誉奖学金、全国科学奖学金和保尔·道格拉斯教师奖学金）、两大助学金计划（佩尔助学金和教育机会补充助学金）、

---

[1] Donald E. Heller, "Federal Funds for Higher Education – History, Federal Support for Students, Federal Support for Research – College, Act, Institutions, and Government", http://education.stateuniversity.com/pages/1988/Federal-Funds-Higher-Education.html#ixzz1taekKlkH.

[2] [美]埃尔查南·科恩、特雷·G.盖斯克：《教育经济学》，范元伟译，格致出版社、上海人民出版社2009年版，第300页。

[3] 科研间接成本（overhead）是指不能直接计入科研项目的花费，包括图书馆运行费用、设备维护、维修和运行费，管理人员工资等。

五大贷款计划(帕金斯贷款、斯坦福贷款、学生家长贷款、学生补充贷款和联邦直接贷款)。① 除了通过奖助贷的资助方式外,联邦政府还通过校园工读、为接受高等教育的学生和家庭减免税收的方式资助学生。可以看出,联邦政府与州政府一样也承担着资助高校和资助高校学生的双重职责。另外,联邦政府还通过转移支付为州和地方政府提供联邦补助金。

二 高等教育支出责任与财力保障匹配测度

(一)高等教育支出集中度与政府收入集中度的趋近性

在美国,联邦、州、地方3级政府对高等教育的拨款、补助是高校非常重要的经费来源渠道。由于高等教育的法定支出责任主要归属于州,所以州政府负担的高等教育公共支出比例比联邦略高,地方政府负担的高等教育公共支出比例最低。在1999—2008年期间,联邦、州、地方3级政府负担的高等教育公共支出比例大致是40:50:10。就具体年度而言,由图5—2可以看出,在2000年联邦政府负担的高等教育公共支出比例是39.2%,州政府负担的高等教育公共支出比例是54.8%,地方政府负担的高等教育公共支出比例是6.0%,州和地方政府负担的比例共计是60.8%。自2002年开始,联邦政府负担的高等教育公共支出比例保持上升趋势,2006年时升至49.1%。2006年州政府负担的高等教育公共支出比例降至41.4%,地方政府负担的高等教育公共支出比例升至9.6%,州和地方政府负担的比例合计是50.9%。根据前面介绍的高等教育支出集中度的计算方法,计算出2000年、2006年高等教育支出集中度分别是3.33和3.39。

美国有较为完善的分税制体系,联邦、州与地方政府都有独立的税收体系和主体税种。联邦、州与地方政府间财政收入情况如图5—2所示。在2000年时,联邦政府收入占全国的比例是59.8%,州与地方政府收入占全国的比例是40.2%。到2006年时,联邦政府收入占全国的比例有所上升,联邦、州与地方政府间财政收入比变为63.6:37.7。

---

① 杨建生、黄树标:《美国高校助学贷款立法经验及其启示》,《高等工程教育研究》2006年第4期。

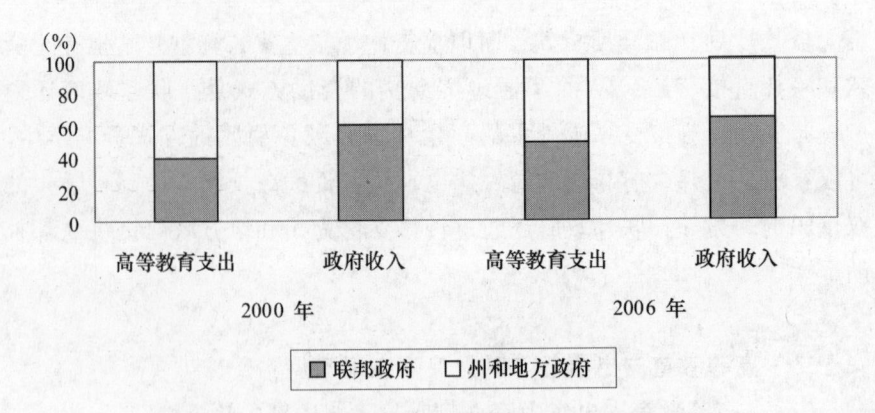

图 5—2　美国政府间高等教育支出负担比与政府收入比

资料来源：政府间高等教育支出负担比根据 2003 年和 2009 年 Education at a Glance：OECD Indicators 计算得出；政府间收入比根据 2009 年和 2011 年 Government at a Glance 计算得出；政府收入不含社会保障基金收入，扣除了给其他级次政府的转移支付，也不包括从其他级次政府获得的转移支付。

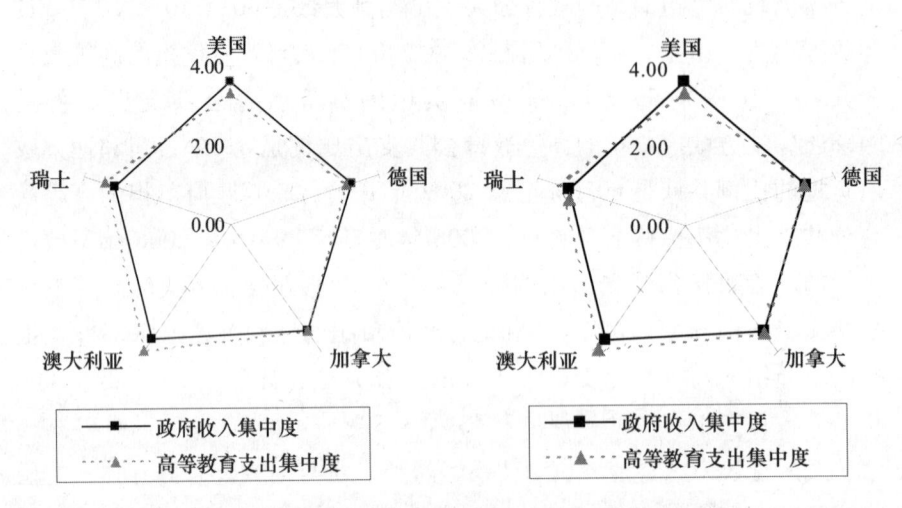

图 5—3　OECD 国家高等教育支出集中度与政府收入集中度的比较（2000 年、2006 年）

注：左图为 2000 年；右图中美国、德国、瑞士是 2006 年，加拿大是 2004 年，澳大利亚是 2008 年。

根据前面介绍的政府收入集中度的计算方法，计算出 2000 年、2006 年政府收入集中度分别是 3.60 和 3.68。

由图 5—3 可以看出，在 2000 年、2006 年两个年度，美国政府收入集中度均略高于高等教育支出集中度，在这两个年度，二者的差值分别是 0.27 和 0.28，处于可接受变动范围之内。从该图中看出，图中表示高等教育支出集中度与政府收入集中度的两个点都非常接近。从两个集中度的趋近性比较结果来看，美国高等教育支出责任与财力保障的匹配程度较好。

（二）3 级政府高等教育支出占其财政支出的比例

美国高等教育法定支出责任主要在州，因此，使用测度方法 2 考察承担法定主要支出责任的州政府，其高等教育支出占财政支出的比例是否高于联邦和地方政府，从而对高等教育支出责任与财力保障的匹配性进行判断。联邦、州与地方 3 级政府高等教育支出占其财政支出的比例情况如下。

美国行政管理与预算局的统计资料显示，联邦政府高等教育支出包括联邦对高等教育的直接支出和联邦对州和地方政府的高等教育补助支出。由图 5—4 可以看出，联邦高等教育支出占联邦财政总支出的比例 2000 年是 0.57%，在 2003 年升至 1.05%，2006 年时达到最高值 1.90%，在 2007 年、2008 年回落至 0.90%、0.79%。整体来看，在 2000—2008 年，联邦高等教育支出占联邦财政总支出的比例为 0.50%—1.9%。

州高等教育执行官协会发布的《高等教育财政》报告显示，州政府负担的高等教育支出包括对高等教育的税收拨款、其他非税收支持、非拨款支持、州捐赠基金、ARRA 基金等[①]。州政府对高等教育支出总额连年保持上升，但是占州财政总支出的比例并未呈连续上升趋势。由图 5—4 可知，州高等教育支出占州财政总支出的比例在 2000—2005 年出现下降，从 5.37% 降至 4.43%，2006 年起开始回升，2008 年达到 4.67%。整体来看，在 2000—2008 年间，州高等教育支出占州财政总支出的比例为 4.6%—5.3%，高于联邦政府的比例水平。

州高等教育执行官协会的《高等教育财政》报告显示，地方政府负

---

① 2009 年，奥巴马总统签署了的《美国复苏与再投资法案》（ARRA）。根据这一法案，联邦政府向高校提供 ARRA 基金。

担高等教育支出的形式只有1种：税收拨款。由图5—4可知，地方高等教育支出占地方财政总支出的比例在2000—2008年期间基本稳定，保持在0.49%—0.53%，低于州政府、联邦政府的相应水平。

从上面的分析看出，州政府高等教育支出占州财政支出的比例均高于联邦政府和地方政府，说明州政府按法律的要求履行了高等教育支出责任，从州对高等教育支出的努力程度和负担程度来看，高等教育支出责任与财力保障是匹配的。

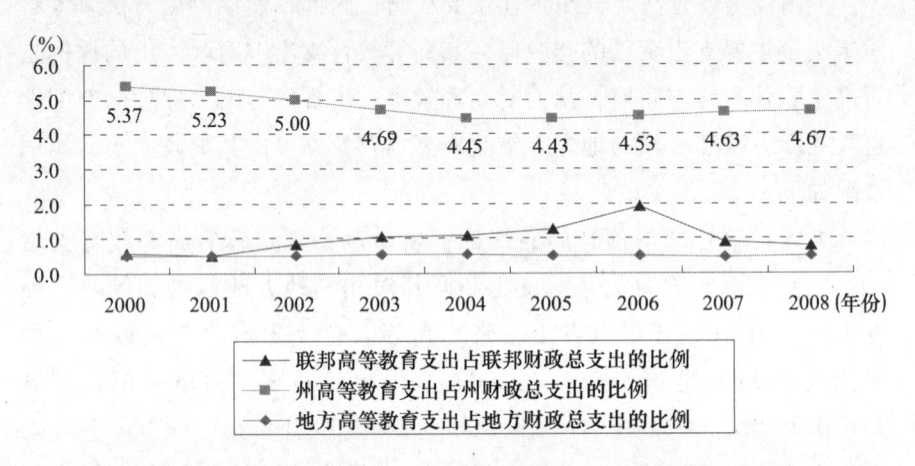

图5—4 美国联邦、州、地方政府高等教育支出占本级财政总支出的比例

资料来源：联邦财政数据和高等教育支出数据来自 U. S. Office of Management and Budget, Budget of the United States Government, Historical Tables, 2010, Table 3.2 & 9.9. 比例值是笔者计算得出。州和地方高等教育支出数据参见 State Higher Education Executive Officers (2011). State Higher Education Finance, FY 2010 和 SHEF 报告数据，州和地方财政资金来自 U. S. Census Bureau, Statistical Abstract of the United States: 2003 - 2012.

（三）高校经费来源结构中3级政府拨款所占比重的大小

美国高等教育法定支出责任主要在州，因此，使用测度方法3考察在高校经费来源结构中，来自承担法定主要支出责任的州政府的财政拨款所占比例，是否高于来自联邦和地方政府的财政拨款所占比例，从而对高等教育支出责任与财力保障的匹配性进行判断。表5—1显示了从2003—2008年美国公立高校各渠道来源经费占总经费的比例。可以看出，来自联邦、州和地方政府的经费所占比例在这6个财政年度中均比

第五章　高等教育支出责任与财力保障匹配的国际经验及中国借鉴　103

较稳定,没有较大的起伏。联邦政府财政经费占高校总经费的比例为13%—15.5%,来自州政府的财政经费占高校总经费的比例为26.5%—29%,来自地方的财政经费占高校总经费的比例为6.3%—7.5%,州政府财政经费所占比例明显高于来自联邦和地方政府的财政经费所占比例。

根据单个州高校财政数据分析得出的结论与以上基于全国高校财政数据所得出的结论是一致的。得克萨斯州高等教育协调委员会的2011年报告显示,在本州所有大学经费总收入中,得克萨斯州政府拨款所占比例是22%,若再加上向高校提供的补助与合同、研究与开发经费、高等教育资助基金等,州政府向大学提供的资助占大学总收入的比例达到31%。联邦政府为大学提供的资助所占比例是17%。[1] 州政府资助所占比例仍然比联邦政府资助所占比例高出很多。

因此,从高校经费来源结构中3级政府财政经费所占比例的大小可知,州政府对高等教育支出的努力程度和负担程度高于联邦和地方政府,高等教育支出责任与财力保障是匹配的。

表5—1　　　　　美国公立高校各渠道来源经费所占比例　　　　单位:%

年份	联邦政府	州政府	地方政府	学费	其他
2003—2004	14.89	27.68	6.71	15.84	34.88
2004—2005	14.79	26.86	6.50	16.40	35.44
2005—2006	14.22	27.26	6.48	16.97	35.07
2006—2007	13.24	26.85	6.38	16.67	36.86
2007—2008	13.69	28.60	6.66	17.60	33.44
2008—2009	15.28	28.28	7.35	19.39	29.70

资料来源:根据Thomas D. Snyder and Sally A. Dillow, Digest of Education Statistics 2009, Washington, D.C.: National Center for Education Statistics, 2010. Table 352 和Thomas D. Snyder and Sally A. Dillow, Digest of Education Statistics 2010, Washington, D.C.: National Center for Education Statistics, 2011. Table 362 计算整理得出。

---

[1] Texas Higher Education Coordinating Board:"Sources and Uses of Funds Universities, Health-Related Institutions, Lamar State Colleges and Texas State Technical Colleges", http://www.thecb.state.tx.us/reports/PDF/2423.PDF.

三 促进二者匹配的措施

上述3种测度方法的所测结果相一致,这表明美国高等教育支出责任与财力保障是匹配的。美国政府主要采取了如下两项措施来保障高等教育支出,促进支出责任与财力保障有效匹配。

(一) 州税收拨款与专项基金资助相结合

州政府承担着高等教育拨款的主要责任。为了保障高等教育支出,州政府采取了税收拨款(tax appropriations)与专项基金(dedicated funding)资助相结合的方式,专项基金又分为税收专项基金和非税专项基金。

绝大多数州是以提供税收拨款的形式资助高等教育。州高等教育执行官协会的统计报告显示,州税收拨款占州高等教育各项公共资助的比例达到88%。[1] 州政府有独立的课税权,有自己的收入来源和主体税种,销售税(含一般销售税和特别销售税)、个人所得税、公司税、财产税、房地产税、遗产及赠与税等是州政府课征的主要税种,其中销售税是州的主体税种。[2] 这些税收作为预算收入,满足各项公共支出的需要。高等教育税收拨款来源于这些税收收入,由州政府负责编制年度预算,在经过州议会批准后,通过公式拨款、合同拨款或绩效拨款的方式,拨付给各高等教育机构,用于高校的运行支出及其他方面的开支。高等教育税收拨款具有资金量大、使用范围广、对高等教育发展支撑作用强的特点,不足之处是不够稳定,经常受州经济和财政状况的好坏影响而有一些波动。如全美各州高等教育税收拨款在2005年是627.5亿美元,在2008年升至775.4亿美元,但在金融危机之后,高等教育税收拨款出现明显下降,在2010年降至716.2亿美元。[3]

---

[1] Alene Russell, "Dedicated Funding for Higher Education: Alternatives for Tough Economic Times", http://www.aascu.org/uploadedFiles/AASCU/Content/Root/PolicyAndAdvocacy/PolicyPublications/08.decpm(2).pdf.

[2] 胡自春、陈月富、吴昌福:《美国地方税制考察与借鉴》(http://www.fjtax.cn/shownews.asp?id=440)。

[3] State Higher Education Executive Officers, "State Higher Education Finance", http://www.sheeo.org/finance/shef_fy10.pdf.

州政府除了为高校提供税收拨款之外，还通过专项基金的形式为高等教育提供资助。首先，关于税收专项基金，目前，至少有 20 个州从税收收入中计提专项基金用于高等教育，分为如下 3 种情况：第一，至少有 4 个州持续地从税收中计提专项基金，这些专项基金专门用于高等教育，这里举两州为例。在 2005 年，阿肯色州从本州销售和使用税收入中按 2.1% 的比例计提资金 4940 万美元，专门用于资助本州高等教育机构；又从本州销售和使用税收入中按 0.5% 的比例计提资金 1110 万美元，作为阿肯色州高等教育部补助金。同年，蒙大拿州从本州财产税收入中按 6.5% 的比例计提资金 1180 万美元，专门用于资助州大学系统；又从本州油气生产税（oil and gas production tax）收入中按 1.3% 的比例计提资金 190 万美元，专门用于资助州立大学。第二，有 8 个州从税收中计提专项基金，但这些专项基金既用于资助 K-12 教育，也用于资助高等教育。如阿拉巴马州把个人收入所得税的 97% 专门用于资助公立中小学和高等教育机构。第三，有 14 个州从税收中计提资金，这些资金成为仅用于高等教育有特别目的的专款，但是不能用于高校一般性运行支出，只能用于兽医学院研究项目、医学教育与研究项目、社区学院的在职培训计划和其他专门研究等。[①]

其次，为了保障高等教育支出，一些州从非税收入中划拨一部分用于高等教育部门，形成非税专项基金。这些非税收入收入来自彩票和博彩收入、烟草协议收入和其他非税收入。如佛罗里达州把彩票收益全部用于教育 K-12 教育和高等教育，其中在 2008 年把彩票收益的 60% 用于高等教育。密苏里州也广泛使用彩票收益资助学院和大学，在州政府为 4 年制公立大学提供的拨款中，彩票收益金占到 8%—9%；在州政府为社区学院提供的拨款中，彩票收益金占到 5%。此外，可用于资助高等教育的州政府的非税收入还包括公共土地信托收入，不过该收入用于高等教育的资金在州高等教育资助总额中所占的比例很小，目前只有 9 个州把其作为专项基金用于高等教育，在其中 6 个州中其占州高等教育

---

① Alene Russell, "Dedicated Funding for Higher Education: Alternatives for Tough Economic Times", http://www.aascu.org/uploadedFiles/AASCU/Content/Root/PolicyAndAdvocacy/PolicyPublications/08.decpm(2).pdf.

资助总额中的比例不到1%。①

尽管上述用于高等教育的专项基金相比于州税收拨款,总量还比较小,部分专项基金在使用范围上还有一些限制,但是有效地弥补了因州政府税收拨款不足而引起的资金缺口,提高了州政府对高等教育支持的贡献度,尤其在经济波动时期,更是起到了稳定高等教育支出、提升财力保障水平的作用。

(二)联邦推出教育稳定基金计划

根据美国法律的规定,联邦政府不承担直接向高等教育机构提供资助的责任,联邦政府的高等教育支出责任主要是资助高校贫困学生和资助科研项目。因联邦政府的财力大于州和地方政府,所以联邦政府还承担着向州和地方政府转移支付的责任。自2008年国际金融危机爆发之后,美国经济遭受巨大冲击。为了帮助刺激国民经济和援助州政府,美国国会2009年2月通过了《美国复苏和再投资法案》(ARRA法案),该法案授权向教育部门提供近1000亿美元的财政拨款。该法案把这笔联邦基金分配给各州,作为州财政稳定基金(State Fiscal Stabilization Fund),为州政府提供稳定的资助,支持州完成包括高等教育在内的重点项目。州财政稳定基金在使用时分为两部分:教育稳定基金和政府服务基金,其中教育稳定基金占了州财政稳定基金总额的81.8%。教育稳定基金用于资助中小学教育、公立高等教育,政府服务基金用于公共安全和其他政府服务领域,其中也可以资助初、中等学校和公立高等教育机构,促进这些教育机构向现代化迈进,翻新或整修公立学校的设施。② 教育稳定基金向各州的分配是由教育部运用公式计算来确定,在分配时依据两个因素:(1)各州5—24岁的相对人口数量;(2)各州相对总人口数量。③ 根据ARRA法案,联邦政府在2009年、2010年、2011年提供的州财政稳定基金总额是486亿美元,其中教育稳定基金

---

① Alene Russell, "Dedicated Funding for Higher Education: Alternatives for Tough Economic Times", http://www.aascu.org/uploadedFiles/AASCU/Content/Root/PolicyAndAdvocacy/Policy-Publications/08.decpm(2).pdf.

② U. S. Department of Education, "Guidance on the State Fiscal Stabilization Fund Program", http://www.ed.gov/programs/statestabilization/guidance.pdf.

③ Ibid..

是398亿美元，由教育部通过拨款公式分配给各州。① 为了防止州政府在获得ARRA资金后减少对高等教育的拨款，这项法案还规定，州政府为高等教育提供的拨款不得低于2006年的水平，若低于这个下限，州政府会面临失去获得联邦刺激资金的危险。② 在2009年，15个州使用ARRA资金弥补高等教育机构预算短缺，这笔资金占州和地方政府高等教育资助资金的3%。在2010年，有43个州使用ARRA资金资助高等教育，这笔资金占州和地方政府高等教育资助资金的比例已经超过5%。③

联邦政府提供的州财政稳定基金，在增加州预算、弥补州政府因税收收入低于预期而出现的预算缺口方面发挥了重要作用，其主体部分的教育稳定基金更是增强了州政府对K-12教育和高等教育的保障能力，缓解了高校面临的财政压力，避免了学费上涨和裁减教职员工。如在2008年阿拉巴马州高等教育拨款占州财政支出的比例是23.7%，在2009年州政府获得教育稳定基金之后，这一比例下降到22%，从绝对量来看，阿拉巴马州财政对高等教育的拨款在2009年减少了4亿美元，州财政支出削减了10亿美元，这意味着州政府使用教育稳定基金弥补了本级财政高等教育拨款的差额。所以，对于阿拉巴马州，教育稳定基金着实起到了稳定高等教育经费的作用，为州高等教育资助增加了一条经费渠道。④

在教育稳定基金的刺激下，美国有一些州还提高了对高等教育支出的负担程度，在ARRA法案刚刚实施的2009年，这一效果就得到体现。如犹他州高等教育拨款占州财政支出的比例由2008年的14.2%上升至2009年的16.3%，比上年净提高了2.1个百分点；路易斯安那州高等

---

① Jennifer Cohen, "The State Fiscal Stabilization Fund and Higher Education Spending in the States", http：//education.newamerica.net/sites/newamerica.net/files/policydocs/NAF_The_SFSF_and_Higher_Ed_Spending_in_the_States.pdf.

② NCSL Fiscal Affairs Program, "State Funding for Higher Education in FY 2009 and FY 2010", http：//www.ncsl.org/documents/fiscal/HigherEdFundingFINAL.pdf.

③ State Higher Education Executive Officers, "State Higher Education Finance, FY 2010", http：//www.sheeo.org/finance/shef_fy10.pdf.

④ Jennifer Cohen, "The State Fiscal Stabilization Fund and Higher Education Spending in the States", http：//education.newamerica.net/sites/newamerica.net/files/policydocs/NAF_The_SFSF_and_Higher_Ed_Spending_in_the_States.pdf.

教育拨款占州财政支出的比例由2008年的12.0%上升至2009年的13.5%，比上年净提高了1.5个百分点；亚利桑那州高等教育拨款占州财政支出的比例由2008年的11.0%上升至2009年的12.3%，比上年净提高了1.3个百分点；乔治亚州、密西西比州、科罗拉多州、罗得岛州、佛罗里达州等一些州高等教育拨款占州财政支出的比例也提高了0.1—0.3个百分点。[①]

总之，在金融危机、经济衰退的背景下，教育稳定基金在支持高等教育方面已经发挥了重要作用，不仅帮助州和地方政府稳定了预算，防止了各州削减用于教育及其他重要公共服务方面的开支[②]，也缓解了高校的财政压力，避免了学费过快上涨和裁减教职员工。

第二节　加拿大：联邦资助上升仍以省为主

加拿大是一个高度分权的联邦制国家，政府分3级：联邦政府、省和北方领地政府（共13个）、市政府。1982年宪法明确规定了联邦、省、地方政府的职责分工，3级政府之间的事权划分比较清楚。本节将分析联邦与省的高等教育支出责任，测度高等教育支出责任与财力保障的匹配性，总结联邦与省在促进高等教育支出责任与财力保障匹配方面采取的措施。

一　联邦与省的高等教育支出责任

加拿大宪法把高等教育的职责赋予了各省政府。1867年《英属北美法案》就把大学的责任赋予给省级政府，规定由省级政府负责管理和举办高等教育。省政府负担高校的核心运行经费、资本支出和科研支出。1982年《宪法法案》规定，无论是在传统的高等教育机构中还是在其他能改进土著人教育机会的情况下，联邦政府都负有主要责任来资

[①] Jennifer Cohen, "The State Fiscal Stabilization Fund and Higher Education Spending in the States", http://education.newamerica.net/sites/newamerica.net/files/policydocs/NAF_The_SFSF_and_Higher_Ed_Spending_in_the_States.pdf.

[②] 毕建宏、林林：《部分国家和地区经济刺激方案中的教育投资计划》，《教育发展研究》2009年第9期。

助土著居民接受高等教育,[①] 为他们提供高等教育入学机会,包括传统的高等教育,以及其他形式的土著人教育。[②] 因此,加拿大高等教育法定主要支出责任属于省政府,同时联邦政府也负有资助高等教育的责任。自1967年,联邦政府取消了对大学的直接拨款,将资金有条件地拨给省政府,[③] 通过专项转移支付为省发展高等教育提供资助。联邦政府承担的高等教育支出责任可以归纳为:学生资助、科研、土著人教育。从实际情况来看,联邦与州在资助高等教育过程中已形成稳定的关系,如在安大略省,联邦政府和安大略省政府之间开展合作,共同资助高等教育。

二 高等教育支出责任与财力保障匹配测度

(一) 高等教育支出集中度与政府收入集中度的趋近性

省政府是高等教育支出的主要承担者,对高等教育的财政贡献在1995—2000年呈上升趋势,但在2000—2004年呈下降趋势,总体而言,加拿大联邦政府与省政府负担的高等教育公共支出比例在40：60左右。如图5—5所示,在2000年省政府负担的高等教育公共支出比例是66%,比1995年高出13个百分点。2004年省政府负担的高等教育公共支出比例降至55.5%。联邦政府负担的高等教育公共支出比例在变化趋势上与省政府刚好相反,2000年时负担的比例是34%,自2001年起,联邦政府负担的高等教育公共支出比例上升。2004年联邦政府负担的高等教育公共支出比例比2000年增加了约10个百分点。计算后得出2000年、2004年高等教育支出集中度分别是3.34和3.44。

加拿大宪法规定了联邦、省和地方政府各自的税收权利和责任,便于保证各级政府用自己的财政收入来满足本级支出的需要。[④] 联邦和各省有

---

① Wikipedia contributors, "Higher education in Canada", http://en.wikipedia.org/wiki/Higher_education_in_Canada.
② Ibid..
③ 黄海刚、苑大勇:《加拿大博士教育百年:历程与趋势》,《外国教育研究》2009年第3期。
④ 黄佩华编著:《中国地方财政问题研究》,中国检察出版社1999年版,第330页。

相对独立的税收立法权,联邦政府的税收收入来源是以征收联邦所得税、商品及服务税、关税与特别倾销税为主,省政府的税收收入来源是以征收省所得税、省销售税、资源税为主,地方政府是以征收财产税为主。在3级政府中,省级政府获得的财政收入最多、财力最强。联邦政府财政收入占全国的比例与省政府基本接近,为40%—45%,地方政府财政收入占全国的比例在10%左右。2000年联邦与省及地方政府收入比是45.1∶54.9,在2004年这一比例基本保持不变。计算后得出2000年、2004年政府收入集中度分别是3.34和3.35。

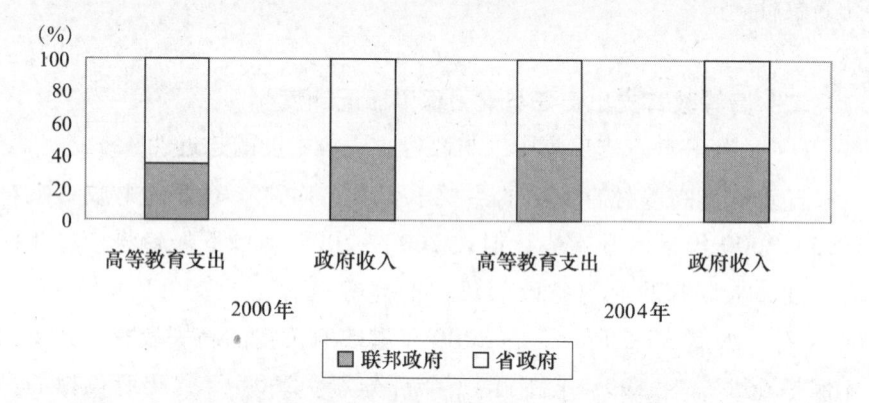

图5—5 加拿大政府间高等教育支出负担比与政府收入比

资料来源:政府间高等教育支出负担比来自2003年和2008年Education at a Glance: OECD Indicators;政府间收入比根据Government at a Glance 2011和Statistics Canada计算得出;政府收入不含社会保障基金收入,扣除了给其他级次政府的转移支付,也不包括从其他级次政府获得的转移支付。

在2000年,加拿大高等教育支出集中度与政府收入集中度相同,都是3.34。在2004年度,高等教育支出集中度比政府收入集中度略高出0.09,处于可接受变动范围之内。从图5—3看出,图中表示高等教育支出集中度与政府收入集中度的两个点都非常接近。从两个集中度的趋近性比较结果来看,加拿大高等教育支出责任与财力保障的匹配程度较好。

(二)3级政府高等教育支出占其财政支出的比例

加拿大高等教育法定主要支出责任属于省,这里使用测度方法2

考察承担法定主要支出责任的省政府，其高等教育支出占财政支出的比例是否高于联邦和地方政府。由图5—6可以看出，联邦高等教育支出占联邦财政总支出的比例除了在2005年、2007年略有波动外，整体呈逐年上升的趋势，从2000年的0.78%增至2009年的1.42%。省政府高等教育支出占其财政支出的比例在2000—2009年期间均保持在5%以上，最高时达到5.55%，高于联邦政府。地方政府负担的高等教育支出较少，地方高等教育支出占其财政支出的比例也较低，最低时是0.031%，最高时也只有0.056%。3级政府高等教育支出占其财政支出之比的结果表明，省级政府对高等教育支出的努力程度和负担程度超过联邦与地方政府，省级政府为高等教育提供的财力保障与其支出责任相匹配。

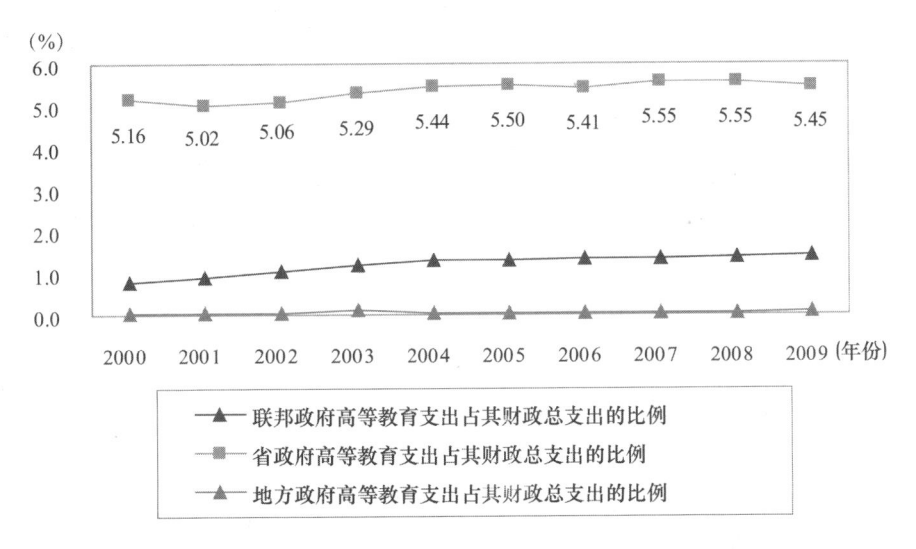

图5—6 加拿大联邦、省、地方政府高等教育支出占本级财政总支出的比例

资料来源：联邦政府财政支出数据来自 Statistics Canada, Public Sector Statistics, *Financial Management System*, 2004-2008 和 CANSIM, table 385-0002；省和地方政府财政支出数据来自 Statistics Canada, National economic accounts: Revenues and expenditures；三级政府高等教育支出数据来自 Statistics Canada, *Canada Year Book* 2010, Table 10.7。

（三）高校经费来源结构中3级政府拨款所占比重的大小

加拿大高等教育经费来源结构如表5—2所示。联邦政府财政经费占高校总经费的比例为 6.6%—9.3%，来自省政府的财政经费占高校经费总收入的比例在 1995 年时达到 58.2%，在 2000 年以后降至 45%—50%。高校经费中来自地方政府的所占比例非常低，最高时只是 0.17%。比较高校经费来源结构中 3 级政府拨款所占比重的大小，可以看出来自省政府的财政经费所占比例高于联邦政府和地方政府，符合高等教育支出责任与财力保障匹配的要求。从上述 3 种方法的测度结果来看，加拿大高等教育支出责任与财力保障匹配程度很好。

表 5—2　　　　加拿大高等教育经费各来源渠道所占比例

年份	1995	2000	2002	2004	2006	2007	2008	2009
联邦政府	6.6	6.6	8.3	9.1	9.3	8.9	9.1	9.0
省政府	58.2	50.2	47.1	45.4	45.6	46.5	45.9	46.1
地方政府	0.07	0.07	0.23	0.10	0.11	0.11	0.12	0.11
学费	15.0	19.0	19.3	20.5	20.5	20.3	20.4	20.5
其他	20.2	24.1	25.2	24.9	24.5	24.2	24.4	24.3

资料来源：Statistics Canada, *Canada Year Book* 2010, Ottawa, Ontario: Statistics Canada, 2010. Table 10.7 University and college revenue and expenditures, 1995—2009.

三　促进二者匹配的措施

（一）把高等教育作为联邦与省的共同责任

按照加拿大联邦宪法的规定，高等教育在省政府的专属管辖权范围之内，省级政府的财政拨款一直是高校收入的主要来源，高校运营方面的开支主要是由省政府承担。高等教育虽然属于省政府的专属管辖权，但是由于受历史因素的影响，高等教育一直被作为联邦与省的共同责任（Shared Responsibility），两级政府共同为高等教育提供财政资助。联邦与省共同资助高等教育的历史可以追溯到第二次世界大战以后，当时高校入学人数大幅度增加、高校运行几乎全部依靠政府拨款的情况下，联邦与州达成协议共同承担高等教育支出责任。1967 年，联邦政府不再对大学直接拨款，而是根据省政府高等教育支出安

第五章　高等教育支出责任与财力保障匹配的国际经验及中国借鉴

排和支出需求,提供匹配性的资金。1977年实行既定财政管理计划（Established Program Financing Arrangement）,为了提高州政府的财政贡献,联邦公共支出不再增加,联邦政府通过税收减让和现金转移支付的形式对省实施转移支付[1],联邦对省的这种财力支持延续至今日。联邦财政资助增加了省高等教育预算,大多数省政府在有了联邦资金作补充之后,开始降低学杂费、减轻学生及家长的负担。不仅如此,魁北克省在获得联邦资金后,继续增加本级政府的高等教育拨款,利用联邦与省两级政府的资金实施免费大专教育。[2] 在一些国家中,资助科学研究与创新往往是联邦或中央政府的职责。加拿大也不例外,联邦政府非常重视高校的科研与创新活动,积极资助和支持高校开展科研工作,除了在20世纪70年代末成立了国家研究理事会（NRC）、自然科学与工程研究理事会（NSERC）、社会科学与人文研究理事会（SSHRC）3个专门的研究资助机构之外,还出资实施了卓越中心网络计划（NCE）、研究席位计划（CRC）,设立了加拿大创新基金会（CFI）。此外,联邦政府还通过设立奖学金、助学金和提供联邦学生贷款等方式,承担了大量的学生资助开支。所以,联邦与省把高等教育作为共同责任后,两级财政均负担了相应支出,并且两级政府的财政收入能力均有效保障了高等教育支出,使加拿大高等教育财政支出总水平居于OECD国家前列。

（二）联邦政府通过转移支付资助高等教育

在加拿大,医疗保健和高等教育事业这两项公共服务虽然在宪法中规定由省级政府承担,但是由于涉及联邦的利益,联邦政府也对此拨出专项资金进行资助,这种联邦对省的专项拨款在加拿大称为固定项目拨款（Established Program Financing, EPF）。[3] 固定项目拨款（EPF）起源于第二次世界大战后初期,联邦政府用增收的财政资金在教育与卫生领域建立了一些拨款项目。1977年,联邦政府把在医院保险、医疗、高等教育三个领域长期存在的、具有配套性拨款性质和

---

[1] Canadian Federation of Students, "Funding for Post-Secondary Education", http://www.cfs-fcee.ca/html/english/research/factsheets/Factsheet-2011-Funding-En.pdf.

[2] Ibid..

[3] 黄佩华编著：《中国地方财政问题研究》,中国检察出版社1999年版,第332页。

均等化因素在内专项拨款整合成固定项目拨款（EPF）。固定项目拨款（EPF）废除了联邦政府监管省政府使用这些资金的规定①，各省可以将联邦的资金自由地用在医疗、保险和高等教育方面②。2004年之前，加拿大联邦政府对高等教育的专项补助包含在加拿大卫生和社会转移支付（Canada Health and Social Transfer，CHST）之中。2004年4月，加拿大卫生和社会转移支付（CHST）分成加拿大卫生转移支付（CHT）和加拿大社会转移支付（CST）。卫生转移支付（CHT）是为各省和领地提供的一揽子转移支付（block-fund transfer），为医疗卫生服务提供资金支持。社会转移支付是为各省和领地提供的一揽子转移支付（block-fund transfer），支持地区政府提供高等教育、社会救助和社会服务，包括儿童早期发展、早期学习与保育。③ 在初期，社会转移支付资金的计算按人口为参数均等计算，同时结合税收与现金转移支付。后来调整为按人均现金收入为参数均等计算，以确保该项资金为所有加拿大人提供均等的财政支持。④ 加拿大社会转移支付分为现金转移支付和税收转移支付两种形式。⑤ 现金转移支付是把有特定目的和用途的资金直接从联邦政府转移给省政府。2007年以来，加拿大社会转移支付提供的现金转移支付额如表5—3所示。现金转移支付额从2007—2008年的97.37亿加元增加到2012—2013年的118.6亿加元。其中，用于高等教育的现金转移支付额在2007—2008年是24.35亿加元，在下一财年增加了8亿加元，后续每年约增加1亿加元，在2012—2013年时增至36.41亿加元。

---

① Ramgopal Agarwala, *China: Reforming Intergovernmental Fiscal Relations*, Washington D. C.: World Bank, 1992, p. 45.
② 黄海刚、苑大勇：《加拿大博士教育百年：历程与趋势》，《外国教育研究》2009年第3期。
③ Public Works and Government Services Canada, "2010-2011 Public Accounts of Canada: Transfer Payments", http://www.tpsgc-pwgsc.gc.ca/recgen/pdf/44-eng.pdf.
④ Department of Finance Canada: "Canada Social Transfer (CST)", http://www.fin.gc.ca/fedprov/cst-eng.asp.
⑤ 黄佩华编著：《中国地方财政问题研究》，中国检察出版社1999年版，第331—332页。

表 5—3　加拿大联邦社会转移支付（CST）提供的现金转移支付额

单位：百万加元

项目	2007—2008	2008—2009	2009—2010	2010—2011	2011—2012	2012—2013
儿童支持	1,100	1,100	1,133	1,167	1,202	1,238
高等教育	2,435	3,235	3,332	3,432	3,535	3,641
社会福利	6,202	6,202	6,388	6,579	6,777	6,980
合计	9,737	10,537	10,853	11,179	11,514	11,859

资料来源：加拿大财政部（Department of Finance Canada）网站，Federal Support to Provinces and Territories, Canada Social Transfer, http：//www.fin.gc.ca/fedprov/mtp-eng.asp, 2011-11-14.

　　加拿大社会转移支付的第二种形式是税收转移支付。税收转移支付实质上是一种税收减让，即把联邦税收权转移到各省，降低联邦征收的企业或个人所得税的税率，提高省政府征收的企业或个人所得税的税率，在不增加整体税负的情况下，实现增加省政府税收收入的目的，以便省级政府完成各项公共支出职责。[①] 根据联邦政府的安排，在 2012—2013 年，各省和领地政府获得卫生转移支付和社会转移支付资金总额预计达到 642 亿加元，其中，税收转移支付 238 亿加元，现金转移支付 404 亿加元。[②] 省级政府可以根据需要把税收转移支付资金的一部分用于高等教育。由于联邦社会转移支付资金（含用于高等教育的资金）是按各地人均现金收入水平计算的，所以加拿大联邦高等教育转移支付资金在均衡各州财力分配、缩小州间财力差距方面发挥了一定作用，增强了各州对高等教育支出的保障能力。

第三节　德国：联邦资助科研州为主

　　德国政府分为联邦、州和地方（县、乡镇）3 级。全国有 16 个州级行政单位，州以下设县和乡镇。德国有地方自治的传统，每个州有自

[①] Canadian Federation of Students, "Funding for Post-Secondary Education", http://www.cfs-fcee.ca/html/english/research/factsheets/Factsheet-2011-Funding-En.pdf.

[②] Department of Finance Canada, "Canada Tax Transfers", http://www.fin.gc.ca/fedprov/tt-eng.asp.

己的宪法。德国《基本法》规定了联邦与州的财政责任和财政支出范围。还有一些领域属于联邦与州的"共同任务",如教育规划、大学教育和农业结构等,联邦和州在这些领域相互配合,共同承担支出责任,德国联邦制具有合作型的特征。① 这种特征在资助高等教育的过程中也有所体现。

一 联邦与州的高等教育支出责任

德国高等教育系统由大学、学院和应用技术大学组成,在2007—2008年冬季学期,德国高等教育机构总数达391所②。德国有"文化自治"的传统,高等教育是由州政府负责,300多所公立大学和学院的财政支出责任归属于州。高校经常性经费支出如教师工资及维持学校正常运转的公务费和业务费等主要由州政府负担。③ 联邦政府依据德国《基本法》有关条款,与州政府联合资助科学与研究,也负担一部分高等教育支出。《基本法》第91a条规定了"州属任务的联邦参与",第91b条规定联邦和州共同资助高校的科研项目及高校的科研设施(含大型设备),共同促进科研工作。另外,依据《联邦教育促进法》,学生资助资金由联邦政府和州政府共同提供,其中联邦政府提供大学生资助资金的2/3,州政府提供另外1/3④。以前还规定,在高校扩建、新建方面,联邦和州各投入50%,目前这一规定已经取消,高校基建支出由州政府负责。2006年,联邦与州签订了《2020年高校协定》,决定构建联邦与州的战略伙伴关系,增加地方在高教领域的权限和责任,同时加大联邦对高等教育的投资力度。⑤

---

① Ramgopal Agarwala, *China: Reforming Intergovernmental Fiscal Relations*, Washington D. C.: World Bank, 1992, p. 41.
② Statistischen Bundesamtes, *Statistisches Jahrbuch 2008*, Wiesbaden: Statistischen Bundesamtes, 2008.
③ 陈永明主编:《教育经费的国际比较》,天津教育出版社2006年版,第85页。
④ 杨明:《20世纪90年代德国高等教育财政改革述评》,《高等教育研究》2001年第4期。
⑤ 孟虹:《德国高等教育改革——在集权与分权间寻找平衡》,《中国教育报》2006年8月18日第6版。

二 高等教育支出责任与财力保障匹配测度

(一) 高等教育支出集中度与政府收入集中度的趋近性

德国高等教育法定主要支出责任属于州。由图5—7中可以看出，州负担高等教育公共支出比例明显高于联邦政府，但是联邦政府负担的高等教育公共支出比例有上升的趋势。2000年时联邦政府负担的高等教育公共支出所占比例是17%，2006年时增加到22.5%。与州和联邦相比，地方政府在资助高等教育方面所起的作用相对很小，各年度负担的高等教育公共支出比例在3%以下。2000年州与地方政府负担的高等教育公共支出比例合计是83%，2006年时下降了约5.5个百分点。2000年、2006年高等教育支出集中度分别是3.14和3.20。

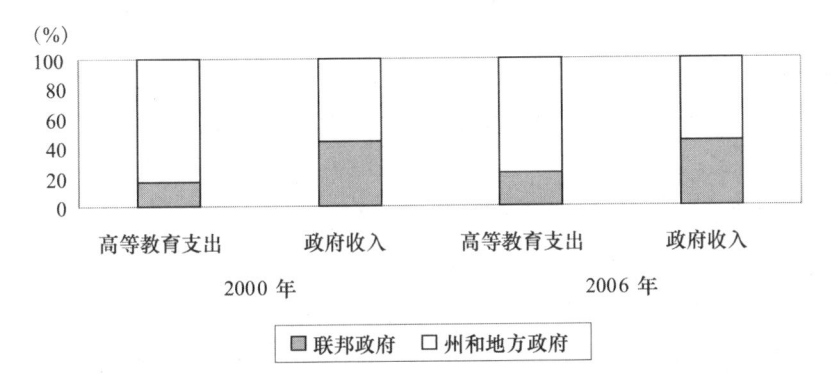

图5—7 德国政府间高等教育支出负担比与政府收入比

资料来源：政府间高等教育支出负担比根据2003年和2009年Education at a Glance：OECD Indicators 数据得出；政府间收入比根据2009年和2011年Government at a Glance 数据得出；政府收入不含社会保障基金收入，扣除了给其他级次政府的转移支付，也不包括从其他级次政府获得的转移支付。

德国政府间财力分配具有相对集中的特点。联邦政府拥有主要的税收立法权，并掌握主要的税收收入，地方政府拥有一定限度的地方立法权、收益权和征税权，掌握次要的税收收入。[①] 德国税收分享机制和转

---

① 张德平：《德国税权划分特点对我国地方税权建设启示》(http://www.chinaacc.com/new/287%2F292%2F338%2F2006%2F2%2Fli26692739141222600220017-0.htm)。

移支付机制比较完善，有效缓解了因征税权的集权而造成较大的纵向财政缺口。在 2000 年、2006 年联邦政府收入在各级政府收入总额中所占比重在 44% 左右。在这两个年度中，州政府收入所占比重分别是 38.5% 和 37.0%，地方政府收入所占比重分别是 17.2% 和 19.1%。州与地方政府收入所占比例合计在 56% 左右。总体来看，德国 3 级政府的收入分配比较稳定，联邦政府收入所占比重超过州政府。2000 年、2006 年政府收入集中度分别是 3.27 和 3.25。

在 2000 年，德国政府收入集中度比高等教育支出集中度高出 0.13。2006 年时高等教育支出集中度上升后，与政府收入集中度之间的差值进一步缩小至 0.05。在这两个年度中，高等教育支出集中度与政府收入集中度之间的差值均处于可接受变动范围之内。从图 5—3 看出，图中表示高等教育支出集中度与政府收入集中度的两个点都非常接近。所以，从两个集中度的趋近性比较结果来看，德国高等教育支出责任与财力保障是匹配的。

（二）比较 3 级政府高等教育支出占其财政支出的比例

由图 5—8 可以看出，在 1999—2003 年期间，联邦高等教育支出总额保持连年上升，但是其占联邦财政总支出的比例有起伏变化，从 1999 年的 1.42% 升至 2000 年的 1.70%，在 2001 年降至 1.40%，然后在 2003 年又升至 1.58%。从 2003 年开始，联邦政府高等教育支出占联邦财政总支出比例呈逐年增加的趋势，在 2008 年增至 2.01%。联邦政府高等教育支出占联邦财政总支出比例保持在 1.4%—2.0%。州高等教育支出占州财政总支出的比例在 1999 年是 6.86%，2003 年升至 7.53%，在 2008 年达到 7.78%，比联邦政府该比例高出许多。地方政府负担的高等教育支出较少。1999 年，地方高等教育支出占地方财政总支出的比例是 0.26%。在 2000—2006 年，这一比例升至 0.40%—0.43% 左右。在 2007—2008 年度，这一比例继续升至 0.50% 和 0.51%。

通过比较联邦、州、地方政府高等教育支出占财政支出的比例，可以看出：承担法定主要支出责任的州政府，其高等教育支出占财政支出的比例均高于联邦和地方政府，州政府为高等教育提供的财力保障与其支出责任相匹配。

第五章　高等教育支出责任与财力保障匹配的国际经验及中国借鉴　　119

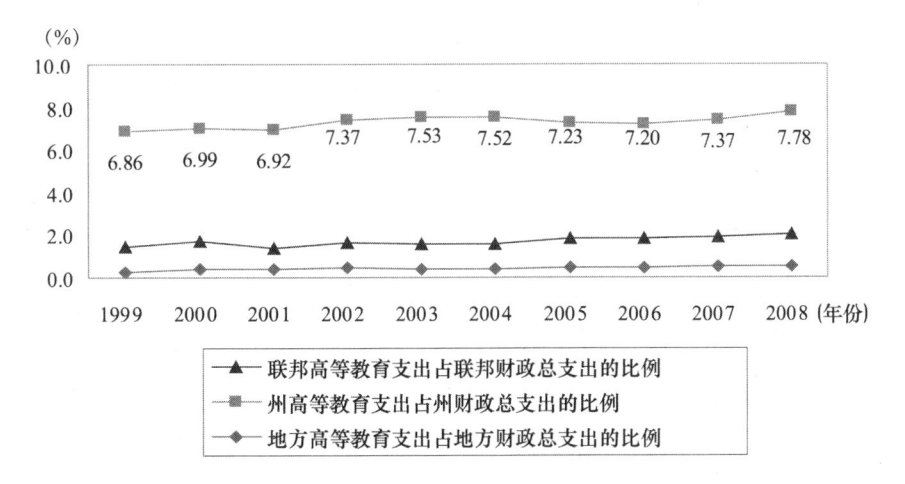

图5—8　德国联邦、州、地方政府高等教育支出占本级财政总支出的比例

资料来源：联邦、州和地方高等教育支出数据来自OECD education database，联邦、州和地方财政总支出来自Eurostat database。

（三）比较高校经费来源结构中3级政府拨款所占比重的大小

德国高等教育财政统计与其他OECD国家有些差别，不易计算联邦、州与地方3级政府的拨款占高校经费总收入的详细比例。从高校经费主要来源来看，德国高校的经费主要分为：基本经费和第三方经费。基本经费由政府进行补贴，列入州年度预算，并且州对高校的拨款不区分教学经费和科研经费，采用一揽子拨款的方式为高校提供基本经费。另外，根据德国《基本法》第91b条的规定，促进科研是联邦与州的共同任务。但是联邦政府并不直接拨款给高校，而是通过间接的方式为高校提供科研资金，即通过第三方机构把联邦资金间接分配到高校或科研人员手中，达到资助科研项目的目的，所以德国高等教育财政统计中出现了第三方经费。高校第三方资金提供者除了联邦政府之外，还包括德意志研究联合会（DFG）和企业。至于学费收入，德国16个州在过去一直实行免费高等教育，只是自1997年以来开始实行大学收费政策，目前在16个州中有7个州强制大学收费，但学费标准并不高，每学期收费在500欧元左右[①]，因

[①] 魏黎：《国外高校学费及资助政策》（http://www.shedunews.com/web/TDisp_38304_2.html）。

此学费收入占高校经费总收入的比例很小。

根据德国高等教育研究专家阿斯特丽德·施瓦曾伯格（Astrid Schwarzenberger）的统计数据，不含学费收入，德国高等教育机构经费收入结构如图5—9所示。大学经费总收入的76%是由州补贴，来自第三方的资助（DFG、企业界、联邦政府）所占比例是20%，运行收入所占比例是4%。在应用科学大学经费收入中，州补贴所占的比例更高一些，达到91%。第三方经费（DFG、企业界、联邦政府）所占比例是5%，运行收入所占比例是4%。可以看出，在德国高校经费收入来源结构中，来自州政府的财政经费占到了绝对高的比例，符合高等教育支出责任与财力保障匹配的要求。从上述3种方法的测度结果来看，德国高等教育支出责任与财力保障匹配程度很好。

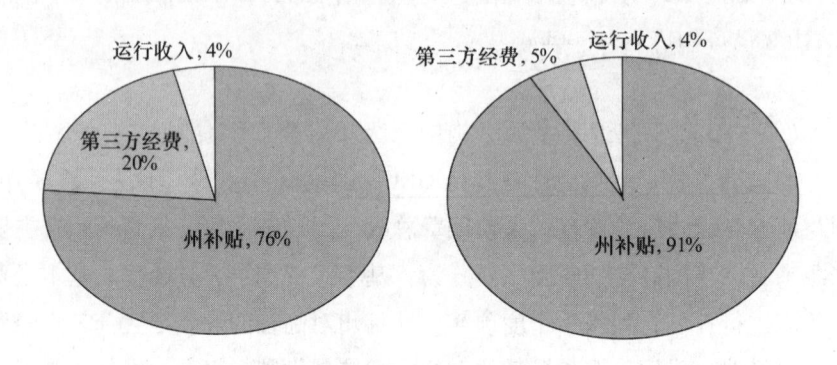

图5—9 德国高等教育机构经费收入来源（2006年）

资料来源：Astrid Schwarzenberger, "Funding of higher education in Germany", http://www.his.de/pdf/pub_vt/23/2007-11-22_schwarzenberger.pdf.

注：左图为大学经费收入结构，右图为应用科学大学经费收入结构。

大学未含医学院；在计算大学和应用科学大学经费收入时，未纳入学费收入。

三 促进二者匹配的措施

（一）高等教育支出责任划分有法可依

为了保障高等教育支出责任落实到位，监督政府积极履行职责，德国制定了相应的法律法规，以法律条文明文规定联邦与州政府要负担哪些高等教育支出责任，在德国的根本大法《基本法》之中也有所反映。如德国在《基本法》第91a条规定了"州属任务的联邦参与"，第91b

条规定了联邦与州在教育计划和科研促进方面的共同任务，即联邦和州可根据协议在资助具有跨地区意义的下列方面共同协作：高校以外的科研机构和科研项目；高校的科研项目；高校的科研设施（含大型设备）。这一条规定明确了联邦政府的科研资助责任，也界定了联邦科研资助的适用范围。

（二）联邦与州共同资助高校科研

德国高等教育虽然是由州政府负责，但是联邦政府也承担着发展教育、推动科学研究的责任，因为按照德国基本法的规定，联邦和各州政府都有权利和责任支持科研。联邦政府把科研作为联邦与州的"共同任务"，从而与16个州在促进高校科研方面开展有效合作。1975年，联邦与州政府签署了关于共同促进科研的框架协议，明确了双方合作的内容和形式。[①] 联邦政府除了为联邦科研机构提供经费资助外，还与州按不同比例出资共同资助德国大型研究机构，如亥姆霍兹联合会（HGF）、马普学会（MPG）、弗劳恩霍夫协会（FHG）和莱布尼茨科学联合会（WGL）。另外，联邦与州共同为科研资助机构德意志研究联合会（DFG）提供经费资助。德意志研究联合会是德国基础研究领域最重要的资助机构，为大学提供"第三方研究资助"，其经费主要来源于联邦与16个州的拨款，联邦与州的拨款比例是6∶4。[②] 另外，州政府除了与联邦政府合作、共同资助高校科研之外，州政府单独对高校也有大量的科研拨款。多年来，高等教育部门一直是州政府科研资助的重要对象，州科研拨款主要流向了高校研究机构，如在1995年州对高校的科研拨款额占到州科研总支出的85%。[③]总之，联府与各州政府在科研领域内各负其责，共同为高校科研提供资助。联邦与州政府的科研资助合作使两级政府均负担了一部分科研支出，这不仅使高校在两级财政的支持下获得了相对丰裕的经费支持，也避免了庞大的科研支出由一级政府负担会引起财政负担过重的情况。

[①] 诸德教：《德国科研体制与科研队伍建设》，《中国教育报》2001年8月27日第4版。
[②] 马陆亭：《科学技术促进中的高等学校架构》，广东高等教育出版社2006年版，第40页。
[③] Uwe Schimank and Markus Winnes, *National Report*: *Federal Republic of Germany*, *European Comparison of Public Research Systems*, Köln: Max Planck Institute for the Study of Societies, 1999, p. 113.

第四节 瑞士：联邦为辅州为主

瑞士是一个联邦制国家，政府分为联邦、州与市镇3级，全国有26个州。与我国高等教育体系比较接近的是，瑞士有联邦政府直接管理和拨款的联邦理工学院，也有州政府负责管理和拨款、联邦提供资助的州立综合大学。本节将梳理瑞士政府间高等教育支出责任安排，考察高等教育支出责任与财力保障匹配性，并总结该国的实践经验。

一 联邦与州的高等教育支出责任

瑞士高等教育系统由2所联邦理工学院、10所州立大学、7所应用科技大学、15所师范教育大学组成。瑞士联邦宪法第63a条规定，联邦和各州共同致力于协调瑞士高等教育体系，以利于维护高等教育机构的自治和高等教育提供者的自主权。10所州立大学由各州负责管理，州为大学提供大部分经费，承担主要支出责任，联邦政府依据大学财政资助和大学教育合作联邦法案（UFG）也为州立大学提供经费资助，承担次要支出责任。根据《应用科技大学联邦法案》（FHSG）的规定，联邦政府与州政府在各自职责内共同管理7所应用科技大学（也称联邦高等专业学院）[①]，州政府负责经营和运行管理这些机构，并承担大部分运行开支，联邦政府负责监管并提供经费资助。15所师范教育大学的运行和监管由各州负责，经费开支全部由州政府负担。2所联邦理工学院的和4所联邦研究所的经费由联邦政府负担。为了推进高校科学研究，联邦政府为大学提供竞争性研究项目拨款。

二 高等教育支出责任与财力保障匹配测度

（一）高等教育支出集中度与政府收入集中度的趋近性

由于瑞士高等教育系统包括联邦理工学院和州立综合大学，所以联邦与州共同负担高等教育支出。在2000年和2006年，联邦政府负担的高等教育公共支出比例分别是45.5%和42.0%，州政府负担的高等教

[①] 这7所为公立，另外还有1所是私立。

育公共支出比例由54.0%升至57.8%,地方政府负担的高等教育公共支出比例很小,在这两个年度分别只有0.5%和0.2%。在这两个年度,高等教育支出集中度分别是3.45和3.42。

在联邦、州和市镇3级政府中,每一级政府在税收方面都有一定的自主权,有相应的财力承担本级政府职责范围内的各项开支。瑞士政府收入在3级政府间的分配情况是:联邦政府收入所占比重为40%—45%,州政府收入所占比重为30%—35%,地方政府收入所占比重在25%左右。从图5—10可以看出,2000年联邦政府收入与州及地方政府收入之和的比是43.2∶56.8,2006年时这一比例变为40.6∶59.4。在这两个年度中,政府收入集中度分别是3.18和3.16。

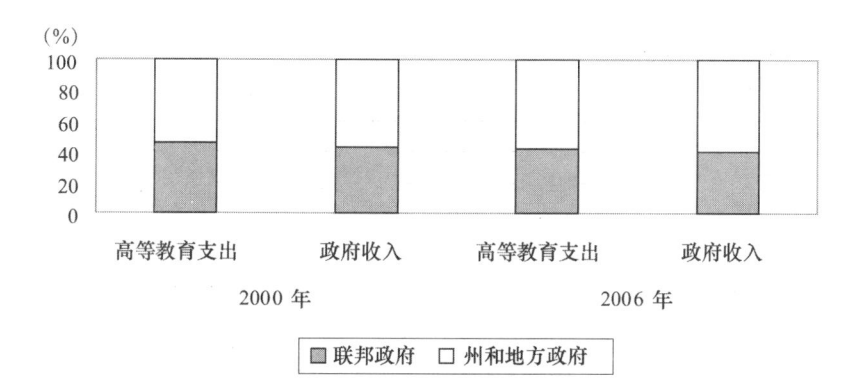

图5—10 瑞士政府间高等教育支出负担比与政府收入比

资料来源:政府间高等教育支出负担比根据2003年和2009年 Education at a Glance:OECD Indicators 数据得出;政府间收入比根据2009年和2011年 Government at a Glance 数据得出;政府收入不含社会保障基金收入,扣除了给其他级次政府的转移支付,也不包括从其他级次政府获得的转移支付。

在2000年、2006年两个年度,瑞士高等教育支出集中度均大于政府收入集中度,二者的差值分别是0.27和0.26,处于可接受变动范围之内。从图5—3可以看出,图中表示高等教育支出集中度与政府收入集中度的两个点都非常接近。两个集中度的趋近性比较结果说明,瑞士高等教育支出责任与财力保障的匹配程度较好。

(二) 三级政府高等教育支出占其财政支出的比例

由图5—11可以看出,在2000—2008年,瑞士州政府高等教育支出占其财政总支出的比例除了在2003年之外,其余年度均保持在6%—8%。联邦政府高等教育支出占其财政总支出的比例变化幅度较大,为3.3%—6.6%。地方政府高等教育支出占其财政总支出的比例在0.07%以下。州政府高等教育支出占其财政总支出的比例均高于联邦政府和地方政府。

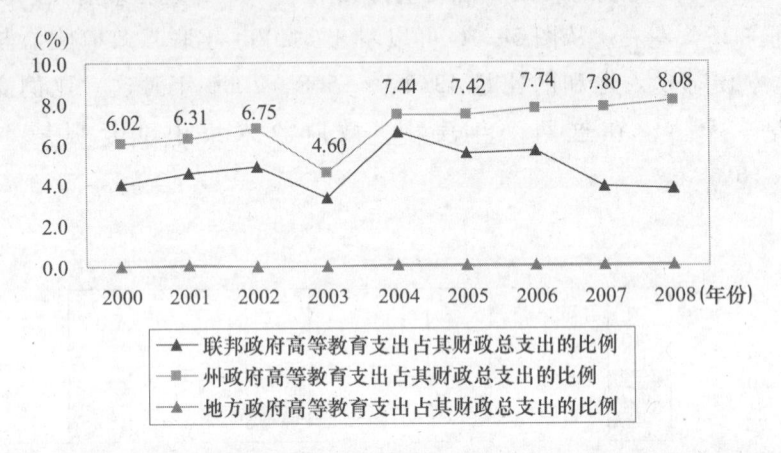

图5—11 瑞士联邦、州、地方政府高等教育支出占本级财政总支出的比例
资料来源:联邦、州和地方高等教育支出数据来自OECD education database,联邦、州和地方财政支出来自Eurostat database。

(三) 高校经费来源结构中联邦与州政府拨款所占比重的大小

在州立大学和应用科学大学的经费来源结构中,联邦政府与州政府拨款所占比重的大小有所区别。由图5—12可以看出,在州立大学的经费来源中,来自联邦政府的拨款所占比例高于来自州政府的拨款所占比例,这表明联邦政府对州立综合大学提供了较大的财力支持。在应用科学大学的经费来源中,来自州政府的拨款所占比例为52%,比来自联邦政府的拨款所占比例高出很多。州立大学和应用科学大学第三方经费收入(私人委托研究、学费、服务收入等)所占比例为18%—19%。总体来看,在瑞士高等教育经费来源结构中,来自州政府的拨款所占比例最高,同时来自联邦政府的拨款所占比例也很高。从上述3种方法的测度结果来看,瑞士高等教育支出责任与财力保障是相匹配的。

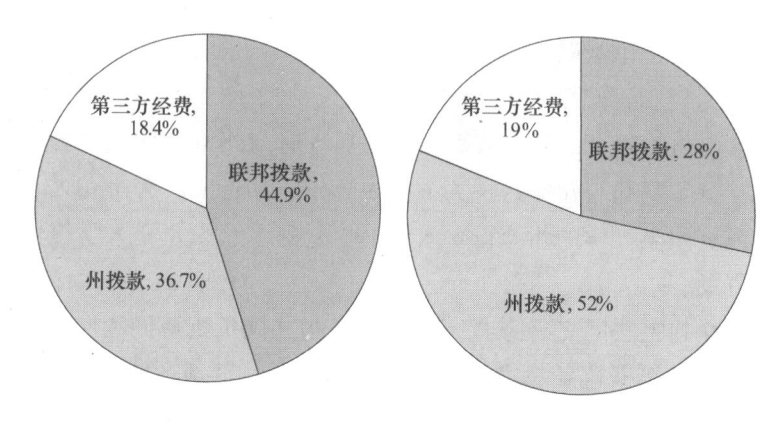

图 5—12　瑞士高等教育机构经费收入来源结构

资料来源：State Secretariat for Education and Research SER and Federal Office for Professional Education and Technology OPET. Higher Education in Switzerland. Bern：State Secretariat for Education and Research SER，2006.

注：左图为州立大学经费收入结构，右图为应用科学大学经费收入结构。在计算大学和应用科学大学经费收入时，未纳入学费收入。

三　促进二者匹配的措施

（一）制定专门的法律明确支出责任

瑞士对高等教育管辖权和支出责任的规定很清晰，在联邦宪法第63a条规定，"联邦政府负责管理联邦理工学院。联邦可以建立、接管或管理其他大学和高等教育机构""联邦为州大学提供经费资助，同时为联邦认可的其他高等教育机构提供财政援助""联邦与州共同负责协调和保障高等教育质量"。除了宪法之外，联邦政府还针对不同的高等教育机构类型制定了专门的资助法案，如在1991年通过了联邦理工学院联邦法案（FIT Act），按照该法案，2所联邦理工学院完全在联邦政府的管辖权之内，经费支出主要由联邦政府负担。1995年通过了应用科学大学联邦法案（FHSG），按照应用科学大学联邦法案，联邦政府承担应用科学大学运行开支总额的1/3。[1] 1999年出台了大学财政资助和大学教育合作联邦法案（UFG），依据这一法案，州政府可以从联邦政府获得财政资助。这些法案的颁布为联邦与州资助综合性大学和应用科

---

[1] Eurypedia, "Switzerland：Higher Education", https：//webgate. ec. europa. eu/fpfis/mwikis/eurydice/index. php?title = Special：Pdfprint&page = Switzerland：Higher_Education.

学大学提供了法律基础。

(二) 推行合作型联邦主义

联邦与州的职责并非一成不变,联邦政府与州政府紧密地合作,提供相互支持。联邦与州的这种关系称为合作联邦主义。有州立大学的州可以从没有州立大学的州获得财政资助。联邦政府为州立大学提供补贴型财政资助。①

瑞士联邦宪法第63A条规定,联邦与州共同负责协调和保障高质量的高等教育。根据这条规定,联邦政府起草了一部新的法案:《高等教育资助与协调法案》(HFKG),在2013年1月实施。这部法案规定:联邦和各州继续共同负责经营和资助高等教育机构,联邦政府继续在财政上支持大学和应用科学大学,但是不对师范教育大学提供资助。这项法案细化了协调和资助的指导原则,取代了以前的大学财政资助和大学教育合作联邦法案、应用科学大学联邦法案,联邦理工学院联邦法案继续有效。此外,还要在各州间达成州际高等教育合作新协议,在联邦和州间达成联邦-州高等教育合作协议。这项法案还规定了州立大学和应用科学大学获得联邦资助的先决条件,对大学的资助将按照统一的和以业绩为导向的准则。②

第五节 澳大利亚:联邦为主

作为一个联邦制国家,澳大利亚政府为3级:联邦政府、州(领地)政府、地方政府。澳大利亚有6个州和2个领地政府,下辖城、镇、市和郡地方政府。按照澳大利亚法律规定,联邦政府承担高等教育经费支出责任,州政府负责高等教育的日常管理。本节将对澳大利亚高等教育支出责任与财力保障的匹配情况进行考察,并总结相关经验。

---

① Andrea Schenker‑Wicki, "Assessing the Impact of Federal Funding to Swiss Universities: A New Performance Audit Concept", http://www1.imp.unisg.ch/org/idt/ipmr.nsf/ac4c1079924cf935c1256c76004ba1a6/3ad035c42b281585c1256c76004e06e0/$FILE/IPMR_2_1_Funding_Swiss_Uni.pdf.

② Schweizer Medieninstitut für Bildung und Kultur, "Coordination of higher education in Switzerland", http://educationscene.educa.ch/en/coordination-higher-education-switzerland.

一 联邦与州的高等教育支出责任

澳大利亚高等教育支出责任前后出现了一些变化。在1945年之前,州政府是高等教育支出的重要负担主体,高校经费中有45%是来自州拨款。1974年联邦政府接管高等教育后,高校90%的资金来自联邦政府。[1] 在目前39所大学中,除2所私立大学外,37所公立大学可以依据《1988年高等教育经费补助法(HEFA)》接受联邦政府补助。[2] 目前,联邦政府是法定的高等教育支出负担主体,承担了绝大多数高等教育的支出责任,州政府提供少量的补助。

二 高等教育支出责任与财力保障匹配测度

(一)高等教育支出集中度与政府收入集中度的趋近性

自1974年联邦政府接管高等教育后,联邦政府负担的高等教育公共支出比例一直很高。2000年联邦政府负担的高等教育公共支出比例是91.3%,2008年时升至92.2%。州政府负担的高等教育公共支出比例为8%—9%,地方政府几乎没有负担高等教育公共支出。因此,澳大利亚高等教育公共支出主要由联邦政府承担。2000年、2008年高等教育支出集中度分别是3.91和3.92,接近4.00的上限值。

联邦宪法规定了联邦政府拥有对所得税、关税等主要财源的征收权,州和地方政府虽然税源名目较多,但是税基相对狭窄,因此国家财政收入的主要部分集中在联邦政府。[3] 澳大利亚一般性政府收入在3级政府间的分配比例比较稳定,前后变动不大,联邦政府收入占政府收入总额的60%以上,州政府收入占政府收入总额的1/3左右。地方政府收入所占比例低于6%。图5—13显示,在2000年和2008年联邦政府收入所占比重分别是62.4%和60.7%,州和地方政府收入所占比重合计

---

[1] The Hochschulrektorenkonferenz (HRK) and the Australia Centre Berlin, *German - Australian Conference on Higher Education Financing*, Hochschulrektorenkonferenz, 2004, p. 50.

[2] 李家宗:《澳洲高等教育国际化之发展与挑战》(http://www.nhu.edu.tw/~edusoc/ar/ar_index/75.htm)。

[3] 黄佩华编著:《中国地方财政问题研究》,中国检察出版社1999年版,第324页。

分别是 37.6% 和 39.3%，政府收入主要集中在联邦政府的特征突出。2000 年、2008 年政府收入集中度分别是 3.57 和 3.55。

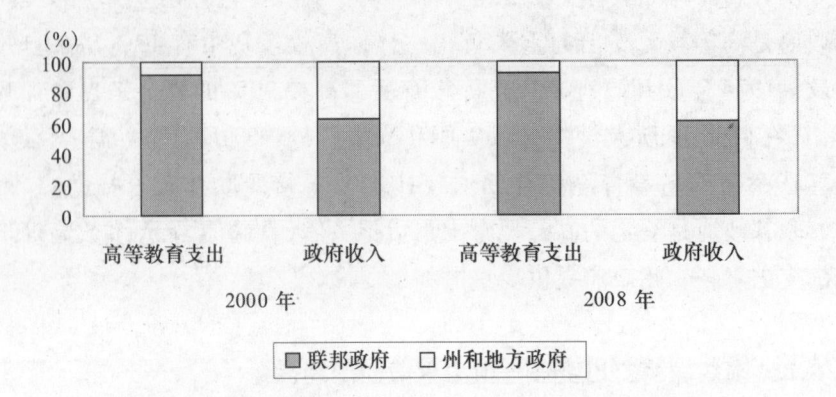

图 5—13 澳大利亚政府间高等教育支出负担比与政府收入比

资料来源：政府间高等教育支出负担比根据 2003 年和 2011 年 Education at a Glance：OECD Indicators 数据得出；政府间收入比根据 2009 年和 2011 年 Government at a Glance 数据得出；政府收入不含社会保障基金收入，扣除了给其他级次政府的转移支付，也不包括从其他级次政府获得的转移支付。

由图 5—3 看出，在 2000 年、2008 年两个年度，澳大利亚高等教育支出集中度均高于政府收入集中度，在这两个年度，二者的差值分别是 0.34 和 0.37，尽管处于可接受的变动范围之内，但是差值大于美国、加拿大、德国和 OECD 平均水平，所以澳大利亚高等教育支出责任与财力保障属于基本匹配。

（二）联邦与州高等教育支出占其财政支出的比例

澳大利亚高等教育法定主要支出责任属于联邦政府，因此，使用测度方法 2 判断时要求承担法定主要支出责任的联邦政府，其高等教育支出占财政支出的比例应该高于州和地方政府。由图 5—14 可以看出，联邦大学支出占联邦财政总支出的比例在起伏中略有下降。1998 年这一比例是 2.96%，在 2004 年降至 2.23%，2005 年起略有上升，2008 年时又降至 2.15%，2009 年重新升至 2.72%。相比于联邦政府，州政府对大学的支出很少。州大学支出占州财政支出的比例在 1998 年是 0.15%，然后在 1999 年降至 0.09%。在 2000—2009 年，这一比例保持在 0.15%—0.25%。由于承担法定主要支出责任的联邦政府高等教育支出占其财政支出的比例超过州的水平，说明联邦政府按法律要求履行了高等教育支出责任，联邦政府有相应的财力保障高等教育支出。

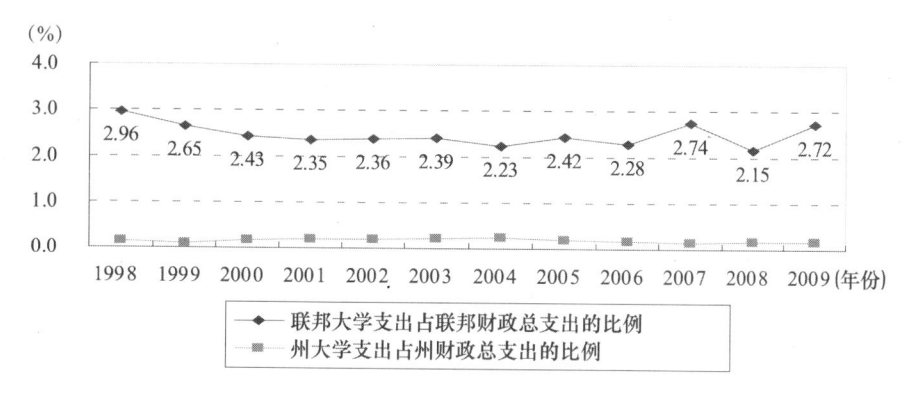

图 5—14 澳大利亚联邦与州高等教育支出占本级财政总支出的比例

资料来源：澳大利亚统计局（ABS）. Government Finance Statistics, Australia, 2005 - 2006 & 2009 - 2010.

（三）高校经费来源结构中联邦与州拨款所占比重的大小

澳大利亚高等教育经费来源结构如表5—4所示。1995 年，40 所大学运行经费收入是 75.4 亿澳元，其中超过一半是来自联邦政府，达到57.2%，若加上联邦政府对高等教育贡献计划（Higher Education Contribution Scheme, HECS）的支出，这一比例升至 67.0%，来自州政府的经费所占比例仅为 1.4%。自 1995 年以后，来自联邦政府的经费所占比例呈下降的趋势，来自州政府的经费所占比例有所上升，但是来自联邦政府的经费所占比例仍然超出州政府很多。2009 年，联邦政府拨款占大学经费收入的比例是 42.2%，若加上联邦政府对高等教育贡献计划的支出，这一比例是 55.8%。来自州政府的经费比例只有 3.8%。这说明联邦政府有相应的财力保障来自联邦的经费比例远远高于来自州的经费比例，高等教育支出责任与财力保障是匹配的。从上述 3 种方法的测度结果来看，澳大利亚高等教育支出责任与财力保障是匹配的，但总体匹配程度一般。

表 5—4　　　　　澳大利亚高等教育经费各来源渠道所占比例　　　　　单位:%

年份	联邦政府（含 HECS）	州政府	学费	其他	附：联邦政府（不含 HECS）
1995	67.0	1.4	13.8	17.8	57.2
1997	65.8	1.1	17.7	15.4	53.8
1999	64.0	1.1	20.7	14.2	44.8
2001	58.3	1.7	22.6	17.3	40.2
2003	54.3	4.1	24.7	16.9	39.9
2005	54.8	3.6	25.6	16.0	41.3
2007	53.9	4.0	24.5	17.6	40.5
2009	55.8	3.8	25.2	15.2	42.2

资料来源：DEETYA, Selected Higher Education Finance Statistics, 1995. DETYA, Selected Higher Education Finance Statistics, 1997 & 1999. DEST, Selected Higher Education Statistics - Finance 2001 & 2003. DEST, Financial Reports of Higher Education Providers - Finance 2005. DEEWR, Financial Reports of Higher Education Providers - Finance 2007 & 2009. 根据上述报告中的 table1 计算整理得出。

三　促进二者匹配的措施

（一）集权型财政体制下联邦为主承担高等教育拨款责任

澳大利亚虽然是一个联邦制国家，但实行的是相对集权的财政管理体制，财政收入权高度集中在联邦政府，联邦税收收入占到了全国税收总收入的近 80%。[①] 税收是澳大利亚财政收入的主要来源，联邦税收包括个人所得税、公司税、商品服务税、关税、消费税等，州税收包括工薪税、财产转让税、土地税、博彩税等。由于税收收入集权，州政府能够征收的税收较少，税收占州财政收入的比例仅占 40%—60%，州财政收入的第二来源是联邦转移支付。可以看出，联邦与州在收入与支出方面存在较大的纵向不平衡，联邦政府财政收入高于本级财政支出，各州本级财政支出大于本级财政收入。为了解决财政纵向不平衡的问题，澳大利亚政府采取了相应的措施，这些措施包括：把工薪税的征收权移交给州政府（1971—1972 年）；把公共支出责任上移（联邦政府在 1974 年承担了高等教育的财政责任）；把部分或全部的联邦专享税分配

---

① Commonwealth Grants Commission, *Report on GST Revenue Sharing Relativities* —2011 *Update*, Canberra: Commonwealth Grants Commission, 2011, p. 24.

给州政府。① 在联邦与州之间通过调整财力与支出责任，缓解了财政纵向不平衡的程度，为每级政府履行公共支出责任提供了相应的财力保障。

在20世纪70年代，联邦政府接管高等教育以后，所有的高等教育拨款责任都由联邦政府承担。由于同时还取消了收取学费的政策，高等教育经费中有90%都是由联邦政府提供。可以看出，联邦政府承担的高等教育支出责任很大，并且这种情况一致持续到1998年前后。至2009年，在高等教育经费收入结构中，联邦政府拨款所占的比例仍在40%以上，若加上联邦政府对高等教育贡献计划的支出，联邦拨款所占的比重在55%以上。联邦负担的高等教育支出项目有联邦拨款计划（Commonwealth Grant Scheme，用于教学，根据学科确定相应的拨款额度）、有专门目的的其他拨款（如促进高等教育机会均等的拨款、提高高等教育机构生产率的拨款等）、联邦奖学金拨款、教育投资基金（Education Investment Fund，用于教育基础建设）、澳大利亚研究基金会拨款等，几乎涵盖了高等教育支出的所有方面。相比于联邦政府，州政府对高等教育的财政贡献很小。所以，与集权型财政体制相适应，联邦政府财政收入能力强，承担的高等教育支出比例也非常高；州政府财政收入能力弱，州政府承担的高等教育支出比例也很低。澳大利亚政府根据政府间财政关系的特点确立了联邦为主承担高等教育拨款的财政负担体制，保证了承担高等教育支出责任的联邦政府有相匹配的财力去保障高等教育各项支出。

（二）通过转移支付均等化各州财政能力

20世纪90年代以来，随着高等教育学费制度的改革，联邦政府对高等教育的财政拨款所占比例虽然一直很高，但是已呈逐渐下降的趋势。州政府高等教育拨款所占比例虽然很小，但是呈逐渐上升的趋势。州政府是否有相应的财力保障高等教育支出也是一个需要关注的问题。集权型的财政体制使联邦与州之间财政不平衡严重，联邦财政收入占全国财政收入总额的75%左右，而其支出需求仅占全国支出总需求的1/3

---

① Commonwealth Grants Commission, *Report on GST Revenue Sharing Relativities* —2011 *Update*, Canberra: Commonwealth Grants Commission, 2011, pp. 25 – 26.

左右,需要联邦政府为州政府提供较多的转移支付资金。不仅如此,州与州之间的财力分布也非常不平衡,全国财政收入的 3/4 来自于东南沿海各州,只有 1/4 来自于西北部广大地区。[①] 政府间存在的财政不均等问题需要通过均等化的转移支付来解决。为此,联邦政府设立了专门的拨款委员会,结合各州的财力状况,通过均等化拨款与专项拨款相结合的方式向各州实施财政转移支付。该均等化拨款属于不附带使用限制条件的经常性拨款,专项拨款是指定用途的专门性拨款。联邦政府通过转移支付的方式平衡各州的财政收入差距,使各州的财政能力向同一水平靠近,使各州能够拥有与承担的支出责任相一致的财力。各州财政能力均等化不仅增强了各州对高等教育财政支出的保障能力,也有利于促进各州高等教育平衡和协调发展。

第六节 五国经验总结及对中国的启示

由上文可知,美国、加拿大、德国、澳大利亚、瑞士五国政府间高等教育支出责任划分比较清晰,分级财政体制比较完善,高等教育支出责任与财力保障实现了合理匹配。这五国促进二者匹配的经验值得别国学习和借鉴。

一 五国经验总结

美国高等教育法定支出责任属于州,州采取税收拨款与专项基金资助相结合的方式资助高等教育。税收拨款来自州的税收收入,由州政府通过预算安排。专项基金分为税收专项基金和非税专项基金。联邦政府除了负担学生资助和科研资助之外,还根据《美国复苏和再投资法案》(ARRA 法案),推出教育稳定基金计划,为州政府提供稳定的资助,增强州对高等教育经费支出的保障能力。加拿大高等教育支出责任主要由省承担,但联邦资助所占比例在上升。加拿大把高等教育作为联邦与省的共同责任,联邦政府通过转移支付资助高等教育,

---

[①] 孟添、张恒龙:《财政均等化的意义与国际经验》,《山西财经大学学报》2007 年第 1 期。

联邦高等教育专项转移支付包含在社会转移支付项目之内，有现金转移支付和税收转移支付两种形式。联邦政府在科研与创新活动资助、学生资助方面发挥了重要作用。德国高等教育支出以州政府负担为主，在法律条文中明确规定联邦与州要负担哪些高等教育支出责任，对有的支出项目还规定了联邦与州的经费负担比例，使高等教育支出责任划分有法可依。德国把科研作为联邦与州的"共同任务"，二者共同资助高校的科研项目及高校的科研设施（含大型设备）。瑞士也制定了专门的法律明确联邦与州的高等教育支出责任，除了宪法之外，还为不同类型的高等教育机构制定了专门的资助法案。另外，瑞士推行合作型联邦主义，政府间相互合作与支持，有州立大学的州可以从没有州立大学的州获得财政资助，联邦政府为州立大学提供补贴型的财政资助。受集权型财政体制的影响，澳大利亚高等教育支出责任主要由联邦政府承担，州政府仅提供少量补助。联邦政府通过均等化拨款与专项拨款相结合的方式向各州实施转移支付，以促进各州财政能力均等化，推进各州高等教育平衡和协调发展。

总体来看，上述五国联邦与州（省）政府都负担高等教育支出。为了明确支出责任，督促政府积极履责，这些国家在相关法律法规中对中央与地方政府要负担哪些高等教育支出责任作出了具体规定，有的规定还被写入国家根本大法《宪法》之中。这样不仅使高等教育支出责任在政府间实现了合理配置，而且保障了承担支出责任的政府拥有相应的财力，所以在这些国家：政府间高等教育支出负担比与财政收入比的变化趋势非常接近，承担高等教育主要支出责任的政府拥有相适应的财力，去完成高等教育各项支出任务；承担高等教育次要支出责任的政府也有相应的财力，为高等教育提供专项资助或实施转移支付。除此之外，这五国还有比较完善的联邦对省（州）政府的转移支付制度、联邦对高校的资助制度。尽管联邦资助高等教育的形式和途径是多样的，但是客观上起到的作用是一致的，即支持和发展高等教育，保障高等教育项目或计划顺利完成，缩小地区间高等教育发展的差距，同时在一定程度上也起到了调节政府间财力分配、促进政府间高等教育支出责任与财力保障匹配的作用。这些都为促进我国高等教育支出责任与财力保障的匹配提供了有益的启示和借鉴。

二 国外经验对中国的启示

（一）细化高等教育支出责任

上述国家高等教育支出虽然有2级或3级政府负担，但是每级政府应负担的支出项目及责任范围比较清晰，职责分工比较明确，避免了政府在高等教育投资中的越位或缺位问题。我国目前高等教育管理实行"两级管理、以省为主"的体制。在中央与地方"两级管理"的情况下，高等教育事权及支出责任具有交叉性的特点，一些高等教育支出项目容易出现"上下不清"的情况。还有些高等教育支出项目因存在受益的多重性和外溢性，其支出责任尚未界定清楚。因此，借鉴国外经验，我国需要细化高等教育支出责任，合理界定中央与地方财政对高等教育的支出范围，明晰中央与地方政府应承担的高等教育支出项目和应负担的比例。

（二）加强高等教育财政法制化建设

为了确保高等教育有稳定的经费来源，这些国家比较重视高等教育财政法制化建设，通过法律的强制力激励和约束各投资主体积极履行所承担的支出责任。一些国家把政府间的高等教育支出项目、经费分担比例在《宪法》《财政法》《地方财政法》等相关法律条款中进行明确的规定，以法律的形式把高等教育支出责任安排固定下来。我国虽然确立了"三级办学、两级管理"的高等教育管理体制，但在有关法律法规中，对各级政府的教育财政责任没有明确的规定，这是许多教育财政问题的制度根源。[①] 为此，需要通过加强高等教育财政法制化建设，规避政府在高等教育支出中的随意性，使责任主体的分工更加明确，监督和保障机制更加完善，使各级政府在履行高等教育支出责任时，做到有法可依、有法必依，全面提高我国高等教育财政制度的法治化水平。

（三）完善中央对地方高等教育财政专项补助制度

加拿大、德国等国实施的联邦对省（州）的高等教育专项转移支付制度为弥补省（州）高等教育预算缺口、增强对高等教育支出的保障能力、缓解高校面临的财政压力发挥了重要作用。为了解决我国当前存在的

[①] 杨会良：《当代中国教育财政发展史论纲》，人民出版社2006年版，第339页。

中央与地方高校获得的财力支持整体上差距较大[①]、各省对高等教育支出保障能力悬殊、地方高校经费短缺等问题,需要完善中央对地方高等教育财政专项补助制度,加大中央对地方高校的资助力度,建立规范的高等教育专项转移支付制度,缓解地方政府和地方高校面临的财政压力,提高地方政府对高等教育支出的保障能力,推动各地高等教育协调发展。

本章小结

本章分析了美国、加拿大、德国、澳大利亚、瑞士五国政府间高等教育支出责任安排、政府间高等教育支出责任与财力保障匹配的程度、促进高等教育支出责任与财力保障相匹配的措施。总体来看,这五国具有如下特点:政府间高等教育支出责任划分比较清晰,对每级政府应负担的支出项目及责任范围界定得比较清楚,职责分工比较明确,避免了政府在高等教育投资中出现越位或缺位;在相关法律法规中对中央与地方政府要负担哪些高等教育支出责任作出了具体规定,以法律的形式把高等教育支出责任安排固定下来;分级财政体制比较完善,政府间高等教育支出负担比与财政收入比的变化趋势非常接近,保障了承担支出责任的政府拥有相应的财力;有比较完善的联邦对省(州)政府的转移支付制度、联邦对高校的资助制度,在一定程度上起到了调节政府间财力分配、促进政府间高等教育支出责任与财力保障匹配的作用。国外的这些经验和做法对中国的启示是:细化高等教育支出责任,明晰中央与地方政府应承担的高等教育支出项目和应负担的比例;加强高等教育财政法制化建设,使各级政府在履行高等教育支出责任时有法可依、有法必依;完善中央对地方高等教育财政专项补助制度,提高地方政府对高等教育支出的保障能力。

[①] 赵永辉:《中央与地方高等教育财政责任安排的审视》,《教育发展研究》2012年第1期。

第六章

高等教育支出责任与财力保障匹配的理论揭示

由前面章节所述的测度结果可知，我国高等教育支出责任与财力保障尚未实现较好匹配。本章将从我国这一现实问题出发，结合公共财政理论和国外高等教育支出责任与财力保障匹配的实践经验，揭示高等教育支出责任与财力保障实现匹配的基础、实现匹配的关键，引起二者不匹配的直接原因，二者不匹配所引起的结果等问题。在此基础上，围绕支出责任划分与财力保障两个方面，提出促进二者匹配的4个关键突破点。

第一节 理论揭示一：支出责任划分是二者匹配的基础

在多级政府和分级财政的体制下，高等教育支出责任划分的越清晰，政府间的职责分工越明确，政府在高等教育投资中出现越位或缺位的可能性则越低。美国、加拿大、德国、澳大利亚、瑞士五国的高等教育支出责任划分比较清晰，对联邦与州（省）应负担的高等教育支出项目作了明确规定，甚至对政府间应分担的经费比例也作了清楚的规定，并且关于支出责任划分的有些规定还被写入了《宪法》或者相关法律中，这些措施为高等教育支出责任与财力保障的匹配奠定了基础。我国自20世纪80年代初中央与地方"分灶吃饭"的财政体制确立之后，高等教育财政支出根据高校的行政隶属关系而由中央与地方两级切块安排。三十多年来，我国一直遵循"分级负责"的支出责任安排。由实际情况来看，中央与地方的高等教育支出责任有很多交叉和重叠，并且缺乏正式法律条文作依据，高等教育支出责任划分的不清晰和欠规范使我国纵向政府间、横向政府间高等教育支出责任与财力保障不匹配。这说明，清晰规范的支出责任划分是高等教育支出责任与财力保障匹配的基础，因为支出责任的清晰划分便于确定责任主体，支出责任的交叉重叠会引起责任模棱两可，以法律形式划分支出责任可以增强约束力。

一　支出责任的清晰划分便于确定责任主体

许多公共财政学论文都提到了支出责任要划分清晰，并且把这一标准作为评价支出责任划分成功与否的重要指标之一。尽管也有人认为，清晰地划分支出责任是不可能实现的，因为有些支出责任将永远是在各级政府之间共同分担。考切尼（Courchene, Martinez‐Vazquez & McLure）等认为这种观点是荒谬的。虽然许多类型的支出责任应该由各级政府共同承担，但是支出责任若不能在政府间清晰具体地划分，会导致政府间财政关系出现不稳定、摩擦或者公开的冲突。更糟糕的是，这样会导致公共服务提供效率的低下。[①] 所以，为了能清晰地划分支出责任，国外通常根据相应的法律把政府的支出责任分为专有责任和共有责任两大类，与各级政府相联系，具体又分为中央专有责任、地方专有责任和中央与地方共有责任3大块。为了促进高等教育支出责任与财力保障的匹配，有些国家对教育（含高等教育）支出责任划分也采取了这种方法。如根据加拿大宪法的规定，加拿大各级教育（从小学到大学）是各省（10个省和3个地区）政府的专有责任，所以加拿大公立高等教育的大部分直接资助是来自各省政府。虽然公立高等教育是各省的专有责任，但是加拿大联邦也按照宪法的要求，通过向各省实施高等教育专项转移支付和通过科研资助和学生资助等形式，为高等教育提供资助。[②] 再如，按照德国法律，教育（包括高等教育）是16个州的专有责任[③]，所以德国高等教育的经常性经费拨款，包括教师工资、运行经费等都是由州政府提供，但是根据《基本法》，推

[①] Thomas Courchene, Jorge Martinez‐Vazquez, Charles E. McLure et al, "Principles of Decentralization", http://www1.worldbank.org/publicsector/decentralization/cd/achievementsandchallengesCH1.pdf.

[②] Council of the Federation, "The future of postsecondary education and skills training in Canada: A discussion paper", http://www.councilofthefederation.ca/pdfs/PSE-Skills%20DiscussionGuide.pdf.

[③] Wikipedia contributors, "Education in Germany", http://en.wikipedia.org/wiki/Education_in_Germany.

进科研是联邦与州的共同责任,所以联邦政府也为高校的科研项目和科研设施提供相应资助。从这里看出,在实行分级财政体制的国家,明确规定高等教育是哪一级政府的专有责任,并承担主要支出责任,有利于明确责任主体和经费负担主体,为实施高等教育财政监督和问责、促进高等教育支出责任与财力保障的匹配奠定了基础。

我国高等教育实行中央、省(区、市)与中心城市3级办学,这3级政府是高等教育财政投资的主体。我国《宪法》《教育法》《高等教育法》对中央及各级地方政府应负的高等教育财政责任没有作出明确的规定,即从法律上没有规定我国高等教育是省级政府的专有责任,抑或中央与地方政府的共有责任,这一规定的缺失导致不能有效地激励和约束政府的高等教育投资行为,不容易确定是哪一级政府高等教育财政投资不到位引起全国高等教育财政投资总量不足,也因责任主体不明为实施监督与问责带来不便。另外,按照财政学理论的要求,政府间收支划分的顺序是首先确定各级政府的支出责任,进而根据支出责任的大小,分配相应的财力。由于政府间高等教育支出的责任主体和经费负担比例不够明晰,导致较难实现在政府间科学地配置财力,当然也使一些地方的高等教育支出得不到应有的财力保障。

二 支出责任的交叉重叠会引起责任模棱两可

公共财政理论认为,在政府间划分支出责任时,若政府间共同分担的支出责任越多,支出划分出现混乱的可能性会越大。[1] 世界银行的专家也提醒,不同层级的政府涉足同一个公共服务部门,支出划分引起冲突和服务提供无效率的可能性就越大。[2] 这说明,政府间支出责任的划分应尽量减少交叉和重叠,尽可能地使某项支出责任由某一级政府承

---

[1] Jorge Martinez - Vazquez, *Making Fiscal Decentralization Work in Vietnam* (*Working Paper 04 - 04*), Atlanta, GA: Andrew Young School of Policy Studies, Georgia State University, 2004, p. 20.

[2] Thomas Courchene, Jorge Martinez - Vazquez, Charles E. McLure et al, "Principles of Decentralization", http://www1.worldbank.org/publicsector/decentralization/cd/achievementsandchallengesCH1.pdf.

担，以便明确责任，提高公共服务的效率和质量。但是，我国支出责任划分恰恰是交叉重叠严重，详见表6—1。可以看出，除了国防、外交支出由中央财政专门承担外，其他的多项支出，如教育、科学、文化、卫生事业费支出等都由中央与地方共同承担，中央与地方的支出责任几乎一一对应，上下一般粗，对支出责任的划分只有大小之分，而无内容之别[1]。支出责任交叉重叠过多容易使政府在履行支出责任时出现错位、模棱两可或推诿扯皮的情况。

表6—1　　　　　　分税制以后我国支出责任的划分

中央财政负担的各类支出	地方财政负担的各类支出
国防费，外交和援外支出，中央行政管理费，中央基建投资，中央公检法支出，中央文教科卫事业费支出，中央支农支出，其他支出	地方行政管理费，地方基建投资，地方公检法支出，地方文教科卫事业费支出，地方支农支出，其他支出

资料来源：根据1993年《国务院关于实行分税制财政管理体制的决定》整理得出。

我国中央与地方政府关系具有的"职责同构"特征和支出责任划分"上下一般粗"的特征，表现在高等教育支出上，即是中央与地方政府均负担高等教育支出，而且中央与地方负担的高等教育支出项目也大体一致。表6—2概括了我国中央与地方政府承担的部分高等教育分项支出，除了国家奖学金和国家科技项目支出由中央政府单独负担之外，其余支出项目均由中央与地方政府共同负担。支出数额较大的教师工资和基建经费根据高校行政隶属关系由同级财政负担，中央与地方的负担比例不固定。国家励志奖学金和国家助学金由中央与地方按比例分担。我国先后启动的"211工程"和"985工程"重点建设项目，项目支出由中央财政、地方财政、项目学校主管部门和高校共同承担，出资比例不固定。作为国家级主体科技计划，"973""863"及"国家科技支撑计划"专项经费来自中央财政专项拨款，对于高校而言这属于竞争性科研经费。除此之外，中央和地方有关主管部门还为所管辖高校拨发经常性

---

[1] 沈荣华：《各级政府公共服务职责划分的指导原则和改革方向》，《中国行政管理》2007年第1期。

科研经费,包括科学事业费、科技3项费用和其他科研经费拨款等。表6—2直观地显示出中央与地方负担的高等教育支出项目存在较多交叉重复,在实际运行时就更为复杂,地方高校专项收入中有中央政府的专项资金、地方政府的专项拨款或配套资金等,中央部委属高校专项收入中有中央政府的专项拨款或配套资金、地方政府的专项资金等。造成这种交叉重叠的原因除了有些高等教育支出项目本身存在受益的多重性和交叉性,两级政府共同负担可以增加可用经费的总量之外,更多的是我国层级政府职能"上下一般粗"的体制。高等教育支出责任的交叉重叠产生的不利后果是容易引起政府间高等教育财政责任出现"上下不清",使高等教育看上去既是中央财政的责任,又是地方财政的责任。很多重叠的支出项目因责任主体不明,为实施监督与问责带来困难,也影响了为高等教育提供应有的财力保障。对于大部分交叉重叠的高等教育支出责任,中央财政与地方财政应如何负担、各应负担多少比例,目前尚未出台明确的规定。所以,支出责任的交叉重叠不利于划清政府间支出责任,对高等教育支出责任与财力保障的匹配会产生不利影响。

表6—2　　我国中央与地方政府承担的部分高等教育分项支出

支出项目 政府层级	教师工资	基建	学生资助				重点建设工程		科研经费	
			国家奖学金	国家励志奖学金	国家助学金	助学贷款在校期间贴息	985工程	211工程	973、863及国家科技支撑计划	经常性科研拨款
中央政府	√	√	√	√	√	√	√	√	√	√
地方政府	√	√	√	√	√	√	√	√		√

三　以法律形式划分支出责任可以增强约束力

从理论上说,依照法律规范地划分政府间支出责任,可以为各级政府履行职责提供严格的、权威性的法律依据,减少层级政府之间的矛盾冲突,提高公共服务供给的有效性。[①] 许多国家在《宪法》等有关法律中对政府间支出责任作了正式划分（formal assignment）,依靠法律来规

---

① 沈荣华:《各级政府公共服务职责划分的指导原则和改革方向》,《中国行政管理》2007年第1期。

范政府间支出责任划分和财政支出标准。在财政体制比较完善的美国、加拿大、德国、澳大利亚、瑞士五国，都有专门的法律法规界定联邦、州（省）与地方政府的高等教育支出责任，甚至把这些规定写入国家宪法之中。如德国《基本法》第91a条规定了"州属任务的联邦参与"，为联邦参与高等学校事务和资助高等教育提供了依据和可能；第91b条规定联邦和州要共同资助高校的科研项目及高校的科研设施（含大型设备），共同促进科研工作。德国《联邦教育促进法》明确地规定了在学生资助支出方面联邦与州的负担比例，即联邦政府提供大学生资助资金的2/3，州政府提供另外1/3[①]。在瑞士，高等教育是州政府的责任，但是《联邦宪法》同时规定了联邦资助高等教育的责任，即联邦可以向各州教育事业提供奖学金方面的补贴或其他财政援助，也可以其他财政援助方式，出台促进教育事业发展的措施。美国在1965年《高等教育法》规定联邦要对大学的社会服务活动和成人教育活动提供资金援助，为大学扩充图书资料和设备提供补助金，为贫困大学生提供财政援助。依据法律对政府间高等教育支出责任作了正式的划分，不仅提高了高等教育支出责任安排的法律规范程度，而且也促进了高等教育支出责任与财力保障的匹配。

相比之下，我国对高等教育支出责任划分的法律规范性不强，影响了二者的匹配。从整体来看，我国目前尚没有一部专门划分中央政府与地方政府支出责任的法律或法规，现有法律仅对政府间责任的划分做出了一般性、原则性规定，法律性相对薄弱[②]，操作性不强。在教育领域，《教育法》《高等教育法》中虽然有关于高等教育投入和条件保障的条款，但是对中央与省（区、市）政府应承担哪些高等教育财政责任、中央与省（区、市）政府的高等教育支出范围和负担比例均没有作出应有的规定。我国高等教育支出责任划分可资作为依据的是国务院1993年年底颁布的《关于实行分税制财政管理体制的决定》，在这份文件中规定，中央与地方的教育事业费分别对应由中央财政与地方财政承

---

① 杨明：《20世纪90年代德国高等教育财政改革述评》，《高等教育研究》2001年第4期。

② 梁红梅、吕翠苹：《完善我国政府间责任划分与支出分配的法律思考》，《甘肃政法学院学报》2006年第6期。

担。高等教育支出责任尚未以法律形式加以确定。但是由于《关于实行分税制财政管理体制的决定》仅是国务院颁布的行政法规，不是正式的法律，不具备法律所具有的严肃性、权威性和约束力，所以，在一些省份出现了高等教育支出责任与财力保障不匹配、高等教育经费"三个增长"的要求得不到落实的情况。可见，缺乏正式的、有法律作支撑的高等教育支出责任划分会降低对政府高等教育支出行为、政府履行相应职责的约束力，难以保证承担高等教育支出责任的政府都能拥有与之相一致的财力，不利于促进高等教育支出责任与财力保障的匹配。

第二节 理论揭示二：财政保障能力是二者匹配的关键

高等教育办学成本的上升、入学率的逐步提高、教学质量的提升使得高校对经费的需求越来越大，政府承担的高等教育支出责任也越来越多，这就对政府的财政保障能力提出了挑战。美国、加拿大、德国等国外的经验表明，高等教育支出责任与财力保障的合理匹配离不开坚实有力的公共财力作后盾，充足的财力保障是二者匹配的关键。从现实情况来看，高等教育支出责任与财力保障的不匹配往往是由支出责任大于财政保障能力而引起的。政府间财力分配的不完善使中央地方间、各省间高等教育财政保障能力分化，一些地方政府对高等教育的重视与支持不够使财政保障能力弱化。这些问题都需要通过增强财政保障能力来解决。

一 支出责任大于财政保障能力引发不匹配

支出责任与财力保障相匹配的本意是1级政府承担多少支出责任，就应该有与之相适应的财力作保障，以便顺利地履行承担的职责。若政府承担的支出责任大，但是不具备相应的财力，就会引起二者的不匹配。就高等教育而言，若某级政府承担的高等教育支出责任多，但是对高等教育的财政保障能力低于应有的水平，就会引发高等教育支出责任与财力保障的不匹配。

政府承担的高等教育支出责任包括教师工资、基建支出、科研经常性支出和项目支出、学生资助支出等。这些支出项目可以根据政府的职责范围和财力分配的情况,由中央或地方某级政府单独承担或者2级政府共同承担。但是,不管如何安排这些项目,应保证承担高等教育支出责任的政府拥有相应的财政保障能力。美国、加拿大、德国、瑞士等国的情况表明,承担高等教育主要支出责任的州(省)政府拥有相适应的财力,去完成本级承担的高等教育各项支出任务;承担高等教育次要支出责任的政府也有相应的财力,去履行本级应尽的职责。

我国纵向政府间高等教育支出责任与财力保障不匹配主要是由于地方政府承担的高等教育支出责任大于其财政保障能力。在我国向高等教育大众化阶段迈进的过程中,地方高校由于连续扩招,高等教育规模迅速膨胀,在校生人数迅速增加,大幅度扩充教师员工,新建校舍和购置仪器设备、图书资料,使地方政府承担的高等教育支出责任迅速增加。时至今日,在我国高等教育支出责任划分格局中,仍是以地方政府负担为主。但是经过分税制改革,地方政府的财政实力已经弱于中央,但是地方承担的支出责任仍然很大,在此情况下地方政府对高等教育的财政保障能力已经小于承担的支出责任,所以引发了二者的不匹配。同样,我国横向政府间高等教育支出责任与财力保障不匹配主要也是由于部分省份财政保障能力过弱、其承担的高等教育支出责任超出其财政保障能力。尤其是受人口密度、受教育适龄人口数、省域面积大小等因素的影响,部分省份(特别是中部地区的省份)承担的高等教育支出责任很大,但是受经济发展和财政收入水平的影响,对高等教育的财政保障能力可能会小于承担的支出责任,结果导致二者不匹配。由此来看,高等教育支出责任与财力保障的不匹配主要是财政保障能力对支出责任支撑不足造成的,因此,财政保障能力是二者匹配的关键,增强财政保障能力是促进二者匹配的重要途径。

二 政府间财力分配的不完善使财政保障能力分化

中央与地方高等教育支出是中央与地方财政支出的一部分。若中央与地方财政分配关系未理顺,财力分配制度不完善,税收划分不合理,调节政府间财力分配的法律法规不健全,地区间财力不平衡严重,会使中央与地方之间、各省之间的财政保障能力出现明显的不平衡,财政保障能力强的地区可以为高等教育提供坚实有力的财力支撑,财政保障能力弱的地区只能维持较低的支出水平，所以政府间财力分配的不完善使政府对高等教育的财政保障能力出现分化，对促进二者的匹配产生影响。

调节政府间财力分配的一种有效机制是分税制。分税制在西方国家已经实行了较长时间，所以在协调中央与地方财力分配、促进公共服务职责与财力匹配方面发挥了重要作用。我国于1994年实行分税制改革，目标是按税种划分中央与地方财政收入，提高"两个比重"，建立分级预算管理体制。但是由于1994年分税制不是完全彻底的分税制，分税制改革是不触动既得利益格局、带有过渡性质的一种制度安排，它与建立科学规范的财政体制的要求相比还有不小的差距[①]，因此在调节政府间财力分配时出现下列问题，这些问题使中央与地方、各省间对高等教育的保障能力出现分化，影响了二者的匹配。

（一）分税制以后地方财力削弱，但支出责任仍重

1994年分税制改革是对我国政府间财力分配的一次大调整，分税制改革后我国财政收入向中央集中，完成了提高"两个比重"的任务，带来的问题是分税制以后地方财力减弱，但承担的支出责任仍重，体现在以下两点。

1. 大税种划归中央后，地方缺乏主体税种

这里所说的大税种是指占全国税收收入总额比重较高的税种，包括增值税、营业税、消费税、企业所得税、个人所得税、关税等。在分税制改革后，我国的税种分为中央税、地方税和中央地方共享税。税源数额大、增长稳定的税种被划为中央税或共享税，如增值税收入的75%、消费税收入的100%、关税收入的100%全部上划中央。后来又把一些原地方税改为中央与地方共享税，如企业所得税和个人所得税原本是地方税种，2002年改为共享税之后，中央与地方各分50%，2003年又把分享比例调高到中央占60%，地方占40%。地方税主要是一些税基较小的零星税种，包括营业税、城镇土地使用税、城市维护建设税、固定资产投资方向调节税、农业税、印花税、屠宰费等，并且有部分地方税

[①] 邓子基：《财政体制改革的有益探索——〈评分级财政体制研究〉》，《福建论坛（经济社会版）》2003年第10期。

种现在已经停征。① 可以看出，大税种归中央以后，地方缺少主体税种，仅靠税源分散、征收成本高、收入额度低的现有地方税种难以满足地方政府各项支出的需要。②

2. 税收纵向分配地方占小头，但承担的支出责任并未减少

由于大税种归中央，纵向税收分配的结果是中央税收收入占全国的比重明显高于地方。在分税制改革之后的 1995—2009 年，中央税收收入所占比重一直在 55% 以上，2000 年时接近 59%，地方税收收入所占比重为 41%—43%。尽管地方财政收入所占比重下降，但是地方承担的事权和支出责任并未减少。地方财政承担的支出项目包括本辖区行政机关运转所需支出以及本地区经济、事业发展所需支出，如地方行政管理费用，基本建设投资，城市维护和建设经费，地方所属的文化、教育、科学、卫生等方面的支出等。除了这些支出项目外，地方还要承担一些中央下放的事权和支出责任，其中含下放地方的部分高等院校。③ 显而易见，在地方财政收入能力有限，但承担的支出责任大、任务重、项目多的情况下，其对高等教育的保障能力会受到影响。

(二) 税收返还和转移支付制度不够规范

中央对地方税收返还和转移支付是分税制财政管理体制的重要组成部分。税收返还，即中央把地方上划税收按一定比例返还给地方，通过收入再分配，促进纵向财政平衡。我国中央对地方的税收返还额以 1993 年数额为基数逐年递增，递增率按增值税与消费税平均增长率的 1∶0.3 系数确定，若增值税与消费税收入增长 1%，中央财政给予地方的税收返还就增长 0.3%。④ 这样规定的递增方法使财政收入越多的省份获得的税收返还越多，财政收入越少的省份获得的税收返还越少，实际上拉大了地区间财力差距⑤，没有起到调节各地财力差异的作用。

---

① 自 2000 年起停征了固定资产投资方向调节税。在 2006 年取消了特产税、屠宰税和农业税。

② 魏建国：《我国财政权限配置的不足与改进》，《河北法学》2007 年第 9 期。

③ 王泽彩：《财政均富论》，经济科学出版社 2008 年版，第 3 页。

④ 刘小丽：《论分税制改革的意义及现行税收分配体制中存在的主要问题》（http://www.cftl.cn/show.asp?a_id=3224）。

⑤ 宋立、刘树杰主编：《各级政府公共服务事权财权配置》，中国计划出版社 2005 年版，第 199—200 页。

除了税收返还之外，我国中央对地方的转移支付还包括财力性（一般性）转移支付和专项转移支付。但是由于转移支付制度存在如下两个主要问题，使得转移支付机制在调节政府间财政分配方面未能发挥应有的作用。首先，从形式上看，转移支付种类过多，形式繁杂。财政部数据显示，2009年，中央对地方的一般性转移支付有16种，专项转移支付有6种，加上中央对地方税收返还，共计达23种。转移支付种类一旦过多和繁杂，难免出现交叉重复，自相矛盾，作用相互抵消，覆盖面过宽，调控效果不佳。[①]其次，从结构上看，税收返还和专项转移支付所占的比例太高。2000年数据显示，在全国转移支付总额中，税收返还所占比例降至48.5%，专项转移支付所占比例是26.1%，二者比例合计达74.6%，一般性转移支付所占比例仅是22.7%。[②]税收返还和专项转移支付所占的比例太高，导致具有均等化效果的一般性转移支付所占比例太低，客观上影响了转移支付均等化功能的发挥。

（三）地区间财力不平衡严重

由于地理位置、自然条件、经济发展水平以及税源基础等多种因素的影响，加上我国转移支付制度所能发挥的均等化效应不明显等原因，我国地区间财力分布非常不平衡，各省之间财政收入差距非常明显。2009年，上海和北京两市人均财政收入已达1.33万元和1.18万元，中西部18个省份人均财政收入仍不足2000元。为了更准确地反映地区间财力差异，这里计算出分税制改革后以人口为权数的各省加权人均财政收入变异系数[③]，分税制改革后，各省人均财政收入变异系数经历了先上升后下降的变化趋势。在1998—2005年期间，各省人均财政收入变异系数由0.84上升至0.98，说明这期间各省之间财政收入水平呈逐渐扩大的趋势。为了缩小地区间财力差距，提高地方政府的公共服务供

[①] 齐守印：《科学理财与理性从政》，中国财政经济出版社2008年版，第191—192页。

[②] 参见财政部办公厅编《2001年财政工作文选》，中国财政经济出版社2002年版，第262页，整理得出。

[③] 以人口为权数的各省加权人均财政收入变异系数（CV），计算公式为 $CV = \sqrt{\sum_{k=1}^{n}(X_k - \bar{X})^2 P_k}/\bar{X}$ 其中：X_k表示按根据各省人口计算的人均财政收入；X表示全国人均财政收入；P_k表示各省人口比重系数。参见刘亮《中国地区间财力差异的度量及分解》，《经济体制改革》2006年第2期。

给能力和对公共支出的保障能力，我国调整了转移支付结构，加大了对地方财力性转移支付的力度，各省人均财政收入变异系数在 2007 年降至 0.93，2009 年又降至 0.84。虽然各省间财政收入水平差距比以前有所缩小，但是财力不平衡程度仍然很高。

我国政府间财力分配出现的上述问题，使政府承担的支出责任与拥有的财力出现了不一致，中央与地方、各省间对公共支出的保障能力出现较大差异。由于高等教育经费来源的主渠道仍是财政拨款，政府间财力分配的不完善使政府对高等教育的保障能力出现分化。在财政保障能力强的多数东部省份，高等教育支出责任与财力保障能够匹配，但在财政保障能力相对弱的一些中西部省份，高等教育支出责任与财力保障未能匹配，这种差异结果充分说明财政保障能力是二者匹配的关键。

三 政府对高等教育的重视与支持不够使财政保障能力弱化

公共财政对高等教育的保障能力与政府的重视与支持密切相关。过去，由于受"左"的思潮影响，一些人不重视教育事业的发展。教育投资具有周期性长、潜在性、滞后性的特点也使一些人把教育投资作为一种纯粹的消费性投资或福利性投资，所以对增加高等教育支出的积极性不高。中外政府都曾出现过这样的情况：在本省（州）的财政状况好转时，对高等教育的拨款可能有明显的增加；在本省（州）的财政状况不好时，高等教育支出成为首先要削减的支出项目，因为一些政府官员认为，与其他一些支出项目相比，高等教育支出有更大的自由支配的余地，理由是高校有学费收入、社会服务收入等其他经费来源渠道，这些非财政性经费可以弥补因省（州）拨款减少而形成的资金缺口。在这样的思想支配下，高等教育支出很难得到有效的保障、实现稳定的增长。另外，我国目前的官员晋升考核机制是以 GDP 为主要考核指标，尚未把高等教育公共支出情况纳入考核体系，在这种机制的引导下，官员容易把有限的财政资金投向于投资收益见效快、投资周期短的部门和行业中，而忽视对高等教育的投资。此外，目前高等教育财政法规尚不健全，对于未落实高等教育经费"三个增长"的省份，缺乏相应的惩罚措施，对忽视高等教育投资、不按规定增加高等教育支出的政府官员也未建立相应的监督和问责机制。由于政府对高等教育的重视与支持不够,在一些地区,高等教育财政支出的总量和增长速度相对于快速发展的高等教育事业来说显得太少、太慢、不够稳定,出现了高等教育财政保障能力弱化的情况。

我国财政性教育经费支出占GDP的比重长期达不到4%,是政府对教育重视与支持不够的一个体现,也是引起教育财政保障能力弱化的重要原因。我国早在1993年《中国教育改革和发展纲要》中就明确提出,要"逐步提高国家财政性教育经费支出占国民生产总值的比例,本世纪末达到4%"。但是2000年时国家财政性教育经费占GDP的比例仅达到2.87%,比1999年的2.79%增加了0.08个百分点;全国预算内教育经费(含城市教育费附加)占财政支出的比例是13.8%,相比1999年的14.5%还减少了0.7个百分点;全国有15个省(区、市)预算内教育经费占财政支出比例比上年有不同程度的下降。[1] 2009年国家财政性教育经费占国内生产总值比例虽有所提高,达到3.59%,但是仍未实现4%的目标;全国预算内教育经费(含城市教育费附加)占财政支出的比例提高到15.69%,但比上年的16.32%减少了0.63个百分点;预算内教育经费占财政支出比例比上年有不同程度下降的省(区、市)增至29个。[2] 虽然各级财政部门把教育支出作为重点保障的支出项目,但由于财力有限、财政支出结构不合理等因素,财政对教育的投入仍显不足,并且自4%的目标提出之日起计算,历经二十多年,这一状况仍未有大的改观。若与国外相比,我国财政教育支出水平不仅与一些发达国家有较大的差距,还远低于一些发展中国家。由图6—1可知,与中国同处亚太地区的新西兰、澳大利亚、越南、韩国、泰国、马来西亚等国,2009年其公共教育支出占GDP的比例已经达到4.1%—6.4%的水平,越南和泰国公共教育支出占政府支出的比例已经达到20%的水平,而中国的这两个比例值仅为3.6%和15.7%。拉美国家阿根廷、巴西和墨西哥公共教育支出占GDP的比例处于4.8%—5.4%的水平,墨西哥公共教育支出占政府支出的比例高达21.6%,均比中国的高。

---

[1] 教育部网站:《教育部、国家统计局、财政部关于2000年全国教育经费执行情况统计公告》,(http://www.moe.edu.cn/publicfiles/business/htmlfiles/moe/s3040/201005/88450.html)。

[2] 教育部网站:《教育部、国家统计局、财政部关于2009年全国教育经费执行情况统计公告》,(http://www.moe.edu.cn/publicfiles/business/htmlfiles/moe/s3040/201012/112378.html)。

澳大利亚、美国、加拿大、德国、瑞士五国公共教育支出占 GDP 的比例已经达到 4.4%—6.4%。2009 年全世界公共教育支出占 GDP 的比例的平均水平已达 4.8%。由此可知，当前我国财政教育支出水平与国外差距较大，财政性教育经费供给与支出需求之间存在较大的缺口，财政保障能力无疑会出现下降。

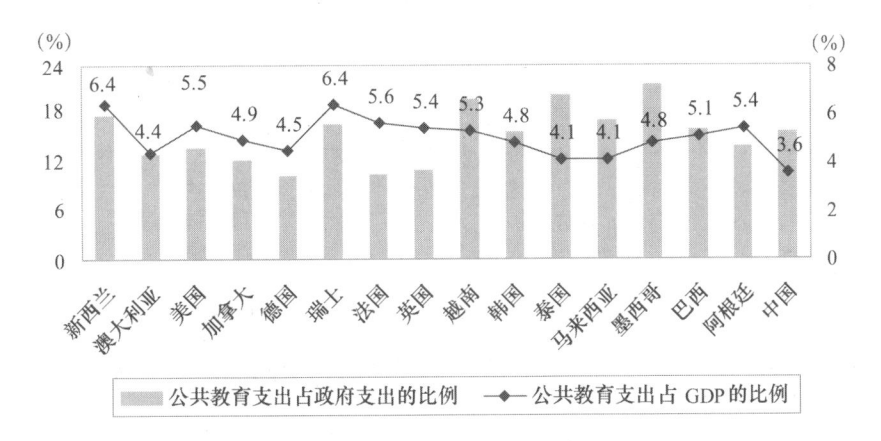

图 6—1　16 国公共教育支出占 GDP 的比例及占政府支出的比例（2009 年）

资料来源：国外数据来自 UNESCO Institute for Statistics. *Global Education Digest 2011.* Montreal：UIS, 2011. Table 15 & Figure 33. 加拿大的比例根据 2007 年数据计算得出。中国数据来自《2009 年全国教育经费执行情况统计公告》。

若进一步分析财政对高等教育的支出情况，则同样发现我国与国外相比仍有很大差距。2000 年时，我国高等教育财政性经费占 GDP 的比例低至 0.59%，2008 年略升至 0.67%，历经 8 年只提高了 0.08 个百分点。由图 6—2 看出，2008 年芬兰、挪威、丹麦、加拿大、瑞典 5 国高等教育公共支出占 GDP 的比例高达 1.4%—1.6%，是中国的 2 倍。比利时、瑞士、法国 3 国高等教育公共支出占 GDP 的比例也已经达到 1.2%—1.3%，新西兰、荷兰、美国、德国 4 国高等教育公共支出占 GDP 的比例为 1.0%—1.1%，均比中国高出不少。墨西哥、巴西两个拉美发展中国家高等教育公共支出占 GDP 的比例为 0.7%—0.8%，也高于中国。财政高等教育支出的低水平必然会使财政保障能力弱化，高等教育支出的法定增长要求很难得到实现。

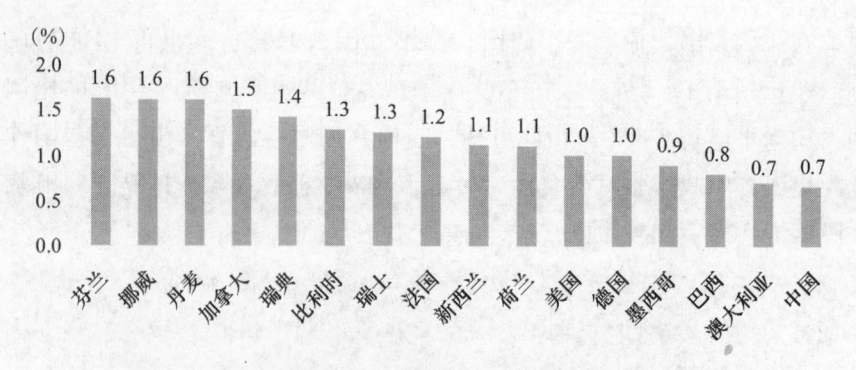

图6—2　16国高等教育公共支出占GDP的比例（2008年）

资料来源：Education at a Glance 2011：OECD Indicators，Chart B2.2. Expenditure on educational institutions as a percentage of GDP。加拿大的比例根据2007年数据计算得出。中国的比例根据《中国教育经费统计年鉴2009》计算得出。

第三节　理论揭示三：财力与责任反转是二者不匹配的直接原因

分税制改革以后，我国政府财力逐渐由地方向中央转移。与此同时，随着高等教育管理体制与布局结构的调整，高等教育支出责任逐渐由中央向地方转移，财力与支出责任出现反向转移，直接引起了二者的不匹配。转移支付是均衡政府间财力、解决政府间财力与支出责任不匹配的一种有效手段。在高等教育支出责任下移后，中央财政设置一些对地方高校的专项资助项目，但是由于地方高校能从中央获得的财政支持相对较少，中央对地方高校的专项资助在促进高等教育支出责任与财力保障匹配方面发挥的作用有限，这也是引起二者不匹配的直接原因。

一　分税制后政府财力与高等教育支出责任反向转移

我国在实施了以提高"两个比重"为目标的分税制改革以后，中央的财政集中度、财政收入所占比例已经逐渐超过了地方，财力上移的趋势比较明显。在分税制改革以后，我国高等教育开始了管理体制改革和布局结构调整，一批原中央部委属高校划转到地方或实行了中央与地方共建、以地方为主，中央负担的高等教育支出比例逐渐下降，高等教育支出责任由中央向地方转移，这一点前已述及。

高等教育支出责任由中央向地方转移可以从高等教育财政性经费占本级财政收入的比例变动显示出来。如图6—3所示，在1996—1998年期间，高等教育管理体制和布局结构调整大规模启动初期，中央属普通高校财政性经费占中央财政收入比例为3.5%—4.2%，地方属普通高校财政性经费占地方财政收入比例为3%左右，前者高于后者。1999年，226所原中央部委属高校转由省市管理，其中含普通高校208所。2000年，509所高校的管理体制进行了调整，其中360所中央部门所属高校划转地方管理。2001年，中央部门所属院校划转地方管理的高校增加到368所。经过这3年高等教育管理体制调整之后，中央属普通高校财政性经费占中央财政收入比重开始逐年降低，2007年时达到最低水平，只有2.12%，然后在2008年、2009年略微回升。在国家机构改革和院系调整之后，一些原来由中央部委举办的高校划转到地方，中央部委所属高校数量锐减，这使得中央财政拨款责任减少，而地方政府拨款责任增加[①]，地方属普通高校财政性经费占地方财政收入比重开始超过中央属普通高校财政性经费占中央财政收入比重。1999年以后，

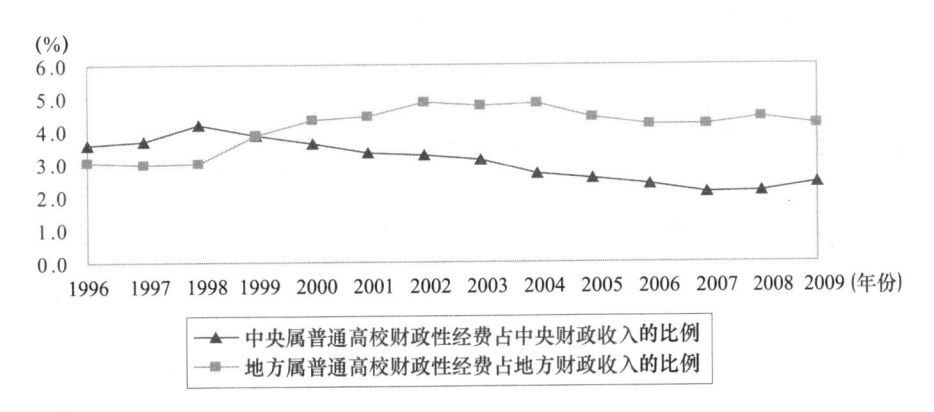

图6—3 中央与地方属普通高校财政性经费占本级财政收入的比例

资料来源：普通高校财政性经费根据各年度《中国教育经费统计年鉴》计算得出，财政收入数据来自各年度《中国统计年鉴》。

[①] 杨会良、袁树军、陈宓：《改革开放以来中国高等教育财政体制的演变、特征与发展对策》，《河北大学学报（哲学社会科学版）》2010年第3期。

我国地方高校开始了大规模扩招，在2002—2004年，地方高校在校生数增长较快，地方普通高校财政性经费占地方财政收入比重上升至4.8%左右。由图6—3看出，自20世纪90年代以来，我国高等教育支出责任发生了从中央向地方的转移。而同期经过分税制改革，政府财力出现了从地方向中央的转移。这两个方向相反的转移直接引起了高等教育支出责任与财力保障的不匹配。

二 中央对地方高校的专项资助促进二者匹配的作用有限

随着1980年分级财政体制的建立，我国确立了"谁办、谁管、谁出钱"的高等教育支出负担体制。单就体制安排而言，这一体制无法有效地激励中央政府为地方高校提供财政支持。但是，随着高等教育支出责任的下移，地方财政的压力逐渐增大，地方高校面临的资金短缺问题比较严重，中央财政出资设立了面向地方高校的专项资助，为地方高校提供财政援助。目前，中央实施的资金规模较大的高等教育专项资助项目主要有以下4个。

（一）按比例分担地方高校国家励志奖学金和国家助学金

根据《国家励志奖学金管理暂行办法》和《国家助学金管理暂行办法》的规定，国家励志奖学金和国家助学金由中央和地方政府共同出资设立，资助标准分别是每生每年5000元和3000元（以前是2000元）。中央部委属高校国家励志奖学金和国家助学金所需资金是由中央财政负担，地方高校国家励志奖学金和国家助学金所需资金根据各地财力及生源状况由中央与地方按比例分担。中央按比例分担地方高校的学生资助支出，在一定程度上减轻了地方财政压力，但是由于贫困生多的省份，其财政收入状况往往也不是很好，从本级财政获得的财政支持很难做到充分，所以一些地方高校仍面临着助学资金缺口较大的问题。

（二）省部共建地方高校

在高等教育管理体制改革与布局结构调整以后，为了支援地方高校的发展，自2004年开始，教育部与中西部无教育部直属高校的省、自治区各共建一所地方高校，通过提供专项经费、开展对口支援等多种形式予以支持。截至2009年，教育部与中西部17个省（区、兵团）签署了共建18所地方高校的协议，与4省签署了共同重点支持4所地方高校的协议，合计共有19个省（区、兵团）的22所高校参与了省部共建或重点支持。教育部为省部共建地方高校提供一些专项经费支持，其中在2005年、2006年两年提供的资助资金总额达3.15亿元，每所学校每年获得的专项经费支持为1000万元—2000万元。① 这22所共建高校获得教育部专项资金后，以往财力紧张的状况有所缓解，教学和科研条件有所改善。然而相对于众多的地方高校来说，能获得教育部共建专项资金支持的高校所占比例很小。2009年地方属普通高校（不含民办）有1538所，未获得教育部共建专项资金支持的高校所占比例达到98.6%。

（三）设置支持地方高校发展的专项资金

21世纪初，中央财政设立了中央与地方共建高等学校专项资金，可以申请这项专项资金的高校包括：管理体制调整后，实行中央与地方共建、以地方管理为主的普通高校；原中央部委所属下划学校与地方院校合并、调整后组成的普通高等学校；国家重点支持的地方普通高校。这项专项资金只能用于规定的使用范围，例如，用于仪器设备购置、房屋和基础设施的维修改造等修购项目及其他项目。2010年，中央财政在原中央与地方共建高等学校专项资金的基础上，设立中央财政支持地方高校发展专项资金。该专项资金在支持对象上扩大了支持范围，除了原中央与地方共建高校专项资金支持的普通高校之外，其他办学层次较高、学科特色鲜明、符合行业和地方区域经济及社会发展需要的地方普通本科高校也可以申请。2010年，中央财政支持地方高校发展专项资金约40亿元，有653所地方高校申请到了资助金支持。②

（四）设置"以奖代补"专项资金

为了促进地区间高等教育协调发展，激励各省加大对地方普通本科高校的资金投入，中央财政从2010年起设置"以奖代补"专项资金。对于生均拨款水平尚未达到12000元的省份，中央财政对各省提高生均

---

① 蒋夫尔：《为中西部高教协调发展加油助推——"省部共建地方高校"三年成果综述》，《中国教育报》2007年8月24日第7版。

② 罗荀：《"十一五"时期中央财政多方投入全力支持，教育事业改革发展留下深深足迹》，《中国财经报》2010年11月13日第1版。

拨款水平所需经费按一定比例进行奖补。对于生均拨款水平已达12000元的省份，若生均拨款水平保持不下降，中央财政每年给予定额奖励。① 另外，为了减轻地方高校债务负担、化解地方高校债务风险，中央财政对地方高校为完成扩招任务而从金融机构取得的尚未还清的贷款余额，根据地方财政安排化债资金的情况和化债努力程度，采取基础奖励加浮动奖励的方式，对有效化解高校债务的省份给予相应的奖励资金。②

总体来看，不管通过省部共建、设置支持地方高校发展的专项资金或者其他资助形式，能获得中央财政支持的高校数占地方高校总数的比例还比较低，并且由于中央政府采取了"集中力量、重点支持"的资助导向，有机会获得中央财政支持的往往集中在为数较少的高校，如获得省部共建的22所高校中有14所是国家"211工程"重点建设高校，中央重点支持的重合率达到64%。另外，中央对地方高校的支持额度相对于地方高校的资金缺口和支出需求而言还较少，所以在调节地方高校财政压力、促进地方高等教育支出责任与财力保障匹配方面发挥的作用有限。

第四节　理论揭示四：高教财政纵横向不平衡是二者不匹配的结果

我国高等教育支出责任与财力保障的不匹配包括纵向政府间二者的不匹配和横向政府间二者的不匹配。纵向政府间二者的不匹配主要体现在中央政府承担的高等教育支出责任少，但财政保障能力强；地方政府承担的高等教育支出责任多，但财政保障能力弱，这种不匹配带来的后果是使中央与地方高校获得的财政支持出现较大差异，引起高等教育财政纵向不平衡。横向政府间二者的不匹配主要体现在部分省承担的高等教育支出责任多，但财政保障能力弱；部分省承担的高等教育支出责任少，但财政保障能力强，这种不匹配带来的后果是使

---

① 《财政部教育部关于进一步提高地方普通本科高校生均拨款水平的意见》（http://www.moe.gov.cn/publicfiles/business/htmlfiles/moe/moe_1779/201308/155147.html）。
② 《财政部教育部关于减轻地方高校债务负担化解高校债务风险的意见》（http://www.moe.gov.cn/publicfiles/business/htmlfiles/moe/moe_1779/201308/155148.html）。

不同地区的高校获得的财政支持出现较大差异，引起高等教育财政横向不平衡。

一 高等教育财政纵向不平衡：中央与地方高校的差距

（一）财政对中央与地方普通高校的负担程度差距大

这里所说的财政负担程度是指高等教育财政性经费与高等教育总经费的比值，以此表明财政在促进高等教育发展中的负担程度和支持程度[①]。从图6—4可以看出，从1996—2009年这14个年度中，财政对中央普通高校的负担程度和财政对地方普通高校的负担程度均呈先降后升的趋势，但是，除了1998年和1999年之外，财政对中央普通高校的负担程度均高于财政对地方普通高校的负担程度，并且自2001年之后，两者的差距逐渐拉大。如2002年，前者是49.3%，后者是44.3%，二者相差5个百分点；在2006年时，前者是48.9%，后者是40.5%，二者相差8.4个百分点；在2009年时，前者增至60.0%，后者只是51.4%，前者比后者高出8.6个百分点。

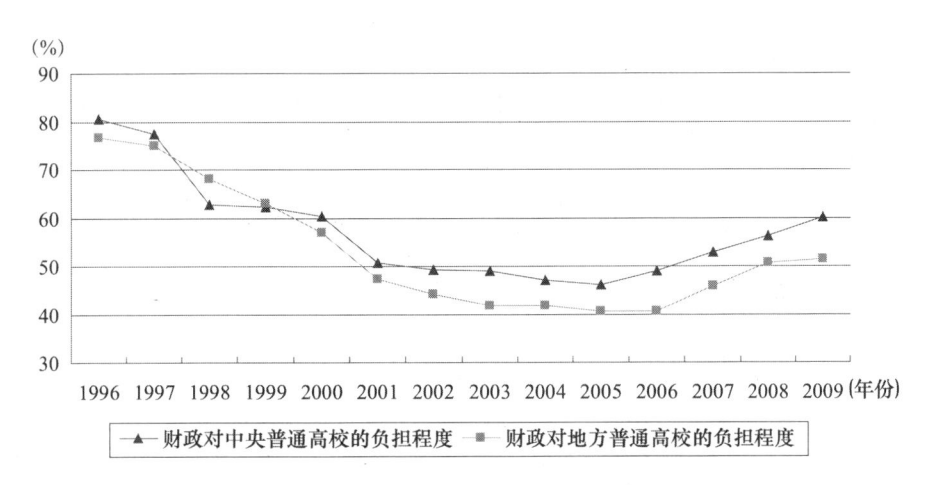

图6—4 中央与地方对普通高等教育的财政负担程度
资料来源：根据《中国教育经费统计年鉴》（1997—2010）计算得出。

---

① 赵永辉：《中央与地方高等教育财政责任安排的审视》，《教育发展研究》2012年第1期。

（二）中央与地方普通高校的生均经费差距大

我国目前高等教育支出责任划分的格局是中央财政负担中央部委属院校的办学经费，地方财政负担地方所属院校的办学经费，中央财政以少量的专项经费补助省部共建高校和少数地方高校。这种支出责任划分使高校的生均预算内支出与所隶属政府的财力紧密关联。中央财政实力雄厚，负担的教育类支出主要是高等教育支出，而地方财政负担的教育类支出除了高等教育支出之外，还有数额更多的初、中等教育支出。在地方财力不能满足教育领域支出需求时，地方政府往往会首先缩减对高等教育的拨款。在这样的体制安排下，中央对部委所属高校的生均支出高于地方对所属高校的生均支出就有了可能性和必然性。由图6—5可以看出，在1996—1998年，中央部委属普通高校生均预算内经费支出虽然高于地方普通高校，但是差距不是很大，可是自1999年起，中央部委属普通高校与地方属普通高校生均预算内经费支出的差距逐渐扩大。在1999年时，中央部委属普通高校生均预算内经费支出是12150.5元，地方属普通高校生均预算内经费支出是7010.8元，前者比后者高出5139.7元，前者是后者的1.73倍。2003年，前者比后者高出6814.6元，前者是后者的2.38倍。2009年时，前者增至17055.4元，后者仅是7298.4元，二者差距升至9757.1元。这反映了我国高等教育财政纵向不公平的问题较为突出。

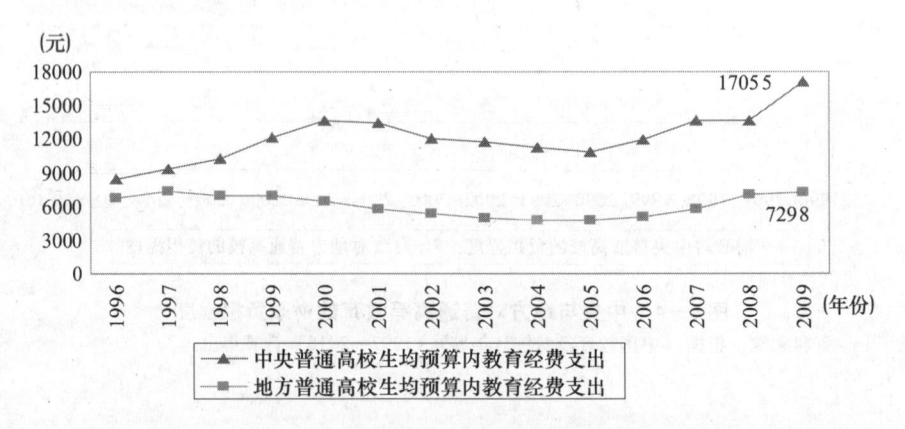

图6—5　中央与地方普通高校生均预算内教育经费的比较

资料来源：《中国教育经费统计年鉴》（1997—2010）。

(三) 中央与地方普通高校的校均经费差距大

在 2000 年之前，高等教育管理体制与布局结构调整刚开始的时候，中央与地方普通高校的校均财政性经费都在 1 亿元以下，中央普通高校校均财政性经费高于地方，但差距不太明显。2000 年时，中央普通高校校均财政性经费突破 2 亿元，2002 年时增至 3 亿元，2006 年时达到 4.35 亿元，然后每年的增长幅度保持在 1 亿元之上，2009 年时升至 7.71 亿元，连年上涨的趋势非常明显。与中央普通高校相比，地方普通高校校均财政性经费增长非常缓慢，在 2000 年时仅有 0.3 亿元，2002 年时是 0.36 亿元，2006 年时是 0.52 亿元，2009 年时是 0.89 亿元，仅相当于中央普通高校校均财政性经费的 12% 左右。

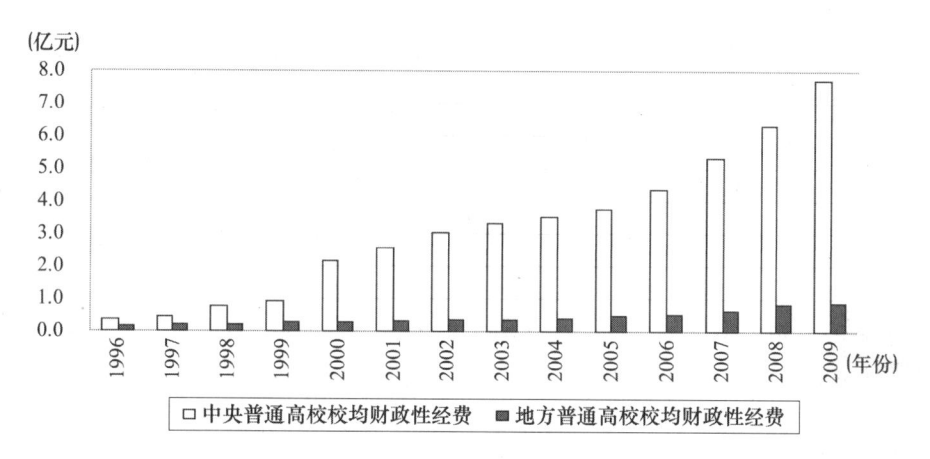

图 6—6　中央与地方普通高校校均财政性经费的比较

资料来源：根据《中国教育经费统计年鉴》（1997—2010）和《中国统教育统计年鉴》（1996—2009）计算得出。

注：地方普通高校数不包含民办高校。

二　高等教育财政横向不平衡：区域差距

(一) 各省普通高校生均预算内支出的标准差和极差

前已述及，31 省（市、区）的财政能力之间存在较大的差异。财政保障能力强的省（市、区）对高等教育的生均支出水平也相应高些。1996—2009 年地方属普通高校生均预算内经费支出省级差异的变化趋势如图 6—7 所示。

1996—2009 年，分布在 31 个省（市、区）地方属普通高校生均预算内经费支出的标准差呈逐渐扩大的趋势。从 2000 年的 3174.9 元增长到 2003 年的 4372.7 元，到 2009 年时增至 5355.5 元。标准差是反映数据离散程度和差异程度的重要指标。标准差越大，说明数据离散程度越大。地方普通高校生均预算内经费支出的标准差在 5000 元左右，说明有一些省普通高校生均预算内经费支出很高，一些省普通高校生均预算内经费支出较低，省与省之间差距很大。

极差，即全距，表示最大值与最小值的差，是反映数据波动范围和离散幅度的一个统计指标，极差越大，说明数据的离散幅度越大。由图 6—7 可知，1996—2009 年期间，在每个年度地方普通高校生均预算内支出最高的省与最低的省之间的差距，即生均预算内经费支出极差都在 10000 元以上，并且随着年代向后推移，极差越来越大，在 2005 年接近 25000 元，在 2009 年扩大到 27000 元以上。

极差率是最大值与最小值的比率，也是反映数据波动范围和离散幅度的一个统计指标，极差率越大，说明最大值与最小值之间的差距也越大。由图 6—7 可知，在 1996—2009 年期间，极差率最低也在 4.0 以上，2005 年极差率最高，达到 12.0，即普通高校生均预算内经费支出最高的省是最低的省的 12 倍，这说明高等教育财政横向不平衡的问题非常突出，地域之间差距明显。

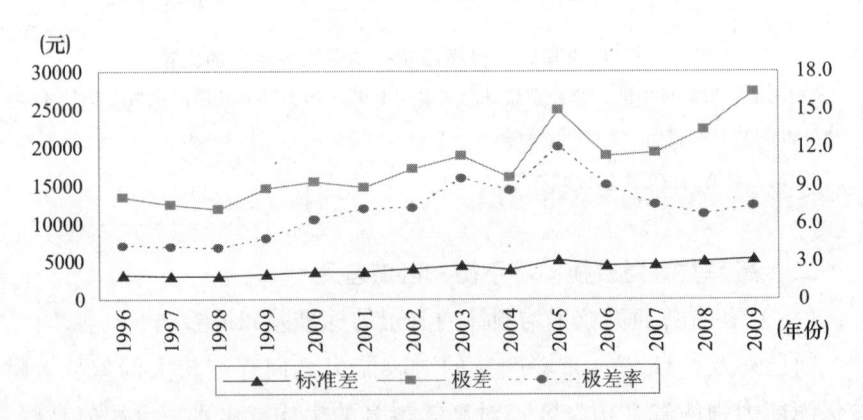

图 6—7　地方属普通高校生均预算内经费支出省际差异的变化趋势

资料来源：根据《中国教育经费统计年鉴》（1997—2010）计算得出。

（二）各省普通高校生均预算内支出的变异系数

以上是用标准差、极差、极差率来反映地方属普通高校生均预算内经费支出的省际差异情况。接下来分析地方属普通高校生均预算内经费支出的变异系数，并把其与中央属普通高校生均预算内经费支出的变异系数进行比较，以进一步说明政府间高等教育支出责任与财力保障不匹配对高等教育支出造成的影响。

变异系数是标准差与平均数的比值，用来反映数据的变异程度。中央与地方普通高校生均预算内经费的变异系数的大小反映了两类高校在经费支出方面的差异状况，计算结果如图6—8所示。可以看出，除了在2000年、2001年之外，中央普通高校生均预算内经费变异系数均低于地方普通高校生均预算内经费变异系数，在2007—2009年，中央普通高校生均预算内经费变异系数在0.19左右，而地方普通高校生均预算内经费变异系数仍居在0.60以上，说明在31省中地方政府对地方普通高校生均拨款差距较大、差异明显，中央政府对中央普通高校生均拨款的差异程度则相对较小。

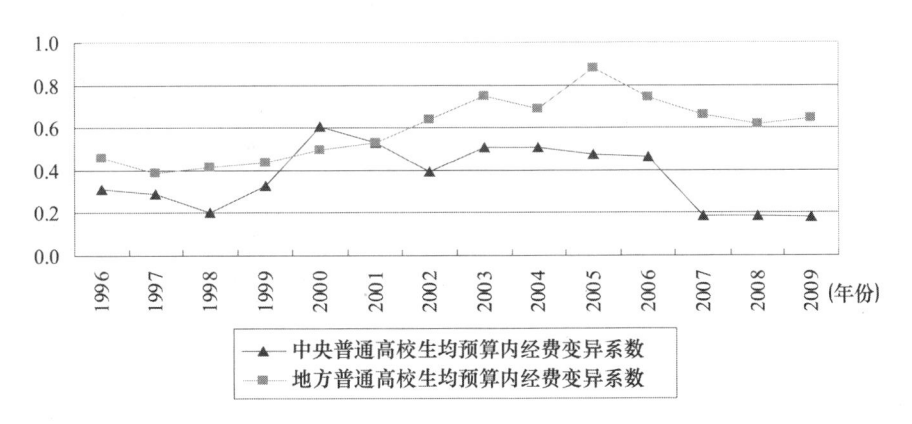

图6—8　中央与地方属普通高校生均预算内经费变异系数

资料来源：根据《中国教育经费统计年鉴》（1997—2010）计算得出。

第五节　高等教育支出责任与财力
保障匹配的关键突破

高等教育支出责任与财力保障匹配的实现既涉及高等教育支出责任划分，也涉及政府财力保障，所以从这两个方面着手，找出影响二者匹配的主要障碍，并采取措施突破这些障碍，可以促进二者的匹配。首先，在高等教育支出责任划分方面，我国的突出问题一是高等教育支出划分的不够清晰，中央与地方的共有责任多，中央、地方的专有责任不明显，在许多项目上支出责任交叉重叠不清，引起责任模棱两可；二是在正式的法律中，如《教育法》《高等教育法》没有明确规定中央与地方应负担的支出责任及应分担的经费比例，这样未以法律作支撑的高等教育支出责任划分明显弱化了其约束力和执行力。因此，高等教育支出责任划分的两个关键突破是推动高等教育支出责任划分的明晰化和法制化。其次，关于政府财力保障，我国的突出问题一是政府间财力分配不平衡，政府间财力分配的结果与事权及支出责任的配置结果不一致：与中央相比，地方的财力与支出责任不匹配；与富裕地区相比，贫困地区的财力与支出责任不匹配。二是一些 OECD 国家已经建立了高等教育专项转移支付制度，我国虽然有中央对地方高校的专项补助，但是在促进二者匹配方面发挥的作用仍很有限，亟待建立规范的高等教育转移支付机制来增强对地方高等教育支出的保障水平。所以，政府财力保障方面的两个关键突破是推动政府间财力分配的科学化和建立支持地方高等教育发展的转移支付机制。下面将分别论述这 4 个关键突破，并分析它们的可行性。

一　高等教育支出责任的明晰化

明晰化是公共财政理论关于支出责任划分的一个重要要求。在多级政府之间划分支出责任时，若把支出责任划分得含糊不清和模棱两可，会导致出现这样一种情况，即每一级政府都认为这不是他们的责任，这样公共服务的提供就会受到影响。① 在我国和一些联邦制国家中，高等教育支出责任涉及中央与地方2级甚至3级政府，那么是否有可能把高等教育支出责任明晰化呢？特别是如何把政府间共同分担的责任明晰化呢？答案是肯定的，美国佐治亚州立大学乔治·马丁－瓦克斯教授给出了建议，认为提高支出责任划分清晰度和确定性的一条捷径是给每一级政府分配专有责任②。一些国家实际上已经这样做了，在加拿大、德国等国，高等教育是被当作省或者州的专有责任的。然而对于我国来说，这一方法不太具有现实可行性，因为高等教育两级管理和分级预算的管理体制已经运行多年，现在已很难把高等教育划归为中央的或是省的专有责任。因此，建议从以下3个方面着手促进我国高等教育支出责任的明晰化：一是以后新的高等教育支出责任，若有一级政府承担可行，则尽量争取把这一支出责任划为该级政府的专有责任；二是针对我国政府间高等教育支出责任交叉重叠较多的现状，对于那些共同分担的支出责任，今后要详细说明：哪一级政府负责制定高等教育支出的标准，哪一级政府负责提供高等教育预算拨款，哪一级政府负责实际实施监管、绩效评价或问责；三是成立对话或协调机构，解决高等教育支出责任划分及履行过程中出现的争议问题，因为即使借助法律对支出责任作出正式的、详尽完整的划分，也难以保证支出责任划分不会出现问题，因为总会有一些细节问题或出现一些新的情况需要在实践中解决③，这时建立协调和对话机制或机构解决政府间支出责任划分的争议问题，定期地举行会议或者进行各方面的信息沟通，则可以减少支出责任划分的不确定性，提高支出责任划分的清晰度。我国可以在中央财政部门成立财政协调委员会，或者在中央教育行政部门成立高等教育财政协调委员会，解决高等教育支出责任划分出现的相关问题或者争议。

---

① Local Governance and Community Development Programme (LGCDP), "Study Report on Expenditure Assignment", http://lgcdp.gov.np/home/report/official_reports/expenditure_assignment_report_english.pdf.

② Jorge Martinez - Vazquez, *Making Fiscal Decentralization Work in Vietnam* (*Working Paper 04 - 04*), Atlanta, GA: Andrew Young School of Policy Studies, Georgia State University, 2004, p. 20.

③ Jorge Martinez - Vazquez, Andrey Timofeev, Jameson Boex, *Reforming Regional Local Finance in Russia*, Washington DC: World Bank, 2006, p. 83.

二 高等教育支出责任划分的法制化

西方一些财政体制比较完善的国家常常通过法律来确定政府间的支出责任。政府间支出责任通过法律形式明确加以界定，可以使支出责任划分更显权威性和严肃性；支出责任在需要调整时遵循相关法律程序进行，有利于维护支出责任划分的稳定性和规范性。国外政府间事权和支出责任划分的方式主要包括以下3种：①中央列举法，由宪法等法律单独列举中央或联邦政府的事权及支出责任，法律中没有提到的剩余事权及支出责任归属于地方，地方承担的责任较多。②共同列举法，即法律同时列举中央（联邦）的事权及支出责任、地方的事权及支出责任。③中央推定法，即法律列举地方的事权及支出责任，未列举的事权及支出责任属于中央，中央承担的责任较多。① 在高等教育领域是否可以通过列举法，借助法律的形式确认中央与地方的高等教育支出责任，从而提高高等教育支出责任划分的法制化水平呢？答案是肯定的，有些国家已经使用列举法来确定政府间高等教育支出责任。如美国采取中央列举法划分了中央与各州的高等教育支出责任。美国宪法第十修正案（1791年）中规定："本宪法未授予合众国，也未禁止各州行使的权力，由各州各自保留，或由人民保留。"按照这一规定，各级教育属于州的保留权力，从而把高等教育支出责任划给了州，高等教育拨款由高校所在的州承担。加拿大使用共同列举法划分了联邦与各省的高等教育支出责任。加拿大《宪法法案》既把大学的责任赋予了各省级政府，也规定了联邦政府要资助土著人接受高等教育，为他们提供入学机会，这样就通过了共同列举的方式确定了联邦与省所承担的高等教育支出责任。以上说明可以使用列举法，以法律的形式对政府间高等教育支出责任作出正式的划分，提高划分的规范性和法制化水平。我国可以在《宪法》《教育法》或《高等教育法》中通过中央列举法或共同列举法明确中央与地方的高等教育职责，框定中央与地方所负责的高等教育支出范围，以督促政府积极地履行支出责任，加大高等教育支出，提高对高等教育的保障能力。

---

① 戴罗仙编著：《财政学》，中南大学出版社2009年版，第323页。

三 政府间财力分配的科学化

政府间财力分配的完善与否直接影响政府对高等教育的财政供给能力。因此，促进政府间财力分配的科学化、合理化将有助于均衡各级政府的财政能力，提高政府对高等教育支出的保障能力。由于政府的财力来源主要是税收，所以通过完善分税制财政体制可以促进政府间财力分配的科学化，发达国家分税制改革实践已经证明了这一点，这里以美国和德国为例予以说明。美国的税收管理体制由联邦、州、地方3级构成，各层级政府在税收方面独立性较强。为保证各级政府都有一定的财力，能够满足其支出责任范围内的开支需要，每级政府都有独立的课税权，并且每级政府都有相应的主体税种作为本级财政的主要财源。个人所得税、社会保险税和公司所得税为联邦收入的主要来源；州政府税收以销售税为主体；地方政府的主要税源来自财产税。[①] 美国通过这样一种分权式的分税制度，使主体税种和辅助税种在3级政府之间得到合理配置[②]，促进了财力分配的科学化，为各级政府在其职责范围内提供各项公共服务奠定了基础。德国实行共享税与专享税相结合、以共享税为主的分税制，国家的主体税种是所得税和增值税，约占全国税收总额的70%，这两个税种连同营业税等作为联邦、州与地方政府的共享税，3级政府按统一规定的比例分享；3级政府还有各自的专项税收入，联邦政府主要有关税，州政府主要有财产税，地方政府主要有土地税等。[③] 这样就通过共享税与专享税的有机结合和合理分配，为各级政府履行其公共职责提供相应的财力保障。另外，德国还建立了横向财政平衡制度，即通过横向转移支付的形式，财力较强的一些州把部分税收收入转移给财力弱的一些州，达到平衡各州财力的目的。[④] 从美、德等西方国家的分税制实践看出，通过采取按税种或按税源分享划分税收收入、各级政府设定主体税种的方式，可以使各级政府财力范围比较清晰，避免

---

① 张运平：《美日两国分税制的比较》，《日本学论坛》1990年第3期。
② 陈杰：《完善我国分税制模式之思考》，《税务研究》2002年第7期。
③ 靳万军、付广军：《美、日、德三国层级政府间税收收入分配制度及借鉴》，《涉外税务》2009年第11期。
④ 同上。

相互挤占；政府间税收收入的分配应在清晰划分各级政府职责大小的基础上，为各级政府履行支出责任提供可靠的财力来源。我国分税制改革后，地方出现了财力与事权及支出责任不匹配的问题，借鉴国外税收划分的实践经验，通过调整税种划分和共享税分配比例，确立地方主体税种，下放税收管辖权等措施，可以推动政府间财力分配逐步走向科学化、合理化的轨道，为促进各级政府财力与事权及支出责任相匹配奠定基础。

四 建立支持地方高等教育发展的转移支付机制

财政转移支付是财政体制的重要组成部分，这种机制通过财政资金在中央与省、省以下各级政府之间的无偿转移，起到平衡政府间财力分配的作用。转移支付机制发生的可能是由于中央政府在财税分配时往往占大头，存在财力相对过剩的可能，地方政府尤其是基层政府普遍存在着支出需求较大、可用财力不足的问题。为了解决地方支出责任与财力保障不匹配的问题，中央政府需要把本级的财力转移给地方政府，以增加地方财力，帮助地方完成各项支出任务。转移支付按其目的的不同分为一般性转移支付和专项转移支付。按转移支付的方向分类，又可分为纵向转移支付和横向转移支付，见图6—9。纵向转移支付是自上而下的财政资金转移，是中央政府为促进纵向财政平衡而对地方政府拨付的补助金。为了促进地方财力均等化，中央给予贫困地区的补助金应该多于给予富裕地区的补助金。横向转移支付是富裕地区直接向贫困地区转移财政资金，实行地区间财政互助，达到调整地方政府间财政失衡、促进各地公共服务水平均等化的目的。

在OECD国家中，转移支付机制已经广泛应用在教育、社会保障等公共服务领域。一些国家还建立了高等教育专项转移支付机制，联邦或中央政府通过这种转移支付资助高等教育，转移支付机制已经成为促进高等教育支出责任与财力保障相匹配的重要手段。表6—3列出了实施高等教育专项转移支付的OECD代表性国家。在所列国家中，加拿大、德国、瑞士、澳大利亚等7国中央政府向地区政府实施高等教育专项转移支付。英国、爱尔兰、芬兰等5国中央政府向地方政府实施高等教育

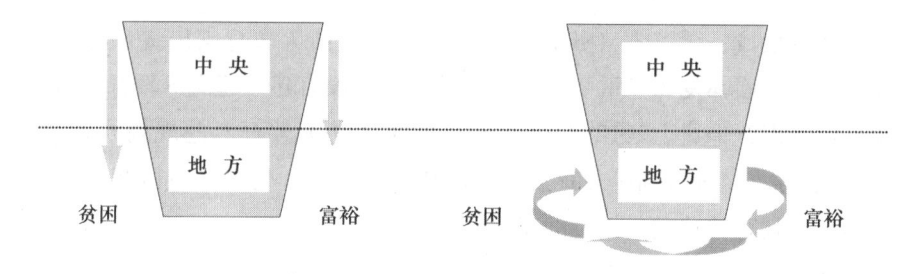

图6—9 纵向与横向转移支付示意图

资料来源：Jan Werner and Anwar Shah, *Financing of Education: Some Experiences from Ten European Countries*, ILPF Working Paper 02-2006, Institute of Local Public Finance, 2006. 根据原文中的图表翻译整理得出。

表6—3　　　　实施政府间高等教育专项转移支付的国家

转移支付的层级	国家
中央政府向地区政府转移支付	加拿大、德国、日本、墨西哥、瑞士、意大利、澳大利亚
中央政府向地方政府转移支付	英国、爱尔兰、芬兰、冰岛、德国
地区政府向地方政府转移支付	德国、墨西哥、奥地利

资料来源：根据 OECD, Online Education Database (http://www.oecd.org/edu/database.htm) 政府间教育转移支付数据整理得出。

注：这里高等教育专项转移支付不包含常规的政府间财力性转移支付；地区政府指省或州这一级的政府。

专项转移支付。德国、墨西哥、奥地利3国地区政府还向地方政府实施高等教育专项转移支付。在上述国家中，比较典型的是德国，其政府间高等教育专项转移支付比较多样，既有联邦向州的、联邦向地方的，还有州向地方的。加拿大高等教育专项转移支付包含在联邦社会转移支付之内，在本书第五章已经作了介绍。

从不同层级政府高等教育专项转移支付资金的数额来看，上述国家是以联邦对省（州）的转移支付为主，如2008年加拿大联邦对省的高等教育专项转移支付金额是24.35亿加元；德国联邦对州的高等教育专项转移支付金额是13.31亿欧元，州对地方高等教育专项转移支付金额仅为1.41亿欧元。OECD国家的这些实践表明，高等教育专项转移支付在弥补高校经费缺口、缓解省（州）财政压力、促进高等教育支出责任与财力保障匹配方面都发挥了重要作用。我国目前还没有建立起高等教育专项转移支付制度，但是，2012年教育部发布的《高等教育专题规划》提出，"中央建立支持地方高等教育发展的转移支付机制，促进区域协调发展"。我国高等教育转移支付机制的建立，将可以提高地方对高等教育支出的保障水平，在促进高等教育支出责任与财力保障匹配方面更好地发挥作用。

本章小结

在前面分析我国和OECD 5国政府间高等教育支出责任与财力保障匹配情况的基础上，本章主要对二者的匹配问题作出理论层面的揭示和总结，提出促进二者匹配的关键突破点。理论揭示分为如下4点：第一，清晰规范的支出责任划分是高等教育支出责任与财力保障实现匹配的基础。我国中央与地方的高等教育支出责任存在一定的交叉重叠，容易引起责任的模棱两可。第二，高等教育支出责任与财力保障的合理匹配离不开坚实有力的公共财力作后盾，财政保障能力是二者匹配的关键。二者不匹配往往是由支出责任大于财政保障能力而引起的，政府间财力分配的不完善使中央地方间、各省间高等教育财政保障能力分化，政府对高等教育的重视与支持不够使财政保障能力弱化。第三，政府财力与高等教育支出责任反向转移是引起二者不匹配的直接原因。分税制改革以后，我国政府财力逐渐由地方向中央转移。随着高等教育管理体制与布局结构的调整，高等教育支出责任逐渐由中央向地方转移。这两个方向相反的转移直接引起了二者不匹配。第四，高等教育财政纵向不平衡与横向不平衡是高等教育支出责任与财力保障不匹配带来的后果，具体表现在中央与地方高校获得的经费支持差距较大，在普通高校生均预算内经费支出方面省与省之间差距很大。促进二者匹配的4个关键突破分别是推动高等教育支出责任的明晰化和高等教育支出责任划分的法制化，推动政府间财力分配的科学化和建立支持地方高等教育发展的转移支付机制。

第七章

我国高等教育支出责任与财力保障匹配的实现路径

为了解决我国高等教育支出责任与财力保障不匹配的问题，进而提高二者的匹配度，需要统筹考虑如何完善高等教育支出责任安排与构建财力保障体系，系统设计，整体推进，探寻促进二者匹配的实现路径。本章将从完善支出责任安排、增强财力保障、强化制度约束3个方面探讨我国高等教育支出责任与财力保障匹配的路径选择及未来改革，然后提出若干具体建议。

第一节 完善支出责任安排

完善高等教育支出责任安排是结合公共财政理论，调整原先不合理的体制安排，确立高等教育支出责任安排改进的方向，明晰中央与地方两级政府的高等教育支出责任的范围，从体制改进方面着手，促进高等教育支出责任与财力保障的匹配。

一 高等教育支出责任安排改进的方向

为了提高我国高等教育支出责任与财力保障的匹配度，未来高等教育支出责任安排改进的方向，是要使高等教育支出责任与受益范围相一致、利于提高配置效率、集中分散适度。

（一）支出责任与受益范围相一致

支出责任与受益范围相一致原则是要根据公共服务的受益范围来

划分政府间支出责任,若某项公共服务的受益范围覆盖全国,则支出应由中央政府负担;若某项公共服务的受益范围仅局限在地方辖区,则支出应由地方政府负担;若受益范围覆盖多个辖区,则支出由相关辖区政府协商承担,中央政府可给予一定补助。我国高等教育为地方经济发展培养了大量专业人才和高素质劳动者,高校开展科学研究和社会服务带动了地方知识创新和技术进步,推动了地方经济增长方式的转变和产业结构的优化升级,高等教育消费及高等教育投资在一定程度上又拉动了地方经济增长,因此,地方政府是高等教育直接的、主要的受益者。按照支出责任与受益范围相一致的要求,应以地方为主承担高等教育支出责任。以往对高等教育公共支出重视程度不够的地方政府应转变认识,积极履行自身职责。此外,由于高校毕业生的跨地区流动和高校科技成果的推广应用,高等教育收益会外溢到其他地区甚至全国,为了对外溢效应进行补偿,中央政府也应承担一部分高等教育支出责任。

(二)利于提高配置效率

政府提供的公共服务在类型上是多样的,它们的受益范围是大小不一的,并且不同地区的居民对公共产品及服务的需求和偏好也是不同的,这就需要考虑公共支出责任划分的效率问题,即哪一级政府承担某项公共支出责任效率更高、更能发挥优势。因此,从效率方面考虑,支出责任应该分配给最能体现偏好差异、提供成本最低、能最高效地提供公共服务的那级政府。[①] 在计划经济时期,我国高等教育支出责任完全由中央政府负担,高等教育资源供给受到限制,高等教育投资的方向也无法兼顾各地社会经济发展对人才的需求。在改革开放以后,高等教育支出责任逐渐向地方转移,地方政府更了解本地经济社会发展对高等教育的需求,因此可以更加灵活地调整高等教育投资方向,这样安排支出责任提高了资源配置效率。但是近些年来,地方承担的高等教育支出责任越来越多,各省间高等教育财政保障能力差异较大,高等教育支出责任与财力保障不匹配的问题逐渐凸显,影响了效率的发挥。因此,以后应坚持效率的原则,进一步完善高等教育支出责任安排。

---

① 马海涛主编:《财政转移支付制度》,中国财政经济出版社 2004 年版,第 34 页。

（三）集中分散适度

以往多年的实践已经证明，过于集中型的高等教育支出责任安排不能很好地发挥中央与地方两级政府的积极性，不利于提高高等教育资源配置的效率，因此不是一个理想的模式。近些年高等教育财政运行出现的问题逐渐使人们认识到，过于分散的高等教育支出责任安排引起中央属与地方属两类高校的发展差距逐渐拉大，地区间经济发展不平衡直接影响了地方政府对高等教育的投资能力，不利于我国高等教育的协调与和谐发展；各省地方高校生均支出水平出现严重差异，不利于维护高等教育公平和提高高等教育质量，所以，这种支出责任安排也不是一个理想的模式。结合我国的国情，适合我国实际情况的高等教育支出责任安排应是集中分散适度，即中央与地方按其职责范围负担相应的高等教育支出，各级政府高等教育支出有相应的财力作保障，避免出现"有责任、无保障"的情况。集中分散适度的"度"的标准就是不管中央高校还是地方高校，高等教育支出责任与财力保障都能实现匹配。

二 两级政府高等教育支出的责任范围

公共财政理论和财政运行实践已经证明，政府间公共支出责任划分不明晰容易导致政府在履行职能时出现"越位""缺位""错位"现象。由于我国政府间事权和支出责任的划分不够规范，"中央出钱做地方的事""地方出钱做中央的事"的现象也时有出现，并且在高等教育领域中有所体现。有研究者发现，中央政府高等教育投资主要集中在发达地区，减少了发达地区应该承担的高等教育投资责任，使发达地区的高等教育投资水平偏低，这对全国教育投资水平产生不利影响。[1] 中央政府在发达地区高等教育投资责任相对越位，在欠发达区投资责任又表现为缺位。[2] 所以明晰中央与地方政府的高等教育支出责任范围是必要的。高等教育经常性经费支出，如人员经费、公用经费等支出由高校所隶属

---

[1] 曹淑江、董克用：《我国政府之间高等教育投资责任划分问题研究》，《财贸经济》2007年第9期。

[2] 伍海泉、陈锋：《政府间高等教育投资责任划分研究》，《财务与金融》2009年第1期。

的政府负担。下面结合一些大的高等教育专项支出项目，分析中央与地方政府的责任边界。

(一) 重点建设支出

重点建设支出包括用于"985工程""211工程"、国家示范性高等职业院校建设计划、高等学校创新能力提升计划（"2011计划"）等重点项目方面的财政支出。以"985工程"为例予以说明。20世纪90年代，我国提出了建设世界一流大学和一流学科的目标，由于该项目建设周期长、投资额大，因此所需的资金应该主要由中央财政负责安排。由于高校可以为所在地政府的经济社会发展服务，因此所在地政府应视财力情况适当安排配套资金，以保证这些重点建设项目所需资金落实到位，通过中央与地方的共同支持，推动这些高校迈向世界一流大学和高水平大学。

(二) 学生资助支出

在国外，高等教育学生资助支出多由联邦政府或中央政府负担，如2008年美国本科生获得的资助中65%直接来自联邦资助项目。[①] 在我国，奖、贷、助、减、免多元混合的高等教育资助体系虽然已经建立，但是学生资助以中央负担为主的特征并不明显，地方财政负担的学生资助支出所占比例与中央财政负担的比例悬殊不是很大，如2009年中央财政学生资助支出占全国学生资助总额的比例是28.7%，地方财政学生资助支出占全国学生资助总额的比例是18.7%，[②] 在以后，中央财政需要进一步加大学生资助方面的支出，在履行好自身职责的同时，也为地方财政留出些财力用于高等教育质量提升方面的支出。

(三) 高校科研拨款支出

在国外，高校科研拨款特别是基础研究拨款多由联邦政府或中央政府负担，这主要是由于基础研究投资需求大、时间长，而且一般很难直接产生商业价值，所以联邦政府主要资助基础研究[③]。如美国联邦政

[①] 杨钋、魏易：《中美地方政府大学生资助比较研究》，《教育发展研究》2010年第21期。

[②] 根据中国教育部门户网站上的数据，全国学生资助总额包括中央与地方财政的直接投入、金融机构国家助学贷款、高校事业收入中提取的经费、各类捐助资金及其他。

[③] 陈霞玲、王彩萍：《美国高校科研经费拨款方式对我国的启示》，《世界教育信息》2009年第9期。

府、州政府、基金会、企业等是大学科研资助的主体,但联邦政府是大学科研最大的资助者,2004年联邦政府资助占大学总研究经费的62%。① 我国高校科研拨款支出目前已经是以中央负担为主,地方负担为辅,2009年我国普通高校科技拨款总额中,中央属普通高校所占比例是67.0%,地方属普通高校所占比例是33.0%。在今后,中央政府除了要负担中央高校的科研拨款外,还要加大对地方高校科研的支持力度,以提升全国高校科研的整体水平。

(四) 高等教育质量保障的支出

由于高等教育质量涉及师资队伍建设、教学条件改善、精品课程建设、专业综合改革、校外实践教育基地等多个方面,因此高等教育质量保障既是中央的责任也是地方的责任,用于提高高等教育质量方面的支出应该由中央与地方共同承担,可以由中央财政设立专项资金,地方财政给予配套或高校自筹部分经费,共同加强高等教育质量保障。

(五) 支持高等教育协调发展的支出

推动经济社会文化各领域的平稳发展是中央政府的责任,宏观调控的职责一般是由中央政府来履行。所以,推动高等教育区域协调发展,提高各地区教育质量和办学水平,满足人们接受优质高等教育的需求是中央政府责无旁贷的义务。支持高等教育协调发展的支出应该主要由中央政府负担,中央财政可以出资设立专项资金,或者建立"以奖代补"的机制,为地方高校提供经费资助,地方财政可适当给予配套或高校自筹部分经费,合力改善薄弱高校的办学条件,提高办学水平,化解债务负担,缩小发展差距,推动协调发展。

第二节 增强财力保障

高等教育财力保障是否充分与政府财政能力的高低直接关联,也与高等教育拨款制度是否合理、高等教育预算管理是否完善、高等教育财政转移支付制度是否健全密切相关。所以,提高政府财政能力、改进高

---

① 郭德侠:《中美英三国政府资助大学科研方式的比较》,《清华大学教育研究》2010年第3期。

等教育拨款制度、硬化高等教育预算约束、健全高等教育转移支付制度是增强高等教育财力保障的重要措施。高等教育财力保障的增强意味着承担高等教育支出责任的政府可以为高等教育的发展提供更坚实的财力支撑，从而解决以往支出责任与财力不匹配的问题。

一 提高财政能力：高等教育经费充裕的基础

高等教育财政资金来源于公共财政收入。在目前财政分权的背景下，各省公共财政能力的高低决定了能为本省高等教育发展提供多大的财力支撑[①]。只有政府的财政能力提高了，才能为实现高等教育经费充裕奠定好财力基础。为了提高财政能力，需要健全税收体系，强化税收征管，加强财源建设，培育财税收入新增长点。

（一）健全税收体系

公共财政能力的增强不是仅靠向企业和居民多征税来完成的，更重要的是要依靠建立规范、合理、稳定的财税体系来实现。美国、加拿大、德国、澳大利亚等国都建立了完备的地方税体系，且有地方主体税种，用于保障地方政府的各项开支。我国虽然也建立了地方税体系，地方税种也较多，但缺乏地方主体税种，大多数地方税的税基较窄，税源零散且缺乏稳定，不易形成规模收入[②]，这是造成地方财政困难的主要原因。为了增强地方财政能力，未来需要做的改进是：①减少共享税，确立地方税主体税种。近些年来，原本属于地方税的一些税种被调整成为中央与地方共享税，现在为了解决地方政府的财政困难，增加地方财政能力，需要减少共享税，把营业税、财产税、城市维护建设税作为地方主体税种[③]，健全地方税收体系。②改革资源税征收制度，开征房产税。资源税属于地方税种，是地方财政收入的重要来源。通过改革资源税的计税依据，拓宽课税范围，可以大幅度地提高资源所在地方政府的财政收入。目前国家对个人住房一直是免予征收。房产税，一旦开征

---

① 这里所说的财政能力是政府有效汲取资源、筹集资金、提供公共产品的能力。参见卢洪友、贾智莲《中国地方政府财政能力的检验与评价》，《财经问题研究》2009年第5期。

② 张淑欣：《论地方财政能力的提升途径》，《湖北经济学院学报（人文社会科学版）》2009年第11期。

③ 同上。

之后，地方政府将可以获得一项新的财政收入来源。③适当赋予地方税政管理权。对于地方税种，在统一税政前提下，可以赋予地方一些税政管理权，允许省级政府对征收税率有调整权或制定征收实施细则。

（二）强化税收征管

税收是政府财政收入的主要来源渠道。加强税收征管、保证税款及时足额入库、防止税收流失是增强财政收入能力的一条途径，尤其对于财政收支矛盾较为突出的地方政府来说，抓好税收征管对于提高财政保障能力意义更为重大。在某些地方，由于公民的纳税意识淡薄，偷税、逃税、骗税的现象仍然存在，使国家财政收入遭受损失。这就需要按照《税收征收管理法》的要求，强化税收征管，实现应收尽收，保证财政收入稳步增长。对于那些重点税种和提供税源的重点行业应强化税收征管，严防税收流失。税务部门要加大向社会群众普及税法知识、宣传依法纳税光荣的力度，提高群众依法自觉纳税的意识，敦促纳税人如实、按期地进行纳税申报，并利用现代化的手段，如互联网、计算机等设备，为纳税人缴纳税款提供便捷的服务。为了防止偷逃税款，税务机关要加大稽查力度，及时查补、追缴应纳税款。

（三）加强财源建设

地方财政困难的根本原因是财源严重不足，可供分配的"蛋糕"不大，因此一些地方政府要走出财政困境，应以培植壮大财源为着眼点。为此，建议如下：一是制定好未来财源建设目标。结合国家产业政策和未来发展方向，依托本地区资源、能源、区位优势，因地制宜地确定本地区财源建设目标，在培植基础财源与主体财源、支柱财源与补充财源、新兴财源与潜在财源方面，既要统筹兼顾，又要突出重点，各有侧重。二是要多渠道增加财源建设投入。地方政府要从财政预算中安排财源建设专项资金，有选择地扶植一些支柱产业和附加值高、利税率高的财源建设项目。同时积极鼓励通过多种形式筹集社会富余资金，通过招商引资等方式，从省外或国外争取资金投入。三是优化产业结构，大力发展对增加财政收入贡献率高的产业。营业税主要来自第三产业，分税制把营业税作为地方固定收入，因此第三产业将成为地方财政收入新的增长点[①]。地方政府在优

[①] 林成允：《地方财源建设要重视发展第三产业》，《中国财政》2003 年第 3 期。

化产业结构时，要注意在抓好第二产业的基础上，加快发展第三产业，把第三产业培植为对增加地方财政收入贡献率高的产业。

二 改进拨款制度：弥补高校经费缺口的手段

在高校层面，我国高等教育支出责任与财力保障不匹配的一个突出表现是许多高校均出现了大小不一的资金缺口。造成高校资金缺口的原因大致有3个：一是办学成本不断上升，公共财政拨款未能及时跟进。在引起高校办学成本上升的诸多因素中，物价、政策性工资这两个因素最为明显。若用消费者价格指数来计算我国的通货膨胀率，发现我国物价1990—2010年上涨了148%，1995—2010年上涨了35%，1998—2010年上涨了22%。同时为了改善教师福利待遇，调动教师工作积极性，给教师的劳动报酬也在不断提高，表现在教师政策性工资（档案工资）不断提高，数据显示，我国高校教师政策性工资现在比以前上涨了84.47%。[①] 尽管如此，一些省份高等教育生均拨款定额多年来仍未有提高。二是在高等规模扩展阶段，为了完成高等教育大众化任务，不少高校向银行借贷，用于改善扩招以后的办学条件和建设新校区，现在到了还款期，以高校目前的收入水平难以还清高额的债务，需要政府给予财政补贴。三是当前我国高等教育转入以质量提升为核心的内涵式发展之路，内涵建设要想取得成效也需要资金投入作保证，如重点学科建设、创新人才培养、一流学者和领军人才的引进都需要大量财政资金的投入。所以通过改进拨款制度，弥补高校经费缺口，是解决高等教育支出责任与财力保障不匹配的关键所在。在此方面可做如下改进。

（一）按学科确定拨款定额，体现办学成本差异

不同专业的办学成本是存在差别的，政府的生均拨款要体现成本差异。按不同的学科核定生均拨款基本标准比执行一个统一的生均拨款定额标准更具科学性和合理性。可以首先确定高校人员经费与公用经费的基本标准，再结合办学成本因素按学科确定各学科的

[①] 夏令、李楠楠、童丹等：《广东高校出现债务危机》，《信息时报》2012年1月13日第8版。

拨款折算系数，从而得到各学科生均拨款定额标准。例如福建省结合不同专业的培养成本和收费标准等因素，确定普通本科各学科的拨款折算系数，具体是：理科是1，文科是0.9—1.2，工科是1.2—1.5，医学是1.6，艺术是1.4，农林、航海是1.4，体育是1.3—1.4，公安是1.4。高职类专业折算系数以理工科为1，文科类是0.85，艺术等其他专业是1.1—1.8。① 这样可以保证办学成本越高的学科获得的拨款资助也越多，办学成本较低的学科获得的拨款资助也相应较少。既为学科的发展提供了财力保障，也使稀缺的财政资源得到有效利用。

（二）适时动态调整生均拨款定额标准

生均拨款定额并非一经确定，多少年保持不变。正确的做法应该是根据内外因素的变化适时动态调整生均拨款定额标准。可以根据高校发展规划和目标，结合政府财政收支情况、物价涨幅变动情况、高校在校生人数变化等因素，动态调整生均拨款定额标准。特别是物价变动情况，对生均拨款增长率的影响很大。在物价上涨较快的背景下，生均拨款的名义增长率可能较高，但是在扣除通货膨胀率之后，生均拨款的实际增长率可能会很低，甚至为负数。所以在调整生均拨款定额标准的时候，一定要使生均拨款在扣除物价变动后仍能保持增长的态势。如福建省规定，根据高校发展的需要，结合本省财政收入情况、物价变动情况、在校学生规模、上级规定的政策性工资调整等因素，对高校生均拨款定额标准进行动态调整，以保障高校基本运行需要。②

（三）引入绩效拨款

我国高等教育财政拨款的主导政策参数是高校在校生人数，在校生越多获得的公共预算拨款也越多。所以，长期以来多数高校关注的是如何通过扩大在校生规模来争取预算内拨款，对拨款的使用和管理没有给予足够的重视。为了敦促高校科学、合理、规范地使用和管理

---

① 《福建省财政厅教育厅关于进一步完善省属高校财政预算拨款制度的通知》（http://www.fjcz.gov.cn/article.cfm?f_cd=13&s_cd=103&id=49D94FDA-D605-5850-C936666F1BD C595B&tfid=9）。

② 同上。

资金，提高财政资金的使用效益，我国高等教育财政拨款模式应该由过去的投入型向产出型过渡，在确定拨款定额时增加绩效因素，引入绩效拨款，逐步建立以绩效为导向的财政资源配置新方式，使用财政资金产生的绩效越大的高校获得的财政拨款将会越多。一些地方已经开始探索高等教育绩效拨款制度，如江苏省以实施高等教育综合改革试点为契机，提出要建立绩效拨款制度，实行财政拨款与高校绩效评价挂钩。①

三　强化预算管理与约束：确保高等教育经费到位的措施

预算是教育财政的起点和入口。若预算编制不合理、预算审核不全面、预算执行不严格、预算监督不到位，会为高等教育支出责任与财力保障不匹配留下诱因。一些省份高等教育支出的法定增长要求不能落实，项目拨款不能及时到位，这显示出预算约束缺乏刚性。为了从经费源头上保障高等教育支出责任与财力保障的匹配，未来需改进高等教育财政管理，硬化高等教育预算约束。

（一）高等教育财政预算约束刚性不足

我国虽然有相应的法律法规对教育经费预算作了明文规定，但是在预算执行中实际存在着预算约束力不强、刚性不足的问题。这主要表现在：

1. 高等教育法定支出要求得不到保障。法定支出是指根据中央和地方有关法律法规的规定，对某些特定领域（如教育、科技、农业）按照不低于一定比例或增长幅度来安排的支出。②《教育法》和《高等教育法》已经对教育法定支出提出了明确的要求，特别是对保持教育经费增长作了硬性规定。如《教育法》规定，各级政府教育财政拨款的增长要超出财政经常性收入的增长，在校学生人数平均的教育费用逐步增长，教师工资和学生人均公用经费逐步增长。《高等教育法》规定，国务院和省（区、市政府）要保证国家兴办的高等教育的经费逐步增

---

① 《江苏高校将建绩效拨款制度　实行财政与绩效挂钩》（http://www.chinanews.com/edu/2010/12-27/2748653.shtml）。

② 罗春梅：《法定支出政策下教育经费预算软约束分析》，《当代财经》2012 年第 5 期。

长。但是，有很多省份并没有按照"三个增长"的要求落实高等教育法定支出。由表7—1可知，在2005—2009年期间，全国有1/3—2/3的省份高等教育财政拨款的增长低于财政经常性收入的增长。除2008年外，高等教育生均预算内支出低于上年的省份少则6个，多则达到16个。高等教育生均预算内公用支出低于上年的省份，少则2个，多则达到11个。如此多的省份未依照教育法律落实高等教育财政拨款"三个增长"的要求，可见我国高等教育预算约束缺乏刚性，这种预算约束软化非常不利于促进高等教育支出责任与财力保障的匹配。

表7—1　　　地方高等教育拨款"三个增长"的落实情况　　　单位：个

年份	高等教育财政拨款增长低于财政经常性收入增长的省份	高等教育生均预算内支出低于上年的省份	高等教育生均预算内公用支出低于上年的省份
2005	13	16	11
2006	18	7	9
2007	11	6	7
2008	11	0	2
2009	19	9	4

资料来源：根据各年度《中国教育经费统计年鉴》和《全国教育经费执行情况统计公告》计算整理得出。

2. 高等教育预算执行率有待提高。按照《预算法》的规定，预算在经过批复以后，就具有了法律效力，各级预算资金管理和使用部门应按照规定的进度和用途执行预算。[1] 然而上级部门的拨款有时不能按正常进度及时到位，一些项目经费或专项经费预算的批复一般滞后于项目的批复，并且预算资金也非一次到位，通常是在年初预拨一部分、年中拨付一部分、年末再拨付一部分，拨款周期横跨较长，造成项目经费"年初不够用、年底突击花"，这就影响了预算执行的时效性，降低了财政资金的运行效率和使用效益。

---

[1] 沈淑霞：《我国财政农业支持及其效率研究》，中国农业出版社2007年版，第158页。

3. 部分高校不按规定用途使用专项资金。专项资金应按项目预算的要求专款专用，不能用于与项目无关的支出。但是，改变专项资金用途或截留、挤占、挪用专项资金的现象时有发生。如北京某高校挪用"985 工程"二期项目经费近 2000 万元，用于与该工程无关的房产租用支出。在财政困难的地区，地方政府挤占、挪用中央专项资金的情况也曾出现。

（二）改进高等教育经费预算管理与约束的措施

在公共部门中，预算管理与预算约束是管理公共财政资金的有效措施。为了促进高等教育支出责任与财力保障的匹配，确保高等教育经费及时到位，高等教育预算管理与预算约束需要作如下改进：

1. 加强高等教育经费预算规范化管理

为了保障高等教育拨款及时到位，需要在高等教育预算编制、审核、执行 3 个环节加强管理，做到全面准确地编制教育经费预算，认真仔细地审核教育经费预算，严格及时地执行教育经费预算。

（1）全面准确地编制教育经费预算。全面地编制高等教育预算要求在编制高等教育支出预算时不能少报或漏报支出项目，根据支出项目的重要程度，区分哪些支出属于一般性支出，哪些支出是应保障的重点支出，在财力有限的情况下，优先保障重点支出。准确地编制高等教育预算要求精心地测算高等教育支出项目的所需数额，本着"量入为出、收支平衡"的原则确定支出预算额。全面准确地编制高等教育经费预算为顺利地执行教育预算奠定了良好基础。

（2）认真仔细地审核教育经费预算。在高等教育经费预算未正式实施前，有关部门认真仔细地审核经费预算草案是必要的。在这一环节，重点要审核高等教育预算编制是否科学、准确、完整，生均拨款基本定额是否合理，预算支出标准是否符合要求，预算资金安排的重点是否符合先保基本支出预算、后保项目支出预算的顺序。对于那些不具备可行性的项目或者没有经过认真论证的项目，可以行使预算否决权。

（3）严格及时地执行教育经费预算。预算一旦获批就需要严格地按进度执行。为了加快预算执行进度，要简化项目批复、预算审批、资金划拨等环节的手续，使项目获批和资金到位基本保持同步，缩短拨款

第七章 我国高等教育支出责任与财力保障匹配的实现路径 179

的时滞。高校应定期向上级主管部门报告预算执行情况。上级部门对预算执行进度快的高校可给予一定绩效奖励,对预算执行进度慢的高校可进行通报并减扣绩效奖励。

2. 强化高等教育财政预算约束力

强化我国高等教育财政的预算约束就是要提高教育预算的权威性和严肃性。不管是中央部委属高校预算还是地方属高校预算,教育预算计划一经批准就具有法律效力,必须依法得到执行①,只有真正落实这一点才能体现教育预算的权威性和严肃性。

(1) 发挥人大对预算的审查权和批准权。高等教育财政预算约束软化是教育法律对政府行为约束力不强的重要体现。要提高教育法律的权威性、增强高等教育财政预算的约束力,需要国家权力机关人民代表大会积极介入和行使职权。我国《宪法》规定,各级人民代表大会拥有审查和批准本级政府预算和预算执行情况的职权。硬化高等教育财政预算约束,需要全国人大和省人大关注高等教育预算及其执行情况,重点审议高等教育财政预算的编制是否符合《教育法》及《高等教育法》的要求。借助各级人大对各级政府的制衡机制,使政府及相关部门认识到教育财政预算不是一纸空文②,而是一个具有法律效力的文件,需要严格地落实、执行。

(2) 提高高等教育财政预算的公开性和透明度。为了保证高等教育财政资金及时、足额拨付到位,便于社会公众监督,政府和高校应及时地公开高等教育财政预算信息,提高高等教育财政预算的透明度,减少暗箱操作。例如,政府可以公布不同层次、不同学科的拨款定额标准及折算系数,建立高等教育财政拨款公共查询系统,允许高校和社会各界查询财政拨款的分配与使用情况、使用结果等信息③。高校应按照《高等学校信息公开办法》的要求,把诸如本校上年度财政拨款的预算数和执行数、本年度财政拨款的预算数借助公众舆论的力量敦促政府对

---

① 陈孝大主编:《教育行政概论》,中央广播电视大学出版社2001年版,第151页。
② 杨丹妮、朱柏铭:《推动教育财政发展的政策建议》,《高等教育研究》2000年第4期。
③ 颜珂:《罗和安代表:让高等教育财政拨款更加公开透明》(http://edu.people.com.cn/GB/8216/239691/239696/17301380.html)。

高等教育的财政拨款达到法定要求。

（3）实施高等教育财政预算管理责任追究。我国高等教育财政的预算约束软化在很大程度上也与当前预算管理责任追究和问责机制的不健全有很大关系，对于未落实高等教育经费"三个增长"和"两个比例"要求的相关部门和主要责任人，也没有追究他们的行政责任，这无疑降低了教育法律的严肃性和威慑力。今后，应完善责任追究制，若出现了违反《预算法》《教育法》等相关法律法规的行为，应依法严肃查处，实施问责，起到抑制高等财政预算违法违规行为的效果。

四 财政转移支付：高等教育经费再分配的工具

为了促进我国高等教育支出责任与财力保障的匹配，中央财政除了履行好保障中央部委属高校经费支出的责任外，还应充分发挥本级财政所具备的收入分配和宏观调控职能，通过转移支付支持财力薄弱的地区发展高等教育，平衡公共教育资源分布，保障高等教育公平[①]。我国目前还没有建立规范的高等教育转移支付制度，中央政府虽然以"211工程"建设专项经费、"中央财政支持地方高校发展专项资金"等方式为地方高校提供了一些专项补助，但是地方高校的资金缺口仍然很大。2012年教育部《高等教育专题规划》提出，"中央建立支持地方高等教育发展的转移支付机制，促进区域协调发展"。我国可以利用现有条件，建立纵向与横向高等教育转移支付制度，解决高等教育支出责任与财力保障不匹配的问题。

（一）以现有中央专项资助经费为基础，建立规范的纵向高等教育转移支付制度

2001年高等教育管理体制和布局结构调整以后，一批原中央部委所属高校实行了中央与地方共建、以地方管理为主，还有一批原中央部委所属下划学校与地方院校合并、调整后组成新的普通高校。为了支持这些共建高校进一步发展，中央财政设立了中央与地方共建高校专项资

[①] 吕炜等：《高等教育财政：国际经验与中国道路选择》，东北财经大学出版社2004年版，第193页。

金,资金的使用限于共建高校设备仪器的购置、房屋与基础设施的维修改造等修购项目及其他项目。2010 年,中央把这一专项资金改为"中央财政支持地方高校发展专项资金",把支持对象扩大到共建高校之外,资金使用范围比原来放宽。建议进一步扩大中央财政支持地方高校发展专项资金的资助范围和资助力度,在此基础上逐渐形成规范的纵向高等教育财政转移支付制度,以弥补地方高等教育财政缺口,促进高等教育资源公平配置,使中央财政能够面向全国更多的高校,以相对充裕的财力为区域高等教育协调发展提供更大的财政支持。

(二)以现有省际间对口支援为基础,逐步建立横向高等教育财政转移支付机制

为了缓解中央财政的压力,解决高等教育地区的供需矛盾以及高等教育收益外溢与成本补偿的问题,也可试行建立省际间横向高等教育财政转移支付制度。我国实施东部高校对口支援西部高校工作已达十多年,一些地区之间已经建立了稳定的高校对口支援关系,以后东部地区省级政府可率先设立高校对口支援专项资金,助力中西部高等教育,逐步建立省际横向高等教育财政转移支付机制①,为中西部地区高等教育支出责任与财力保障尚不匹配的一些省份提供一定的财力援助,缓解一些中西部地区高校办学经费紧张的局面,改善中西部地区高校的办学条件,提高中西部地区高等教育质量。

总之,通过纵向与横向高等教育转移支付的有机结合,保证财力薄弱、欠发达地区的政府能够拥有与履行高等教育支出责任相匹配的财力,使不同地区的居民享受高等教育的机会和所接受高等教育的质量大致相当,缩小地区间因高等教育投资差距产生的高等教育发展差距②,弥补经济落后地区的高校因所处经济环境所造成的不利影响③,从而促进全国高等教育的协调发展。

---

① 赵永辉:《中央与地方高等教育财政责任安排的审视》,《教育发展研究》2012 年第 1 期。
② 陈上仁、李兵:《高等教育转移支付理论与实证研究》,《教育与经济》2002 年第 3 期。
③ 李永宁:《高等教育财政政策的现状与建议》,《财会研究》2006 年第 11 期。

第三节　强化制度约束

我国高等教育支出责任现在由中央与地方分级负担，以地方负担为主。为了调动中央与地方政府对高等教育支出的积极性，保证财政拨款及时到位，确保政府完成高等教育各项支出任务，强化制度约束是必要的。制度约束包括财政监督与问责及法制化建设，前者为保障高等教育经费提供外在约束，后者为确保高等教育财政支出提供长效规制。运转有效的制度约束是促进高等教育支出责任与财力保障匹配的有力保证。

一　财政监督与问责：高等教育经费保障的外在约束

高等教育经费监测的结果显示，某些省份高等教育财政支出水平多年来排在全国后列，高等教育经费法定增长要求得不到落实，高等教育财政保障能力严重不足，究其原因，政府的财政能力不足固然是其中的之一，政府对高等教育支出的不重视、财政监督体系不完善与问责机制不健全也是重要的影响因素。为了进一步发挥制度约束对保障高等教育公共支出的作用，在以下5个方面可进一步改进。

（一）加强人大对高等教育预决算的全面监督

人大具有预算审查和批准、对预算和决算进行监督的职责。中央与省级政府要把包含高等教育经费预算安排、执行情况的财政报告向同级人大报告，接受同级人大的监督和检查。人大常委会可以就高等教育财政预决算问题向财政部门、审计部门、教育行政部门进行专题询问。专题询问是增强人大预算监督实效的一种有效方式，对于改进预算编制、推动预算执行、规范预算支出都具有积极意义。

（二）强化中央政府对地方高等教育支出的专项监督

按照《预算法》的要求，政府也承担预算监督的责任，要求各级政府监督下级政府的预算执行，下级政府应定期向上级政府报告预算执行情况。财政资源的稀缺性与教育投资效益的间接性导致地方政府教育财政投入的内在消极性，有必要对地方政府教育财政投入进行监督。[1] 中央政府可以不定期地对省级政府高等教育财政拨款安排和专项资金使用情况、教育经费法定增长情况、预算执行情况进行专项监督检查，对高等教育财政拨款不能按时到位、经费保障水平明显低于正常水平的，应及时进行披露、限期整改。中央投资项目需要地方配套的，还要监督地方配套资金的到位情况。

（三）扩大审计部门对高等教育支出的审计监督

目前，国家审计署负责对中央财政预算执行情况进行审计监督，各省审计机关对本省财政预算执行情况进行审计监督。由于教育支出已经成为公共财政的第一大支出，教育部门应成为重要的被审计单位，对教育系统实行双重教育审计制度。首先，各级政府审计部门根据国家有关法律法规，对本级教育财政收支和教育机构的财务收支进行审计监督；其次，教育系统内部的审计机构有依法行使教育审计监督的权力。[2] 在高等教育支出责任与财力保障不匹配的省份，审计监督要关注高等教育财政拨款的初始预算额与预算执行额的差额是否过大，教育财政资金的使用效率是否高，专项拨款是否专款专用等问题。

（四）完善社会监督

目前，我国教育财政监督制度整体上是以政府内部监督为主，社会公众参与监督不足。以前由于我国教育财政预算及执行信息公开程度不够，限制了社会公众参与监督。今后，随着民主理财、阳光财政制度的落实，不仅要向社会公众公开高等教育财政拨款及经费收支信息，还应邀请一些专家、教师代表、学生家长代表参与高等教育财政预算的评审和监督，通过社会公众的积极参与，形成高等教育财政外部监督力量，配合政府内部监督机制。

（五）健全教育财政问责制

在行使监督职能过程中，发现高等教育财政预算编制或预算执行或资金使用不合规、不合法的现象怎么处理？除了通报批评、限期改正之

---

[1] 吴彩虹、全承相：《地方政府教育财政投入监督机制及其完善》，《湖南师范大学教育科学学报》2012年第3期。

[2] 陈孝大主编：《教育行政概论》，中央广播电视大学出版社2001年版，第152—153页。

外，应该如何进行问责和责任追究？当前，我国在这方面的规定还不够完善。为了不让监督走过场，体现教育法律法规的严肃性和约束力，需要健全教育财政问责制，增强责任人的责任意识。研究者认为，特别是在教育管理地方化的背景下，教育财政问责制是保证利用财政资金实现教育目标的重要手段。① 健全高等教育财政问责制，需要做到如下两点：一是严格执行《预算法》的规定，对预算违法者追究责任。我国预算法规定，财政预算在经人民代表大会批准后，非经法定程序，不得改变。财政部门要及时、足额地拨付预算资金。未依法批准、擅自变更预算的，要追究相关责任人的行政责任。二是依据《财政违法行为处罚处分条例》的规定，对违规者进行处罚。虽然国家严谨挪用、截留、挤占高等教育经费，但是这些现象还时有出现。今后再出现类似现象，应按该条例的规定，对截留、挪用财政资金和滞留应下拨财政资金的国家机关及其工作人员，给予责任单位警告或者通报批评的处罚，视情节轻重给予责任人记过、降级或撤职、开除的处分。

二 法制化建设：高等教育财政支出的长效规制

由于我国高等教育经费来源的主渠道仍是以财政拨款为主，所以解决高等教育支出责任与财力保障不匹配需要政府积极地承担高等教育支出责任。但是要实现让政府重视进而增加高等教育支出，也需要相关教育财政法律法规的约束和规范，使政府在处理高等教育支出问题时有法可依、有法必依、违法必究。为了长期、稳定地调节和规范政府的高等教育支出行为，达到对高等教育财政支出实施长效规制的目的，未来加强高等教育财政法制化建设的重点如下。

（一）推动高等教育预算法制化管理

以《预算法》《教育法》等相关法律为依据，提升高等教育财政预算的法制化水平。明确人大、政府、财政部门、教育行政部门、审计部门、高校各主体在高等教育财政预算编制、审核、执行、监督中的职责，严格按《预算法》及其《实施条例》规定的程序编制预算

---

① 中国教育财政科学研究所：《北京大学中国教育财政科学研究所简报》（http://ciefr.pku.edu.cn/html/c12_KeYanJianBao/2006 - 04/249. html）。

和监督预算的执行。政府不能因财政支出压力大等原因为借口，擅自缩减高等教育财政预算。财政部门要按《预算法》的要求，向高校及时拨付批复项目的预算资金。审计部门要按《预算法》《审计法》的要求，加强对高等教育财政预算的审计监督。中央相关部门要对违反教育经费"三个增长"要求、高等教育财力保障连续多年不足的地方政府和责任人进行问责。总之，要严格执行《预算法》等相关法律的各项规定，通过推动高等教育预算法制化管理，促进各省高等教育支出责任与财力保障的匹配。

（二）修订和完善与高等教育财政相关的现有法律法规

在我国已经颁布实施的与高等教育财政相关的法律法规中，关于高等教育财政的条文规定大多原则性过强、可操作性较弱，对相关部门的职责划分不够清晰。还有些法律，如《高等教育法》缺乏规定法律责任的条款，对违反教育经费"三个增长"要求、教育财政投入不足等问题没有规定相应的处罚和问责措施。《教育法》中虽然有规定法律责任的条款，也提出了"三个增长"的要求，但是在法律责任条款中仍然没有规定违反了"三个增长"要求后如何进行与之相应的处罚。这些重要的法律对法律责任部分的规定不明确、不具体，容易引起各责任主体之间相互推诿，难以进行问责和责任追究。为了促进高等教育支出责任与财力保障较好匹配，除了把教育财政法律纳入全国人大立法规划之外，对与高等教育财政相关的现有法律法规可以先进行修订和完善，例如，在《高等教育法》中增加中央与地方关于高等教育财政责任分工的条款、违反《高等教育法》应承担何种法律责任的条款；在《教育法》法律责任部分增加政府不能较好履行教育财政责任、未落实"三个增长"要求如何进行问责的条款。

（三）以增强教育财力保障为目的，加大教育立法和执法力度

我国自20世纪90年代颁布《教育法》《高等教育法》以来，十多年来没有再出台与高等教育财政相关的法律（《民办教育促进法》除外），而这段时期又是我国高等教育蓬勃发展的时期，高等教育立法显得相对滞后。《教育法》作为教育领域的基本法，对教育投入与保障作出了基本规定，但至今仍未出台一部如何具体落实经费保障的

专项法①。国家及各省出台的《十二五教育发展规划纲要》《中长期教育改革和发展规划纲要（2010—2020年）》虽然有关于教育投入与经费保障的规定，但是由于这些《纲要》不是法律，缺乏法律所具有的约束力和强制性。这些决定了我国需要出台一部专门的教育财政法律，如《教育投入法》或《教育经费法》，明确规定教育经费的负担主体及政府间的分担比例，使教育经费的来源与增长、分配与使用、管理与监控等可以得到法律保障，对违反教育财政规定、履行教育财政责任不力的部门和责任人视情节轻重给予不同的处罚，通过严格的问责机制改变以往教育执法不严、违法未究的问题，提高教育法律的约束力和执行力。

第四节　几点具体建议

解决高等教育支出责任与财力保障的匹配问题需要从政府财力与高等教育财政支出两个方面同时着手。为此，本书在提升政府财政能力方面提出了"分财"和"聚财"的政策建议，即调节中央与地方财力分配，扩大地方财政积累；在增加和规范高等教育财政支出方面提出了"增投""明责""支援"和"法制化"的政策建议，即增加财政对高等教育支出，明确政府间高等教育责任范围，加大中央财政对地方高校支持力度，加强高等教育财政法制化建设。

一　完善财政分配体制，调节中央与地方财力分配

中央与地方间高等教育支出责任与财力保障的不匹配和政府间财力分配的不平衡有很大关系，政府间财力分配不平衡则又是由我国的财政分配制度导致的。所以，要从根本上解决中央与地方间高等教育支出责任与财力保障的不匹配问题，需要从源头着手，通过完善分税制，调节中央与地方财力，缓解政府间财力分配不平衡，特别是对于一些中西部地区而言，高等教育支出责任与财力保障不匹配的直接原因在于财力薄

---

① 李春生：《日本的义务教育经费负担机制及其政府职责》，《世界教育信息》2004年第5期。

弱,保障能力不足,更需要通过完善财政分配体制,增加地方财力。为此提出以下建议。

(一)适当下放部分财权

当前,我国税权高度集中,地方政府不具备自主调节收入的能力。税权包括税收的立法权、税收规章政策的制定权和征管权,前两项权力集中在中央政府,地方政府只拥有税收征管权。地方政府没有权力改变税率或税基,无权决定某项地方税收的开征或停征,使得地方政府无法通过税收手段对本级财政收入进行调节。[1]财权下放是要本着财权与事权相顺应的原则,在中央政府和地方政府间合理划分财权,使地方政府拥有相对独立的财权,包括必要的税收立法权和规章制度制定权,允许较高层级的地方政府自主地开辟地方税种和税源,以获得更多用于提供公共服务的资金[2]。建议赋予省级政府适当税政管理权,对于地方税种,可以赋予省级政府税目税率调整权、减免税权。[3]

(二)打破中央与地方税收分享按统一比例的做法,改用按地区发达程度适用不同比例的方法

我国目前增值税中央与地方分享比例是75∶25,所得税分享比例是60∶40,东、中、西部各省(区、市)分享比例完全相同。按统一比例分享税收固化了业已存在的地区间财力差距,财力薄弱的地区不能通过提高税收留成的方式增加财力。若把统一比例改为按地区发达程度适用不同比例的方法,可以使贫困、富裕地区都得到比较稳定的满足政府履行支出责任所需要的基本财力,同时减轻中央财政向地方转移支付的负担[4]。例如,若某省财力状况与其他省差距较大,可以适当调低共享税的中央分享比例,把中央分享增值税的比例从75%调至70%,以增强该省财力,满足地方的各项支出需求,弥补地

---

[1] 宋立、刘树杰主编:《各级政府公共服务事权财权配置》,中国计划出版社2005年版,第195—196页。

[2] 同上书,第202页。

[3] 谢旭人:《健全中央和地方财力与事权匹配财政体制》(http://www.chinanews.com/cj/2010/11-18/2665425.shtml)。

[4] 何振一:《健全财力与事权相匹配的财税体制研究》,《山西财政税务专科学校学报》2007年第2期。

方存在的收支缺口。①

（三）调整转移支付的结构和形式，完善转移支付制度

受政府间事权与支出责任界定不够清晰等因素的影响，我国现行转移支付制度不够规范，一般性转移支付与专项转移支付结构不合理，专项转移支付数量偏多，一般性转移支付规模偏小。②为了有效地解决地方财政收支不平衡，弥补地方财力缺口，建议采取以下措施，完善转移支付制度。一是科学设置一般性转移支付与专项转移支付的规模与比重，逐步提高一般性转移支付的规模和比重，压缩和整合现有专项转移支付项目，规范专项补助政策，属于中央事权的，中央全额承担；需要地方共同负担的，逐步实行按项目或按比例分担③；二是简化与规范转移支付的形式，在条件成熟时，取消原体制补助、结算财力补助等非规范化的转移支付形式④；三是完善转移支付分配办法，通过公式法、因素法科学合理地分配资金，提高资金分配的科学性、公开性、透明度，降低资金分配的随意性；四是加强对转移支付资金的使用监管和绩效评价，确保专款专用，避免截留或挪用。

二　拓宽财源渠道，扩大地方财政积累

在政府财政资金依然是教育投资主渠道的前提下，壮大财政实力是增加教育投资的根本保证⑤。因此，除了通过完善财政分配体制来增强地方财政实力之外，地方政府自身也要拓宽财源渠道，扩大财政积累。建议通过下列措施积聚财力。

（一）把预算外资金纳入预算管理，实行综合财政预算

预算外资金是根据国家的规定，由国家机关、事业单位和社会团体

---

① 宋立、刘树杰主编：《各级政府公共服务事权财权配置》，中国计划出版社2005年版，第203页。
② 谢旭人：《健全中央和地方财力与事权相匹配的体制　促进科学发展和社会和谐》，《财政研究》2009年第2期。
③ 同上。
④ 史言信：《国有资产产权：中央与地方关系研究》，中国财政经济出版社2009年版，第164页。
⑤ 温来成主编：《政府经济学》，国家行政学院出版社2009年版，第146页。

收取、提取和安排使用的未纳入财政预算统一管理的各种财政性资金。① 在改革开放以后，地方政府预算外资金增长较快，规模越来越大，将其纳入财政预算管理成为必要。1993年，一些行政性收费、罚没收入被纳入预算管理，与税收收入一起统筹安排使用。1996年地方收取的各项税费附加也被纳入地方财政预算，作为地方财政的固定收入，不再作为预算外资金管理。2011年，中央约60亿元、地方约2500亿元的预算外收入全部纳入预算管理。这种统筹预算内外资金、实行综合财政预算的做法有利于地方政府集中和整合各种财力资源，弥补预算内资金的不足，增加地方财政收入，扩大地方财政实力，保障政府在教育、医疗、社会保障等领域的基本公共支出。

（二）有条件地允许地方政府发行债券，构筑融资新平台

多数发达国家和许多发展中国家允许地方政府为筹集所需资金而发行债券。在实行分税制的国家中，由于中央财政集中了大部分财力，地方政府的财政收入常不能满足其开支需求。财力缺口的一部分来自于中央财政转移支付，其余部分则主要依靠发行地方债券来弥补。② 如在美国，为了弥补地方政府建设性资金缺口，调节政府财政收入和支出的不平衡，允许47个州可以发行一般责任债券。日本允许中央政府、都道府县和市町村分别发行债券，用于城市基础设施建设、灾后重建、科教文卫等领域。③ 我国自2009年开始，为了应对国际金融危机的冲击，缓解地方的资金瓶颈，中央政府每年代地方政府发行一定数量的债券，为地方构筑融资新平台。2009年，中央代地方政府发行的债券总额为2000亿元，这些资金列入省级预算管理，用于教育文化、医疗卫生、农村民生工程和农村基础设施等社会事业基础设施项目的建设与配套。2011年，国家批准了上海、浙江、广东、深圳自行发行地方政府债券，探索地方政府举债融资机制。发行地方政府债券有望成为地方政府通过规范渠道筹集资金的一条新途径，也是借助市场化融资手段拓宽地方财

---

① 《国务院关于加强预算外资金管理的决定》（http://www.mof.gov.cn/preview/caizhengpiaojujianguanzhongxin/zhengwuxinxi/zhengceguiding/200806/t20080616_45631.html）。

② 宗宽广、周治富：《我国地方政府债券发展的路径与前景》，《国际金融》2012年第2期。

③ 宗良、周治富：《我国地方政府债券发展的路径与前景》，《银行家》2012年第2期。

政收入来源的新尝试，可以缓解地方支出责任与财力不匹配的矛盾。

三 拓宽财政性经费来源，加大财政高等教育支出

2010年《国家中长期教育改革与发展规划纲要》提出，要"大幅度增加教育投入"。为了给教育部门筹集更多的公共财政资源，发挥财政主渠道作用，2011年国务院发布了《关于进一步加大财政教育投入的意见》，明确提出了要"拓宽经费来源渠道，多方筹集财政性教育经费"的要求。为此，提出以下建议。

（一）拓宽财政性教育经费来源渠道

按照以往的统计口径，财政性教育经费包括财政预算内教育经费、各级政府征收用于教育的税费、企业办学中的企业拨款、校办产业和社会服务收入中用于教育的经费。财政预算内教育经费一直是财政性教育经费的主体部分。自2005年以来，来自企业办学中的企业拨款已呈逐渐减少的趋势。校办产业和社会服务收入中用于教育的经费不够稳定，并且占教育经费的比例一直较少。鉴于财政性筹资渠道在新时期出现的新情况和新变化，迫切需要在完善传统财政性筹资渠道的同时，拓宽财政性教育经费来源新渠道，以便为教育筹集更多的资源。为此，提出如下3点建议。

一是统一教育费附加征收制度。自教育费附加开征二十多年来，仅对我国公民和内资企业征收，没有对外资企业征收教育费附加。在新时期，为了公平税费负担，需要破除这种"内外有别"的税费制度，需按要求自2010年12月1日起统一内外资企业和个人教育费附加制度，统一按"三税"实际缴纳税额的3%征收。二是全面开征地方教育附加。在2010年以前，一些省（区、市）已经开征了地方教育附加，尚有部分省份没有开征。在那些已开征的省份中，地方教育附加征收的标准也未统一。各地区需按新要求全面开征地方教育附加，统一按增值税、消费税、营业税实际缴纳税额的2%征收。三是从土地出让收益中按比例计提教育资金。土地出让收入是地方财政的重要支柱和来源。从2011年1月1日起，各地区需从土地出让收入净收益中按10%的比例计提教育资金。通过上述措施，扩大地方教育事业投入的经费来源，增加地方可用于教育的财力，使地方政府能筹集更多的资金用于履行公共

教育支出责任。

(二) 加大公共财政预算对高等教育的支出

我国《高等教育法》关于高等教育投入和条件保障有这样的规定，"国家建立以财政拨款为主、其他多种渠道筹措高等教育经费为辅的体制"。依法落实财政拨款在高等教育经费来源中的主渠道地位，不仅是政府积极履行高等教育支出责任的具体体现，也是促进高等教育支出责任与财力保障匹配的基础要求。为此，建议如下：一是提高高等教育财政预算内经费占财政支出的比例。国际上通常用财政教育支出占财政支出的比重来衡量财政教育投入的努力程度。2009年我国高等教育财政预算内教育经费占财政支出的比例是2.87%，这一比例与发达国家相比还有很大差距。为了缩小差距，各省应积极履行所承担的高等教育支出责任，不断地优化公共支出结构，提高高等教育财政预算内经费占财政支出的比例，保障高等教育事业性经费和基本建设经费落实到位。二是确保财政对高等教育拨款的增长高于财政经常性收入的增长。2009年全国只有9个省高等教育预算内拨款的增长高于财政经常性收入的增长，有3个省二者基本持平，有19个省前者低于后者。这不仅未落实我国《教育法》关于教育财政拨款的增长应高于财政经常性收入增长的要求，也与我国《高等教育法》关于"保证国家兴办的高等教育的经费逐步增长"的规定不符。因此，各地要遵照相关法律法规要求，加大公共财政预算对高等教育的支出，年初财政预算和预算执行中的超收收入分配需体现法定增长要求，切实履行好保障高等教育公共支出的职责。

四 完善高等教育财政负担体制，明确政府间责任范围

我国政府间财力分配的基本状况是中央与地方间纵向财力不平衡严重、各省间财力水平相差较大。在"分级负责"的体制下，中央与地方根据高校的隶属关系负担相应的高等教育支出，难免会使中央高校与地方高校获得的财政支持悬殊，在生均支出水平上差距明显。《国家中长期教育改革和发展规划纲要》提出，要"进一步明确各级政府提供公共教育服务职责，完善各级教育经费投入机制"。为了落实这一要求，缓解高等教育财政纵向与横向不平衡问题，保证承担高等教育支出责任的政府具备相应的财政支撑能力，需要进一步明确政府间责任范围，完

善高等教育财政负担体制。具体做到如下 3 点。

（一）根据受益原则完善"分级负责"的责任安排，突出"分工负责"

有研究者指出，中央和地方政府高等教育财政责任不应当根据学校行政隶属关系来划分，应当根据具体的高等教育事务的特征来划分，属于地方性事务的由地方财政承担，属于全国性事务或地方不便履行的事务由中央财政承担。[①] 全国性或地方性高等教育事务可根据高等教育支出项目的受益范围来判断。按受益原则完善"分级负责"的高等教育责任安排，就是要求中央政府不仅要负担中央部属高校的经费支出，还要负担公益性强、受益范围广的高等教育支出项目，如贫困生资助和高校基础研究经费等。中央政府的财力相对于地方更加充裕，建立以中央政府负主要责任的高校学生资助制度可以为学生资助工作提供更充足的财力保障。由于高校科研活动在提高国家核心竞争力和增强综合国力方面发挥着巨大作用，中央政府应承担科研支出的主要责任。美国以联邦政府为主负担高校学生资助支出和科研项目支出也佐证了这一点。地方政府负担的应主要是受益范围小、地方性事务特征强的高等教育支出项目，如地方高校教师工资及日常运行经费、基建投入等。

（二）细化支出责任，明确中央与地方财政应重点保障的高等教育支出领域

在当前"三级办学、两级管理"的体制下，中央与地方政府都承担着举办、投资、管理高等教育的职责。在中央与地方两级政府之间细化高等教育支出责任，明确两级财政各应重点保障的高等教育支出领域，对于促进高等教育资源合理配置、提高高等教育支出责任与财力保障的匹配度都有重要意义。中央政府需要重点保障并逐步提高负担比例的支出项目包括：增加用于家庭经济困难学生资助方面的支出，使更多的贫困生或特困生上大学有保障，实现"不让一个学生因家庭经济困难而失学"；增加科研经费拨款，加大对高校科学研究，特别是对基础研究的

[①] 吕炜等：《高等教育财政：国际经验与中国道路选择》，东北财经大学出版社 2004 年版，192 页。

支持力度，为高校开展科研活动提供更多的竞争性和经常性经费拨款，为科研创新平台与基地建设提供稳定的财力支持。地方政府需要重点保障并逐渐提高支出负担比例的项目包括：增加用于提高教学质量方面的支出，加大高校在师资培训、重点学科、精品课程、实验教学示范中心、实习实训基地建设等方面的支出，为全面提高高等教育质量、推动高等教育内涵式发展提供强有力的财政支持。

（三）地方统筹、中央奖补化解地方高校债务和提高生均拨款水平

20世纪90年代末期，我国向高等教育大众化阶段迈进的过程中，一些地方高校为了改善扩招后的办学条件，通过向银行贷款进行了大规模的基础设施建设，包括新校区、大学城建设等。随着还贷高峰时期的来临，地方高校面临的还本付息压力与日俱增，面临的财务风险逐渐显现。① 尽管地方高校是贷款人，高校负有通过自筹资金还贷的义务，但是由于该贷款与完成地方高等教育大众化的任务有关，所以省级政府可根据高校债务余额大小、本省财力水平等因素，统筹安排化债专项资金，减轻高校面临的还债压力。同时，中央政府建立高校化债的"以奖代补"机制，根据各省化债的进展情况提供相应的奖补资金。通过高校、地方、中央3方的共同努力，合力化解地方高校的债务负担。此外，为了解决地方高校财政投入水平总体偏低、各省间高校生均拨款水平差异较大的问题，我国规定2012年各省地方普通本科高校生均拨款额不能低于12000元。为了奖励和引导各省政府落实这一规定，中央政府可发挥自身财力优势，建立相应的以奖代补机制，对生均拨款达到规定水平的省份给予一定比例的奖补资金。通过中央与地方两级财政的共同努力，提高我国高等教育的整体支出水平，促进各地高等教育支出责任与财力保障更好地匹配。

五 加大对地方高校支持力度，建立支持地方高等教育发展的转移支付制度

虽然说中央已经通过中央财政支持地方高校发展专项资金、特色

---

① 《财政部教育部关于减轻地方高校债务负担化解高校债务风险的意见》（http://www.moe.gov.cn/publicfiles/business/htmlfiles/moe/moe_1779/201308/155148.html）。

重点学科项目专项资金，以奖代补、专项资金等，为地方高校提供了一定程度的财力支持，但是在我国高等教育支出责任与财力保障尚未匹配、新的高等教育支出需求不断加大的情况下，还需要做到如下3点。

（一）适度扩大中央专项资金的规模和支持范围，增加地方高校可用财力

在我国支出分权程度很高、地方财政缺口严重的背景下，解决高等教育支出责任与财力保障不匹配的问题，需要中央适度扩大对地方高等教育专项资金的规模和支持范围，从而增加地方高校可用财力，保证财力薄弱或欠发达地区的高校能够获得相应的财力应对高等教育各项支出的需要，缩小地区间高等教育发展的差距，解决地区间高等教育发展不平衡的问题。2012年《高等教育专题规划》提出，要通过中央对地方高等教育的转移支付机制，促进区域协调发展。2013年《中西部高等教育振兴计划》提出，要重点支持一批中西部地方本科高校的发展，建立促进区域高等教育协调发展和入学机会公平的新机制。这些计划和政策目标的实现也需要中央增加地方高等教育专项支出，特别是要加大对中西部地区的支持力度，因为高等教育支出责任与财力保障不匹配的省份绝大多数分布在中西部地区。

（二）引导地方与中央保持联动，加大高等教育公共支出

地方高等教育支出责任与财力保障不匹配的问题不是仅靠加大中央专项资助就可以解决的，因为地方高校各方面的财力缺口很大，而中央专项资金的规模有限，这就需要以中央专项资金引导地方与中央保持联动，激励地方加大对地方高校的资金投入，解决地方高校面临的财政困境和历史欠账。中央财政设立的"以奖代补"资金带有引导性或奖励性支持的特征，地方首先利用本级财政资金提高高校生均拨款水平和化解高校债务，然后中央财政对所需经费按一定比例进行奖补，从而有效调动地方的积极性。在审批中央财政支持地方高校发展专项资金项目时，地方高等教育财政支出努力程度高的省份应获得一定程度的倾斜。以后中央在出台新的高等教育专项补助项目时，可以根据需要适度地让地方配套，发挥其配套性专项转移支付机制的优势。总之，通过中央与地方两级财力的联动与合力，解决地方高校财政支出水平偏低、支出责

任与财力保障不匹配的问题。

(三) 加强对中央专项资金的监管，提高使用效益

如何管理好中央给地方的高等教育专项资金，提高经费使用的效益，关系到设立这些专项资金的目的能否实现，能否缓解地方高校的财政压力，能否提高高等教育支出责任与财力保障的匹配程度。所以，应加强对中央专项资金的监管，制定相应的管理办法或配套措施，督促地方或高校按规定的支出范围用好专项资金，确保这些资金专款专用，不得擅自调整预算或改变资金用途，杜绝挤占、截留、挪用、弄虚作假等违反财经制度的行为，对专项资金的使用情况进行绩效评价，考核资金使用后产生的效益。对违反专项资金使用规定的，除了停止拨付中央专项资金外，还应追究项目单位或项目负责人的责任。

六 加强高等教育财政法制化建设，为落实教育经费提供制度保障

世界许多国家都很重视高等教育投资立法，制定了高等教育投资的法律法规，通过法律的强制力来激励和约束各投资主体积极履行所担负的财政责任。而我国目前的有关法律法规，对各级政府的教育财政责任则缺乏明确的规定，这是引起我国许多教育财政问题的制度根源。[①] 建议从以下3个方面入手，加强我国高等教育财政法制化建设。

(一) 在《高等教育法》中增加中央与地方关于高等教育财政责任分工的条款

《高等教育法》是指导我国高等教育未来改革与发展的专门性法律。《高等教育法》虽然对高等教育投入和条件保障做了6点规定，但是由于这部法颁布的时间是在1998年，那时我国的分税制刚实施4年，构建公共财政体制的目标在当年年初才提出，所以对分税分级财政体制下如何保障高等教育投入问题的规定不够详细，表现在：缺乏中央与地方政府在高等教育财政责任分工方面的条款，没有明确界定中央与地方政府各自承担的和共同承担的支出责任。为此，需要进一步修改和完善《高等教育法》等相关法律，增加中央与地方政府关于高等教育财政责任分工的条款，明确哪些高等教育支出项目应该由中央政府负担，哪些

---

① 杨会良：《当代中国教育财政发展史论纲》，人民出版社2006年版，第339页。

高等教育支出项目应该由省和中心城市政府负担,哪些高等教育支出项目应该由中央与地方政府共同负担,并对共同负担的支出项目明确中央与地方的出资比例,以落实高等教育支出项目的负担主体,强化各级政府的责任意识,通过法律的强制力激励和约束各投资主体积极履行所承担的财政职责。

(二)在现有教育预算文件规定的基础上出台《教育预算执行条例》

《国家中长期教育改革和发展规划纲要》规定,要把教育作为财政支出重点保障的领域,年初预算和预算执行中的超收收入分配均要体现法定增长的要求,科学地编制预算,提高预算执行的效率。《国家十二五教育发展规划纲要》规定,要加强教育经费预算管理,把教育经费预算和决算情况上报各级人大或其常委会审核。由于多年来一直呼吁的《教育投入法》仍未被制定出来,出台与公共教育预算有关的《教育预算执行条例》成为可选之策。建议在现有关于教育预算文件规定的基础上出台《教育预算执行条例》,指导各级政府根据高等教育事业发展规划和相关法律的要求科学地编制预算,把"三个增长"的法定要求落实到预算安排上,同时约束政府对高等教育的财政支出严格地按预算执行,克服以前存在的预算软约束现象,保证高等教育各项预算拨款按时到位,使承担高等教育支出责任的政府在高等教育投资努力程度和负担程度方面达到法定要求。

(三)加强政府间财政关系立法,在公共财政框架下促进高等教育支出责任与财力保障相匹配

公共财政是法治财政。在公共财政框架下,政府间支出责任安排和收入划分不是随意的,通常是由相关法律明确界定的。在这方面,OECD国家已经给了我们一些启示。为了调节政府间财政关系,保持分级财政体制的有效运行,一些国家在《宪法》中明确规定了联邦(中央)、州(省)与地方政府的公共支出范围(含教育)和财税收入划分,还有些国家出台了专门调节政府间财政关系(收支划分、转移支付)的法律,如《财政平衡法》《财政法》等,各项公共支出的责任主体比较明确,相应的财力保障机制比较完善。在这种法制化的财政环境和体制背景下,这些国家高等教育支出责任与财力保障的匹配度较高。

然而我国目前还没有出台调节政府间财政关系的专门法规，以后需加强此方面的立法。由于高等教育已经成为政府的一项重要支出项目，所以建议在以后这些法律条文中明确政府间的高等教育支出责任及其所需财力如何保障，政府间如何进行高等教育财政转移支付，从而在公共财政的框架下解决我国高等教育支出责任与财力保障不匹配的问题。

总之，从上述6个方面着手，进一步完善我国的财政分配制度，提升地方政府财政能力，优化高等教育投入机制，落实高等教育公共支出法定增长要求，增强公共财政对高等教育支出的保障能力，促进高等教育支出责任与财力保障更好地匹配。

本章小结

为了解决我国高等教育支出责任与财力保障不匹配的问题，进而提高二者的匹配度，本章从3个方面探讨了促进二者匹配的实现路径，并提出了若干具体建议。首先，在完善支出责任安排方面，要依据公共财政理论，优化调整过去不合理的体制安排，确立高等教育支出责任安排改进的方向，明晰中央与地方两级政府高等教育支出责任范围。其次，在增强高等教育财力保障方面要做的是：提高政府财政能力，为实现高等教育经费充裕奠定财力基础；改进高等教育拨款制度，弥补高校经费缺口；强化高等教育预算管理与约束，使高等教育法定支出得到保障；完善高等教育转移支付制度，支持财力薄弱的地区发展高等教育，促进区域协调发展。再次，在强化制度约束方面，一是要完善人大监督、上级政府监督、审计监督、社会监督等多方位的监督体系，健全教育财政问责制，为保障高等教育经费支出提供外在约束；二是要修订和完善与高等教育财政相关的法律法规，加大教育立法和执法力度，为确保高等教育财政支出提供长效规制。最后，本书从提升政府财政能力和增加与规范高等教育财政支出两个角度，提出了促进高等教育支出责任与财力保障相匹配的6点具体建议。

第八章

结　语

本书依据公共财政理论，以研究高等教育支出责任与财力保障的匹配性为中心内容，设计了高等教育支出责任与财力保障匹配的测度体系，并测度了我国纵向政府间和横向政府间高等教育支出责任与财力保障的匹配性。测度结果发现，我国高等教育支出责任与财力保障不能较好匹配。针对二者的不匹配，本书提出了促进二者匹配的实现路径及政策建议。本书的创新之处，主要是探讨了政府间高等教育支出责任划分的基本理论与优化构想，设计了高等教育支出责任与财力保障匹配的测度体系，为学界测度支出责任与财力的匹配度提供了新思路。当然本书也有一些不足之处，需要在后续研究中进一步完善。

第一节　研究总结

本书的主要研究内容分为以下4部分。

一　政府间高等教育支出责任的划分

本书认为，政府间高等教育支出责任的划分首先应考虑高等教育产品和服务的受益范围，由从中受益的中央或地方政府负担。地方政府从高等教育中获益，决定了地方政府要承担高等教育支出责任。但是由于高等教育收益会外溢至其他区域，为了解决外溢效应的补偿问题，中央政府也应承担一部分高等教育支出责任。政府间高等教育支出责任的划分还应考虑到中央或地方财政能力的大小，承担支出责任的政府应能够为高等教育的发展提供相应的财力保障，高等教育支出应该由财政实力较强、级次较高的中央（联邦）政府或省（州）政府负担，或者由二者共同负担。中央政府有为高等教育收益外溢提供资金补偿、通过转移支付支援财政困难地区的责任。高校科研支出应该以中央（联邦）政府负担为主。学生资助也应该以中央（联邦）政府负担为主。

二　我国高等教育支出责任与财力保障的匹配测度结果

本书认为，在多级政府、分级财政的框架下，高等教育支出责任与财力保障的匹配包括中央地方间二者的纵向匹配和各省间二者的横向匹配。

（一）纵向匹配测度结果显示，我国中央地方间高等教育支出责任与财力保障不匹配

研究发现，分税制改革后中央政府负担的高等教育支出比例随其财力的增加而降低，地方政府负担的高等教育支出比例随其财力的增加而增加，高等教育支出责任由中央向地方下移，与财力上移的趋势反向变动。地方预算内高等教育拨款占地方本级财政支出比例低于中央预算内高等教育拨款占中央本级财政支出比例。地方普通高校经费总收入中预算内拨款所占比例比中央普通高校经费总收入中预算内拨款所占比例低很多。我国地方高等教育支出责任与财力保障的匹配程度低于中央。

（二）横向匹配测度结果显示，我国省际高等教育支出责任与财力保障不匹配

依据地方普通高校预算内拨款预测模型，得到的测度结果是，在全国 31 个省（市、区）中，超过半数的省份高等教育支出责任与财力保障不匹配，具体是云南、河北、四川、青海等 17 省二者不匹配，北京、海南、湖南、山东等 14 省（市）二者匹配。

三　高等教育支出责任与财力保障匹配的理论揭示

通过分析我国和 OECD 5 国政府间高等教育支出责任与财力保障的匹配问题，得出如下理论层面的揭示和总结。

（一）清晰规范的支出责任划分是高等教育支出责任与财力保障实

现匹配的基础

支出责任的清晰划分便于明确责任主体和经费负担主体。如果支出责任交叉重叠不清，会引起责任模棱两可、错位或者推诿扯皮的问题。支出责任划分要实现规范化，必须通过法律形式确定支出责任，因为这样能增强对政府的约束力。

（二）高等教育支出责任与财力保障的合理匹配离不开坚实有力的公共财力作后盾，财政保障能力是二者匹配的关键

高等教育支出责任与财力保障的不匹配往往是由支出责任大于财政保障能力而引起的。政府间财力分配的不完善使中央与地方之间、各省之间高等教育财政保障能力分化，政府对高等教育的重视与支持不够使财政保障能力弱化，这些问题都需要通过增强财政保障能力来解决。

（三）政府财力与高等教育支出责任反向转移是引起二者不匹配的直接原因

分税制改革以后，政府财力由地方向中央转移。高等教育管理体制与布局结构调整后，高等教育支出责任由中央向地方转移，这两个方向相反的转移直接引起了高等教育支出责任与财力保障的不匹配。中央虽然设有对地方高校的专项资助，但是在促进地方高等教育支出责任与财力保障匹配方面发挥的作用有限。

（四）高等教育财政纵向与横向不平衡是高等教育支出责任与财力保障不匹配带来的后果

高等教育财政纵向不平衡表现在中央普通高校与地方普通高校在以下3个方面存在差异，具体是：财政对前者的负担程度高于财政对后者的负担程度，前者的生均经费明显高于后者，前者校均财政性经费也远远高于后者。高等教育财政横向不平衡表现在十多年来，31省（市、区）地方普通高校生均预算内经费支出的标准差和极差逐渐增大。这些后果是由我国高等教育支出责任与财力保障不匹配造成的。

四 我国高等教育支出责任与财力保障匹配的实现路径

要实现我国高等教育支出责任与财力保障有效匹配，需要统筹考虑如何完善高等教育支出责任安排与构建财力保障体系，为此提出如下3

条基本路径。

(一)从完善高等教育支出责任安排入手,促进高等教育支出责任与财力保障的匹配

未来高等教育支出责任安排改进的方向是要使高等教育支出责任与受益范围相一致、利于提高配置效率、集中分散适度。为了避免政府在高等教育财政支出时出现"越位""缺位""错位",明晰中央与地方政府的高等教育支出责任范围是必要的。高等教育经常性经费支出,如人员经费、公用经费等支出由高校所隶属的政府负担,但是对于那些用于高等教育重点建设工程项目、学生资助、基础研究等方面的大型专项支出,中央政府负担的比例今后可适度扩大。

(二)采取措施增强财力保障,推动高等教育支出责任与财力保障由不匹配向匹配转化

高等教育公共支出能否得到财力保障与政府财政能力的高低相关联。对于一些地方而言,要推动高等教育支出责任与财力保障由不匹配向匹配转化,就需要在增强财力保障方面采取一些措施,具体是通过健全税收体系、强化税收征管、加强财源建设提高政府的财政能力;改进高等教育拨款制度,按学科确定拨款定额,适时动态调整生均拨款定额标准,引入绩效拨款;强化高等教育预算管理与约束,提高教育预算的权威性和严肃性,实施高等教育财政预算管理责任追究;中央建立支持地方高等教育发展的转移支付机制,缓解一些地方高校资金短缺的问题,促进区域高等教育协调发展。

(三)强化制度约束,规范政府的高等教育支出行为,保证财政拨款及时、足额到位

强化制度约束是促进高等教育支出责任与财力保障匹配的有力保证。我国目前已初步建立了社会监督、人大监督、审计监督多方位的高等教育财政监督体系,对促进高等教育支出责任与财力保障的匹配起到了监督督促的作用,但是由于一些地方仍存在高等教育投资不到位、经费拨款未达到"三个增长"要求等问题,以后需健全责任追究和问责机制,为保障高等教育经费支出提供外在约束。此外,需要加强教育财政的法制化建设,修订和完善与高等教育财政相关的法律法规,加大教育立法和执法力度,为确保高等教育财政支出提供长效规制。

第二节　创新与不足

一　研究创新

本研究的创新有以下 3 点。

一是探讨了政府间高等教育支出责任划分的基本理论与优化构想。目前学界对教育支出责任的研究主要是关于基础教育特别是义务教育的财政责任安排、财政投资体制、财政转移支付等问题，对政府间高等教育支出责任划分的研究还比较少，对政府间高等教育支出责任与财力保障匹配问题的研究则更少。本书依据财政联邦主义理论和公共产品层次性理论阐释了政府间高等教育支出责任划分的原则要求和高等教育分项支出（如学生资助、科研）责任归属的问题，认为高等教育支出责任的划分既要考虑到中央或地方政府财政能力的因素，还应兼顾高等教育产品的受益范围和外溢性。本书还提出了按受益原则完善当前我国"分级负责"的高等教育支出责任安排的构想，即中央政府多承担公益性强、受益范围广的高等教育支出项目，地方政府多承担受益范围小、地方性事务特征强的高等教育支出项目，以进一步完善当前我国高等教育财政负担体制，促进高等教育支出责任与财力保障较好匹配。这些观点和建议具有理论创新意义，体现了研究的前沿性和开创性。

二是提出了高等教育支出集中度与政府收入集中度两个新概念。受 OECD 等国外文献资料的启发，本书提出了高等教育支出集中度与政府收入集中度这两个新概念，并设计了相应的计算方法，即由政府间财政收入占比计算出政府收入集中度，由高等教育支出负担比计算出高等教育支出集中度，然后根据这两个集中度的趋近性来判断政府间高等教育支出责任与财力保障的匹配情况。这两个新概念的提出及计算设计与应用从理论上为学界测度支出责任与财力的匹配度提供了新思路，体现了研究的创新性和实用性。

三是构建了高等教育支出责任与财力保障匹配的两套测度体系。本书设计了通过定量比较判断和定性比较判断相结合的 3 种方法来测度政府间高等教育支出责任与财力保障的匹配性，并运用该方法考察了西方 5 国和我国中央与地方之间高等教育支出责任与财力保障的匹配情况。基于省际面板数据，构建了地方普通高校预算内拨款预测模型，测度了我国各省之间高等教育支出责任与财力保障的匹配情况。这些测度程序与方法解决了高等教育支出责任与财力保障匹配测度的技术难题，把关于支出责任与财力保障相匹配的研究从理论层面向纵深推进到实践层面。上述关于匹配测度的设计思路具有开创性、超越性，凸显了在研究方法上的创新。

二　研究的不足、局限与展望

（一）不足

对衡量高等教育支出责任大小和财政保障能力大小的指标有待改进和优化。为了测度高等教育支出责任与财力保障的匹配性，本书选择了代表高等教育支出责任大小和财政保障能力大小的一些量化指标。把这些量化指标作为代表性指标是出于数据可获得性、指标可测性的考虑，这些指标可以在财政分权体制比较完善的国家用于测度高等教育支出责任与财力保障的匹配程度。但是由于我国的财政分权体制不够规范，高等教育经费预算体系相对复杂，这些量化指标只能在一定程度上反映出我国高等教育支出责任的大小和财力保障水平的大小。

（二）局限

由于政府财政数据的保密性和国外数据的不易查找，一些政府间财政收支和转移支付、高等教育财政等方面的关键数据较难获得，给衡量各级政府高等教育支出责任和财政保障能力的大小带来困难。在分析我国高等教育支出责任与财力保障匹配问题时，虽然获得了一些高等教育支出总额数据，但是不太容易区分中央与地方各级财政对高等教育各支出多少，即数据较难剥离。这些因素影响了使用财政数据与高等教育支出数据进行比较和统计分析以及挖掘数据之间的内在联系。

（三）展望

在指标选择方面，后续研究将优化测度指标的选择，挑选代表性更强、可测性更强、可比性更强的测度指标，用于反映高等教育支出责任的大小和财政保障能力的大小。在数据获得与分析方面，后续研究将进一步充实财政数据与高等教育支出数据，深入分析数据之间的内在联系，推动研究向纵深发展。

参考文献

一 中文部分

(一) 著作

[1] 查显友：《中国高校融资结构优化研究》，中国人民大学出版社2009年版。

[2] 范先佐：《筹资兴教：教育投资体制改革的理论与实践问题研究》，华中师范大学出版社1999年版。

[3] 黄佩华编著：《中国地方财政问题研究》，中国检察出版社1999年版。

[4] 柯佑祥：《教育经济学》，华中科技大学出版社2009年版。

[5] 栗玉香：《教育财政学》，经济科学出版社2009年版。

[6] 刘剑文主编：《高等教育体制改革中的法律问题研究》，北京大学出版社2005年版。

[7] 吕炜等：《高等教育财政：国际经验与中国道路选择》，东北财经大学出版社2004年版。

[8] 马国贤：《中国公共支出与预算政策》，上海财经大学出版社2001年版。

[9] 马海涛主编：《财政转移支付制度》，中国财政经济出版社2004年版。

[10] 马静：《财政分权与中国财政体制改革》，上海三联书店2009年版。

[11] 马陆亭：《科学技术促进中的高等学校架构》，广东高等教育出版社2006年版。

［12］沈荣华：《政府间公共服务职责分工》，国家行政学院出版社 2007 年版。

［13］史万兵编著：《高等教育经济学》，科学出版社 2004 年版。

［14］宋立、刘树杰主编：《各级政府公共服务事权财权配置》，中国计划出版社 2005 年版。

［15］睢国余、麻勇爱：《中国教育经费合理配置研究》，北京大学出版社 2009 年版。

［16］孙霄兵、孟庆瑜编著：《教育的公正与利益：中外教育经济政策研究》，华东师范大学出版社 2005 年版。

［17］王国清、马骁、程谦主编：《财政学》，高等教育出版社 2006 年版。

［18］王军主编：《公共财政教程》，经济科学出版社 2009 年版。

［19］王善迈：《2000 年中国教育发展报告：教育体制的变革与创新》，北京师范大学出版社 2000 年版。

［20］王玮主编：《地方财政学》，武汉大学出版社 2006 年版。

［21］王雍君、童伟主编：《公共财政学》，北京师范大学出版社 2008 年版。

［22］王雍君、张志华：《政府间财政关系经济学》，中国经济出版社 1998 年版。

［23］温来成主编：《政府经济学》，国家行政学院出版社 2009 年版。

［24］武毅英：《高等教育经济学导论》，广东高等教育出版社 2008 年版。

［25］杨会良：《当代中国教育财政发展史论纲》，人民出版社 2006 年版。

［26］杨颖秀：《教育法学》，中央广播电视大学出版社 2007 年版。

［27］张少春、赵路、吴国生等：《我国地方高等教育财政体制研究》，载廖晓军主编《财税改革纵论：财税改革论文及调研报告文集 2010》，经济科学出版社 2010 年版。

［28］张学敏、叶忠编著：《教育经济学》，高等教育出版社 2009 年版。

［29］中国高等教育学会组编：《改革开放 30 年中国高等教育发展经验专题研究》，教育科学出版社 2008 年版。

[30]［美］埃尔查南·科恩、特雷·G. 盖斯克：《教育经济学》，范元伟译，上海格致出版社、上海人民出版社2009年版。

(二) 期刊

[1] 艾洪德、张淑敏、吕炜等：《基于公共财政框架下大学教育公共财政制度变革研究》，《辽宁教育研究》2006年第8期。

[2] 曹淑江、董克用：《我国政府之间高等教育投资责任划分问题研究》，《财贸经济》2007年第9期。

[3] 陈上仁、李兵：《高等教育转移支付理论与实证研究》，《教育与经济》2002年第3期。

[4] 樊明成：《新时期实现我国教育投入目标的财政能力分析》，《国家教育行政学院学报》2008年第9期。

[5] 范先佐：《教育资源配置：政府应起基础性作用》，《河北师范大学学报》(教育科学版) 2006年第2期。

[6] 郭德侠：《中美英三国政府资助大学科研方式的比较》，《清华大学教育研究》2010年第3期。

[7] 何振一：《健全财力与事权相匹配的财税体制研究》，《山西财政税务专科学校学报》2007年第2期。

[8] 黄维：《论高等教育投资模式与管理的理论与实践》，《清华大学教育研究》2004年第1期。

[9] 李启平、晏小敏：《财政分权对高等教育支出的影响分析：博弈论视角》，《教育学术月刊》2008年第9期。

[10] 梁芳：《对政府在高等教育投资中职能缺位的分析》，《教育探索》2009年第3期。

[11] 梁红梅、吕翠苹：《完善我国政府间责任划分与支出分配的法律思考》，《甘肃政法学院学报》2006年第6期。

[12] 刘亮：《中国地区间财力差异的度量及分解》，《经济体制改革》2006年第2期。

[13] 刘尚希：《遵循一个原则 解决三个问题——完善现行财政体制的几点思考》，《中国财政》2008年第1期。

[14] 刘文华、李妍：《也论事权与财权的统一》，《首都师范大学学报》

（社会科学版）2008 年第 1 期。

[15] 刘泽云：《我国教育财政体制中的问题与对策》，《中国教育学刊》2003 年第 7 期。

[16] 卢洪友、贾智莲：《中国地方政府财政能力的检验与评价》，《财经问题研究》2009 年第 5 期。

[17] 罗春梅：《法定支出政策下教育经费预算软约束分析》，《当代财经》2012 年第 5 期。

[18] 倪红日：《应该更新"事权与财权统一"的理念》，《重庆工学院学报》2006 年第 12 期。

[19] 潘懋元：《高等教育地方化的可行性探讨》，《高等理科教育》2010 年第 5 期。

[20] 沈荣华：《各级政府公共服务职责划分的指导原则和改革方向》，《中国行政管理》2007 年第 1 期。

[21] 王红：《公共财政与教育财政制度的变革》，《教育与经济》2002 年第 4 期。

[22] 王蓉、岳昌君、李文利：《努力构筑我国公共教育财政体制》，《北京大学教育评论》2003 年第 2 期。

[23] 魏建国：《我国财政权限配置的不足与改进》，《河北法学》2007 年第 9 期。

[24] 吴彩虹、全承相：《地方政府教育财政投入监督机制及其完善》，《湖南师范大学教育科学学报》2012 年第 3 期。

[25] 吴湘玲、邓晓婴：《我国地方政府财政能力的地区非均衡性分析》，《统计与决策》2006 年第 16 期。

[26] 伍海泉、陈锋：《政府间高等教育投资责任划分研究》，《财务与金融》2009 年第 1 期。

[27] 谢旭人：《健全中央和地方财力与事权相匹配的体制 促进科学发展和社会和谐》，《财政研究》2009 年第 2 期。

[28] 杨灿明、赵福军：《财政分权理论及其发展述评》，《中南财经政法大学学报》2004 年第 4 期。

[29] 杨会良、袁树军、陈宓：《改革开放以来中国高等教育财政体制的演变、特征与发展对策》，《河北大学学报》（哲学社会科学版）

2010年第3期。

[30] 杨明：《20世纪90年代德国高等教育财政改革述评》，《高等教育研究》2001年第4期。

[31] 于井远：《我国财力与事权匹配度的绩效评价——基于教育的视角》，《商场现代化》2010年第24期。

[32] 张晋武：《中国政府间收支权责配置原则的再认识》，《财贸经济》2010年第6期。

[33] 赵应生、洪煜、钟秉林：《我国高等教育大众化进程中地方高校经费保障问题及对策》，《教育研究》2010年第7期。

[34] 赵永辉：《中央与地方高等教育财政责任安排的审视》，《教育发展研究》2012年第1期。

[35] 朱锡平、陈英：《我国高等教育财政改革的基本思路》，《河北师范大学学报》（教育科学版）2006年第3期。

（三）报纸

[1] 贾康：《关于财力与事权相匹配的思考》，《光明日报》2008年4月22日第10版。

[2] 蒋夫尔：《为中西部高教协调发展加油助推——"省部共建地方高校"三年成果综述》，《中国教育报》2007年8月24日第7版。

[3] 刘尚希：《"财力与事权匹配"同样重要》，《中国财经报》2005年12月27日第6版。

[4] 罗荀：《"十一五"时期中央财政多方投入全力支持，教育事业改革发展留下深深足迹》，《中国财经报》2010年11月13日第1版。

[5] 孟虹：《德国高等教育改革——在集权与分权间寻找平衡》，《中国教育报》2006年8月18日第6版。

[6] 王善迈、袁连生、刘泽云：《重构我国公共教育财政体制》，《中国教育报》2003年2月22日第4版。

[7] 王志刚：《未来高等教育财政改革：隐忧与出路》，《中国社会科学报》2009年7月7日第7版。

[8] 夏令、李楠楠、童丹等：《广东高校出现债务危机》，《信息时报》2012年1月13日第8版。

[9] 谢维和:《认识新时期大学的公共性》,《中国教育报》2008年1月28日第6版。

[10] 诸德教:《德国科研体制与科研队伍建设》,《中国教育报》2001年8月27日第4版。

二 英文部分

(一) 著作

[1] Aleksander Shishlov, "The Context-Trends in Society and Reffections on Public Responsibility in Higher Education", in Luc Weber and Sjur Bergan, eds. *The Public Responsibility for Higher Education and Research*, Strasbourg: Council of Europe Publishing, 2005.

[2] Anwar Shah, *Perspectives on the Design of Inter-governmental Fiscal Relations*, Washington, D. C. World Bank, 1991.

[3] David A. Longanecker, "The Role of the Federal Government", in AIHEPS Purposes, Policies, Performance: Higher Education and the Fulfillment of a State's Public Agenda, San Jose, CA: The National Center for Public Policy and Higher Education, 2003.

[4] Ramgopal Agarwala, *China: Reforming Intergovernmental Fiscal Relations*, Washington, D. C. : World Bank, 1992.

[5] State Secretariat for Education and Research SER and FederalOffice for Professional Education and Technology OPET, *Higher Education in Switzerland*, Bern: State Secretariat for Education and Research SER, 2006.

[6] Statistics Canada, *Canada Year Book* 2010, Ottawa, Ontario: Statistics Canada, 2010.

[7] The Hochschulrektorenkonferenz (HRK) and the Australia Centre Berlin, German-Australian Conference on Higher Education Financing, Bonn: Hochschulrektorenkonferenz, 2004.

[8] UNESCO Institute for Statistics, *Global Education Digest* 2011, Montreal: UIS, 2011.

[9] William Zumeta, "State Higher Education Financing: Demand Impera-

tives Meet Structural, Cyclical, and Political Constraints", in E. P. St. John and M. D. Parsons, eds. *Public Funding of Higher Education: Changing Contexts and New Rationales*, Baltimore, MD: Johns Hopkins University Press, 2004.

(二) 期刊

[1] Christopher Ross Bell, "The Assignment of Fiscal Responsibility in a Federal State: An Empirical Assessment", *National Tax Journal*, Vol. 41, No. 2, 1988.

[2] Keith Hinchliffe, "Federal Financing of Education: Issues and Evidence", *Comparative Education Review*, Vol. 33, No. 4, 1989.

[3] Jandhyala B. G. Tilak, "Center-State Relations in Financing Education in India", *Comparative Education Review*, Vol. 33, No. 4, 1989.

[4] Paul Weaver, "The Demise of Universality: Federal Financing for Post-Secondary Education in Canada", *Federal Governance: A Graduate Journal of Theory and Politics*, Vol. 4, No. 1, 2004.

[5] Robert Carling, "Fixing Australian Federalism", *Policy*, Vol. 24, No. 1, 2008.

(三) 政府或国际组织出版物

[1] Aimes C. McGuinness, *Financial Management and Governance in HEIS: United States*, Paris: OECD (HEFCE - OECD/IMHE), 2004.

[2] Australian Government, Department of Education, Science and Training, *Building Better Foundations for Higher Education in Australia: A Discussion about Re-aligning Commonwealth-State Responsibilities*, Canberra: DEST, 2005.

[3] Australian Government, Department of Education, Science and Training, *Issues Paper: Rationalizing Responsibility for Higher Education in Australia*, Canberra: DEST, 2004.

[4] Charles E. McLure & Jorge Martinez-Vazquez, *The Assignment of Revenues and Expenditures in Intergovernmental Fiscal Relations*, Washington, D. C.: The World Bank, 2004.

[5] Jan Werner and Anwar Shah, *Financing of Education: Some Experiences from Ten European Countries*, ILPF Working Paper 02 – 2006, Institute of Local Public Finance, 2006.

[6] Jorge Martinez-Vazquez and Baoyun Qiao, *Expenditure Assignments in China*, Atlanta: Andrew Young School of Policy Studies, Georgia State University, 2010.

[7] Jorge Martinez-Vazquez, *Making Fiscal Decentralization Work in Vietnam* (Working Paper 04 – 04), Atlanta, GA: Andrew Young School of Policy Studies, Georgia State University, 2004.

[8] Ken Snowdon, *Without a Roadmap: Government Funding and Regulation of Canada's Universities and Colleges*, Ottawa: Canadian Policy Research Networks, 2005.

[9] Michael Gallagher, Abrar Hasan, Mary Canning et al, *OECD Reviews of Tertiary Education: China*, Paris: OECD, 2009.

[10] Uwe Schimank and Markus Winnes, *National Report: Federal Republic of Germany, European Comparison of Public Research Systems*, Köln: Max Planck Institute for the Study of Societies, 1999.

(四) 电子文献

[1] Australian Bureau of Statistics, "Research and Experimental Development 2008, Higher Education Organisations", http://www.abs.gov.au/ausstats/abs@.nsf/mf/8111.0

[2] Canadian Federation of Students, "Funding for Post – Secondary Education", http://www.cfs-fcee.ca/html/english/research/factsheets/Factsheet-2011-Funding-En.pdf

[3] Council of the Federation, "The future of postsecondary education and skills training in Canada: A discussion paper", http://www.councilofthefederation.ca/pdfs/PSE-Skills%20DiscussionGuide.pdf

[4] Industry Canada, "Science and Technology Data 2008", http://www.science.gc.ca/71E3EFB9-4748-4497-AB1B-5D8CD77E9648/2008-e.pdf

[5] Jennifer Cohen, "The State Fiscal Stabilization Fund and Higher Educa-

tion Spending in the States", http://education.newamerica.net/sites/newamerica.net/files/policydocs/NAF_The_SFSF_and_Higher_Ed_Spending_in_the_States.pdf

[6] National Science Foundation, "Survey of Research and Development Expenditures at Universities and Colleges: FY 2008", http://www.nsf.gov/statistics/infbrief/nsf09318/

[7] Schweizer Medieninstitut für Bildung und Kultur, "Coordination of higher education in Switzerland", http://educationscene.educa.ch/en/coordination-higher-education-switzerland

[8] She Yifeng and Li Jun, "Public Expenditure Assignment in China: Problems and Reform Proposals", http://publicfinance.ru/filemanager/files/she_yifeng_li_jun.pdf

[9] State Higher Education Executive Officers, "State Higher Education Finance, FY 2010", http://www.sheeo.org/finance/shef_fy10.pdf

[10] Thomas Courchene, Jorge Martinez-Vazquez, Charles E. McLure et al., "Principles of Decentralization", http://www1.worldbank.org/publicsector/decentralization/cd/achievementsandchallengesCH1.pdf

后 记

本书是基于我的博士学位论文进一步修改而成。博士学位论文撰写完成于2012年夏。2013年11月，中国高等教育学会评出第九届"高等教育学"优秀博士学位论文5篇，感谢中国高等教育学会，我的博士学位论文有幸获得此殊荣。2015年，本书在出版时获得江西省高校高水平学科"教育学"建设经费的资助。

在本书即将出版之际，我特别感谢恩师华中科技大学教科院沈红教授。在入校读博以后，沈红教授在学业、生活等多个方面给了我鼎力的帮助和支持，为我创设了许多从事科研实践与学术交流的宝贵机会。她不辞劳苦、恪尽职守的工作精神和一丝不苟、精益求精的治学态度深深地熏陶教育了我，使我自觉地以她为楷模。从博士学位论文的选题到框架的拟定再到文稿的批阅，沈红教授都倾注了大量的心血，给予了我很多耐心的指导和点拨。我谨向恩师致以最真诚的谢意，感谢她在我论文撰写期间所提供的巨大帮助和有力支援！

同时，我也非常感谢华中科技大学教科院刘献君、张应强、贾永堂、柯佑祥、朱新卓等多位教授名师，美国伊利诺伊州立大学林曾教授与华中科大社会学系郑丹丹老师，他们别开生面的授课和讲座使我获益匪浅。感谢教科院董晓林书记、徐海涛、夏薇、刘雅等老师在日常学习和生活上所给予我的关心和帮助。感谢读博期间给了我很多关心和帮助的多位同门和同学，包括电子科技大学沈华、武汉理工大学李志锋、江西财经大学季俊杰、武汉工程大学雷家彬、天津工程师范大学梁卿、北京理工大学刘进等多位同门，以及原博士班的苏永建、胡海青、魏署光、张传萍、丁玲等多位同学。

另外，感谢江西师范大学教育学院院长何齐宗教授，作为学科带头人，他为本书的出版提供了很大的支持。感谢为本书出版而付出辛劳的中国社会科学出版社的各位同志，感谢责任编辑赵丽女士认真审阅了全稿，提出了宝贵的建议，在此深表谢意！

最后，希望本书能够为广大读者带来帮助，增长学识。因个人水平和时间所限，书中难免有疏漏之处，恳请学界同仁和读者朋友们给予谅解和指正。

赵永辉

2015 年 8 月 16 日